KALIFORNIEN

**Dritte aktualisierte
Auflage 1993**

INHALTSVERZEICHNIS

Kartenverzeichnis 7
Impressum 240

GESCHICHTE UND KULTUR

Kaliforniens Mythos und Geschichte 17
- von Fred Gebhart

REISEN IN KALIFORNIEN

BEGEGNUNG MIT DEM UNERWARTETEN
- von Marty Olmstead
San Francisco 61
Die Bay Area 73
Wine Country 79
Monterey Bay und Big Sur 84
- von Maria Lenhart

STÄDTE IM SONNENLICHT
Los Angeles 92
- von Barbara Horngren
Orange County 106
- von Barbara Horngren
Das Inland Empire 116
- von Peggy Rahn
San Diego 120
- von Elizabeth Hansen
Die Zentralküste 133
- von Maria Lenhart

DIE WÜSTE
Palm Springs und Low Desert 142
- von Cheri Rae
Death Valley und High Desert 147
- von John McKinney

IN DEN BERGEN
Die High Sierra 156
- von John Poimiroo
Lake Tahoe 162
- von Chaco Mohler
Das Gold Country 168
- von John Poimiroo

DAS CENTRAL VALLEY
Sacramento und der Norden 174
- von Morrison Shafroth

Das San Joaquin Valley 178
- von Morrison Shafroth

DAS PARADIES IM NORDEN
Shasta-Cascade County 185
- von Morrison Shafroth
Die Nordküste 188
- von Morrison Shafroth

ABSTECHER
Las Vegas und Reno 194
- von Mimi Kmet
Baja California 198
- von Shirley Miller

FEATURES

Die Filmindustrie 206
- von Barbara Horngren
Die schönen Künste 210
- von Barbara Horngren
Eine literarische Pilgerreise 214
- von Maria Lenhart
Kalifornien für den Gourmet 218
- von Yvonne Vollert
Wassersport 222
- von Gail Harrington
Bergsport 226
- von Chaco Mohler
Latinos 230
- von Morrison Shafroth
Asiaten 231
- von Morrison Shafroth
Landwirtschaft 232
- von Morrison Shafroth
Erdbeben 233
- von John McKinney
Umweltprobleme 235
- von John McKinney
Trendsetter 237
- von Peggy Rahn

REISEINFORMATIONEN

Reisen in Kalifornien 242
Autoren / Fotografen 250
Register 252

NÖRDLICHES KALIFORNIEN

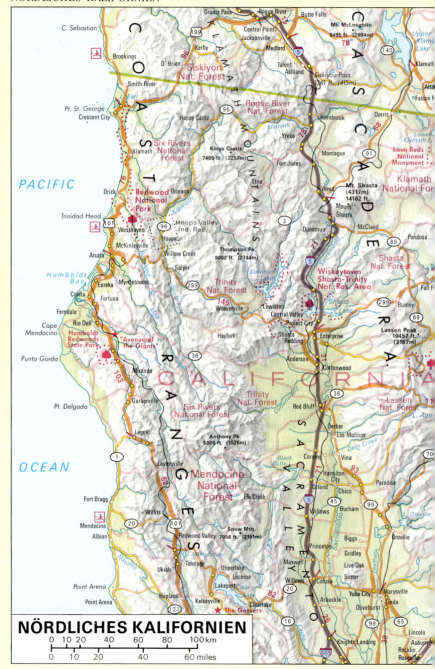

KARTENVERZEICHNIS

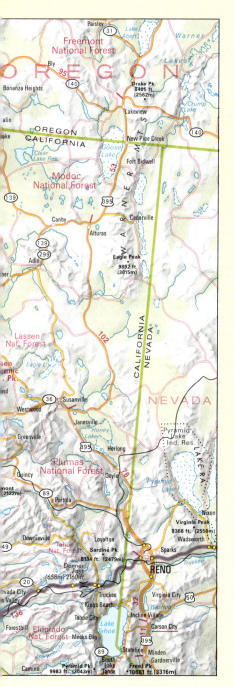

KARTENVERZEICHNIS

Nördliches Kalifornien	6
Mittleres Kalifornien	8/9
Südliches Kalifornien	10/11
Innenstadt San Francisco	62
San Francisco Bay Area	72
Wine Country	80
Monterey Halbinsel	88
Großraum Los Angeles	96
Innenstadt Los Angeles	100
Orange County	106
Inland Empire	117
Großraum San Diego	122
Innenstadt San Diego	126
Central Coast	135
Death Valley	147
High Sierra	158
Lake Tahoe	163
Gold Country	169
Großraum Sacramento	176
Baja California	200

NELLES GUIDES

Lieferbare Titel:

Ägypten	Nepal
Australien	Neuseeland
Bali - Lombok	New York
Berlin mit Potsdam	Paris
Bretagne	Provence
China	Spanien Nord
Florida	Spanien Süd
Hawaii	Thailand
Indien Nord	Türkei
Indien Süd	Ungarn
Indonesien West	Zypern
Kalifornien	
Karibik	
Große Antillen,	**In Vorbereitung:**
Bermuda, Bahamas	
Karibik, *Kl. Antillen*	Kambodscha - Laos
Kenia	Kanada Ost
Kreta	Moskau - St. Petersb.
Marokko	Malaysia
Mexiko	Philippinen
München	Rom

MITTLERES KALIFORNIEN

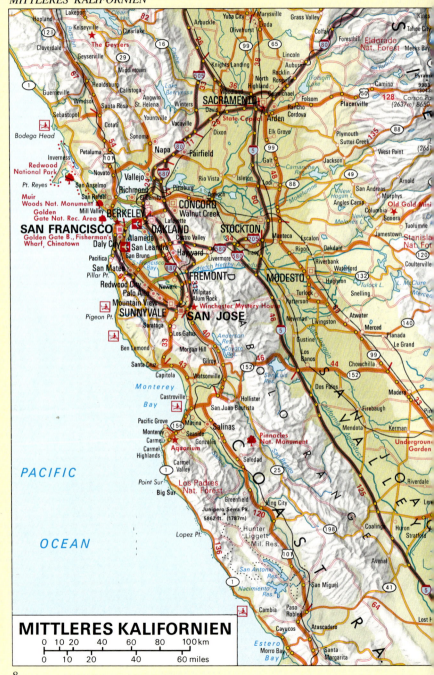

MITTLERES KALIFORNIEN

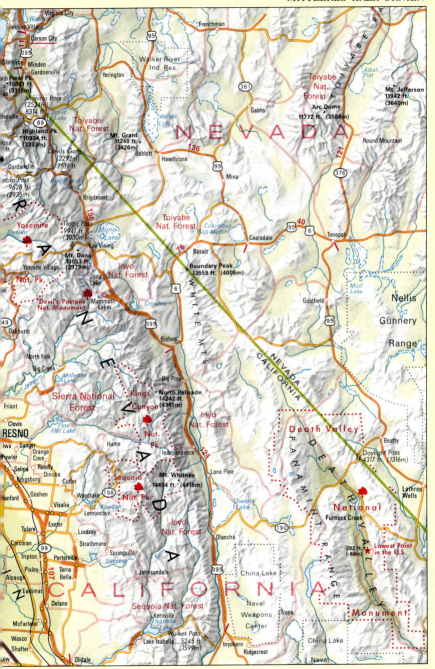

SÜDLICHES KALIFORNIEN

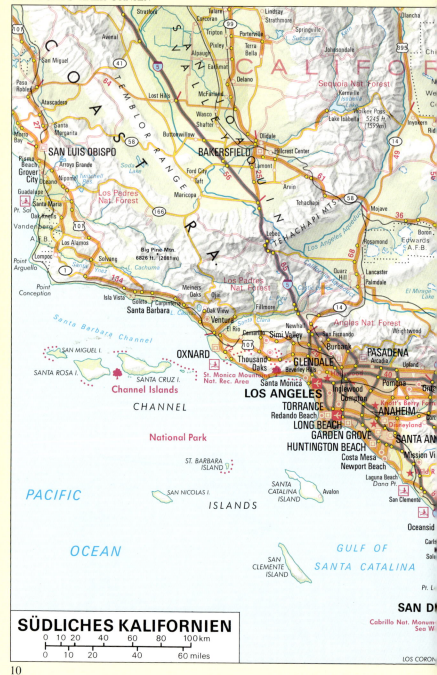

SÜDLICHES KALIFORNIEN

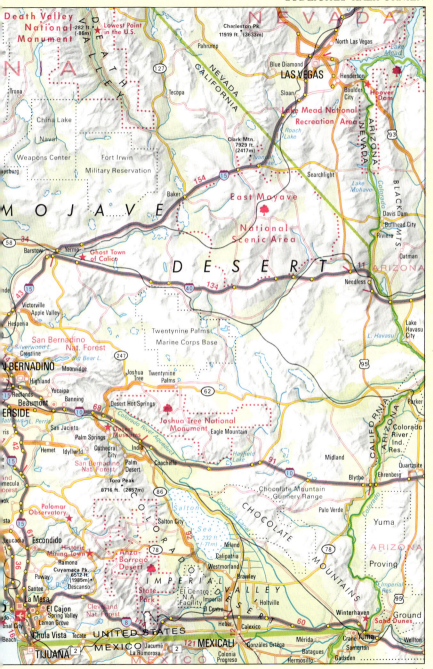

MYTHOS UND GESCHICHTE

KALIFORNIENS MYTHOS UND GESCHICHTE

Kalifornien ist nicht nur ein geographischer Ort, sondern zugleich ein Lebensgefühl – so behauptete jedenfalls ein Zeitungsverleger aus Missouri im letzten Jahrhundert. Kaliforniens abenteuerliche Geschichte hat nicht nur die Kalifornier, sondern auch den Rest der Welt in Atem gehalten. Kaliforniens legendärer Ruf als ein Land von goldenem Glanz und Extravaganz ist auch in Zeiten rauher Wirklichkeit niemals verblaßt. Zwischen 1814 und 1915 strömten Scharen von europäischen Einwanderern in die Vereinigten Staaten, und Kaliforniens Bevökerung verdoppelte sich seit 1848 etwa alle 20 Jahre.

Kaliforniens Mythos begann mit dem Gold – von dem die Amerikaner glaubten, es sei ein von Gott ausschließlich für sie bestimmtes Geschenk. Obwohl Spanien und Mexiko fast 80 Jahre lang Kalifornien beherrschten, fanden sie niemals größere Mengen des kostbaren Metalls.

John Marshall entdeckte das erste Gold nur wenige Tage bevor Mexiko im Jahre 1849 Kalifornien an die Vereinigten Staaten abtrat. Die USA mußten zwar $18 Millionen für Kalifornien, Nevada, Utah, Arizona, New Mexico sowie Teile von Texas und Colorado bezahlen, aber die Goldgräber schürften innerhalb nur eines Jahrzehnts das Dreißigfache dieser Summe aus den Goldfeldern Kaliforniens.

Als die Goldquellen versiegten, entdeckte man Silber im Grenzgebiet von Nevada, das streng von San Francisco

Vorherige Seiten: Fußspuren zur Sonne. Ob er für Guinness „Buch der Rekorde" trainiert? San Francisco von Twin Peaks aus gesehen. Im Yosemite Valley. Links: Eine alte Kirche im Gold Country.

kontrolliert wurde. Kalifornien verstand es, in allem etwas Besonderes zu sein.

Auch das Klima stand – und steht – unter einem glücklichen Stern. Regenreiche Winter, trockene Sommer und künstliche Bewässerung verwandelten Kalifornien nach dem Ausbeuten der größeren Gold und Silbervorkommen in ein landwirtschaftliches Paradies. In steigendem Maße lockte das sonnige Klima auch moderne Industriezweige, einschließlich der Film- und Flugzeugproduktion, an.

Nicht nur seine Steuerreformen, Autos und College-Studenten sichern Kalifornien eine führende Rolle. Mit seinem breiten Spektrum an Industrie und Landwirtschaftsprodukten, vom Salat bis zu Marihuana, ist es heute der wichtigste Industrie- und Agrarstaat Amerikas – keine schlechte Leistung für einen Staat, der durch einen Mythos gegründet und durch Betrug, Gier und Glück zusammengeschmiedet wurde.

Klima und Geographie

Kalifornien erstreckt sich 1255 km in nord-südlicher Richtung, und damit über 10 Breitengrade hinweg (32°N bis 42°N). Die über 2034 km lange, zerklüftete Küstenlinie wird an vielen Stellen von einer kalten Meeresströmung, dem California Current umspült. Erst in Südkalifornien findet man die berühmten weiten Strände mit dem goldfarbenen Sand, dem türkisfarbenen Wasser und tiefblauen Himmel.

In Kalifornien liegen die niedrigsten wie auch einige der höchsten geographischen Punkte der Vereinigten Staaten, die, wie so vieles in diesem Staat, nicht weit voneinander entfernt liegen. Death Valley, 86 m unter dem Meeresspiegel, ist nur knappe 145 km vom 4418 m hohen Mount Whitney entfernt.

Aufschneider bezeichnen das Klima gern als mediterran, obwohl die feuchten Winter und trockenen Sommer eher an Nordafrika als an Südeuropa erinnern. Normalerweise fällt der Regen gleich ei-

17

merweise vom Himmel, über 2,55 m jährlich in der Nordwest-Ecke und weniger als 5 cm in den südöstlichen Wüsten. Die Mammutbaum-Wälder der Nordküste sind ständig in Nebel gehüllt, während in den Wüsten zwischen dem Imperial Valley und dem Colorado die höchsten Temperaturen der ganzen Welt gemessen wurden.

Die parallel zur Küste verlaufende Coast Range ist im Norden mit dichtem Wald und im Süden mit Trockengebüsch bewachsen. Die Sierra Nevada, die die östliche Grenze bildet, besteht zwar im Westen aus sanften Hügeln, fällt aber zu den östlichen Wüsten hin steil ab. Zwischen diesen Gebirgen liegt das 640 km lange und 80 km breite, ovale Central Valley. Die Gipfel nördlich des Valley breiten sich fächerförmig von der Coast Range aus, während sich im Süden von Osten nach Westen die Transverse Ranges erstrecken, die die Coast Range mit der Sierra verbinden.

Die Berge der Sierra sind im Winter mit einer bis zu 15 m hohen Schneedecke bedeckt, und im Frühling schießt das Schmelzwasser durch 600-1500 m tiefe Canyons ins Tal hinab. Unter der sengenden Sommersonne nimmt die Erde bald den ausgedörrten Braunton an, den die ersten Grundstücks-Haie als goldfarben bezeichneten.

Wo jedoch Winterregen und Schmelzwasser gesammelt und zur Bewässerung eingesetzt werden, verwandelt sich das Central Valley in einen grünen Teppich mit üppigen Ernten.

Im Norden ergießt sich das Schmelzwasser in den Sacramento River, und im Süden in den San Joaquin. Diese beiden sich schließlich verbindenden Ströme durchfließen in westlicher Richtung eine 3100 qkm große Fläche mit Wasserarmen, das Delta genannt, ehe sie in die Bucht von San Francisco münden.

Kalifornien ist ein Erdbebenland. Obwohl über 5000 Erdstöße pro Jahr den

Oben: Die Küstenlinie von Big Sur. Rechts: Jahrtausende haben die Landschaft in Zentralkalifornien geprägt.

MYTHOS UND GESCHICHTE

Staat erschüttern, sind sie meist zu gering, um von den Menschen wahrgenommen zu werden. Daher neigen die Kalifornier dazu, Erdbeben auf die leichte Schulter zu nehmen. Im Jahre 1989 wurde San Francisco jedoch von einem Beben erschüttert, das Gebäude, Brücken und Autobahnen einstürzen ließ und zahlreiche Menschenopfer forderte. Erdbeben sind ein Teil des Mythos, der diesen Staat so außergewöhnlich macht.

Entdeckung durch die Spanier

Auch für die Spanier war Kalifornien etwas Besonderes, allerdings im negativen Sinn: Sie waren von ihrer nordwestlichen Kolonie zutiefst enttäuscht, da ihren Kolonialisierungsversuchen nur wenig Erfolg beschieden war.

Hernan Cortez, Eroberer des Aztekenreiches in Mexiko, entdeckte auf seiner Suche nach dem sagenhaften Goldland El Dorado die Halbinsel Baja California. Auf diesem irrtümlich für eine Insel gehaltenen Landstrich fanden Cortez und seine Mannen alles andere als ein El Dorado: Das ausgedörrte Land war von Indianern bewohnt, und von Gold war weit und breit keine Spur. War es Spott oder vielleicht doch Hoffnung, daß die Entdecker diesen enttäuschenden Landstrich California nannten, nach der Fabelinsel aus der Novelle des Garci Ordones de Montalvo? „Rechts von Indien...ganz nah am irdischen Paradies" siedelte Montalvo seine Insel California an.

Dort lebten angeblich schwarze Amazonen mit ihrer Königin Calafia. Sie ritten auf Greifen, halb Adler, halb Löwen, in die Schlacht und kämpften mit goldenen Waffen, „denn auf der ganzen Insel gibt es kein anderes Metall". Mit dieser Feststellung war Montalvo nicht allzu weit von der Wirklichkeit entfernt.

Die Küste Alta Californias, die 1542 erstmals von dem portugiesischen Abenteurer Juan Rodriguez Cabrillo gesichtet wurde, erweckte nicht den geringsten Funken von Interesse. Cabrillo verließ die Westküste Mexikos mit zwei ramponierten Schiffen, einer Mannschaft von

Oben: Ein Blick auf San Francisco, als es noch Yerba Buena hieß.

Sträflingen und weit ziemlich utopischen Vorstellungen, denn er suchte Gewürze, einen Goldschatz und dazu noch einen neuen Seeweg zwischen Europa und Asien. Zu seiner Enttäuschung fand er nur einen Hafen, den er San Miguel nannte, das heutige San Diego. Cabrillo selbst starb auf der Reise. Der Rest der Expedition kam bis nach Oregon, bevor sie zurücksegelte, und die spanischen Behörden das nutzlose Abenteuer zu den Akten legten.

Spanische Galeonen waren die nächsten Besucher Kaliforniens. Mit mexikanischem Silber beladene Handelsschiffe, die von Acapulco zu den Philippinen gesegelt waren und dort Seide, Gewürze und Keramik gekauft hatten, waren auf dem Heimweg von den Westwinden an die Küste Kaliforniens gespült worden. Hier erholten sich die halbverhungerten, an Skorbut und verdorbenem Essen erkrankten Seeleute, bevor sie schließlich mit ihrer kostbaren Fracht nach Acapulco zurückkehrten.

Auch ohne Piraten war die Seefahrt tückisch genug. Der Engländer Francis Drake, „Meisterdieb der unerforschten Welt", plünderte im Jahre 1578 so erfolgreich spanische Schiffe, daß der Schiffsrumpf seiner *Golden Hind* unter dem Gewicht des erbeuteten Silbers barst und Drake für Reparaturarbeiten nördlich des heutigen San Francisco, angeblich in Drake's Bay, vor Anker gehen mußte.

Dort wurde im Jahre 1937 eine (wahrscheinlich gefälschte) Messingplakette gefunden, die Nova Albion, wie Drake den Landstrich nannte, für „Ihre Majestät, Königin Elizabeth von England" beanspruchte. Auch Drakes Beschreibung der Bucht und der dort ansässigen Indianer paßt auf dieses Gebiet.

Drake wurde für seine Eroberungen in den Adelsstand erhoben, und die Spanier, die es plötzlich eilig hatten, ebenfalls in Kalifornien Fuß zu fassen, statteten einen gewissen Sebastian Vizcaino mit einer

Galeone aus und schickten ihn gen Norden. Vizcaino dagegen plante, durch sagenhafte Goldfunde und ein paar kleine Gaunereien nur sein eigenes Schäfchen ins Trockene zu bringen.

Er „entdeckte" nicht nur die großartige, schon von J. R. Cabrillo beschriebene Bucht von San Miguel, die er in San Diego umbenannte, sondern auch weitere, schon bekannte Orte einschließlich der Bucht von Monterey, die er nach seinem Vizekönig und Schutzherren, dem Conte de Monterey, benannte.

Vizcaino schrieb, die Bucht sei ein sicherer Hafen, „gut geschützt vor allen Winden...Hier gibt es viel Holz und Wasser, hohe Pinien in rauhen Mengen, glatt und gerade, ideal für Schiffsmaste... gute Weiden fürs Vieh und fruchtbare Felder." Dies war eine faustdicke Lüge, denn Monterey Bay besitzt fast keine natürlichen Ankerplätze.

Für die Spanier war Kalifornien eine herbe Enttäuschung. Denn die legendären Goldschätze, die landwirtschaftlichen Reichtümer und die Seeroute nach Europa entpuppten sich als Illusion. Die erste spanische Siedlung entstand im Jahre 1519 in Panama City an der Pazifikküste, und es dauerte noch mehr als zweieinhalb Jahrhunderte, bis die Spanier in Kalifornien – damals der äußerste Rand der bekannten Welt – Fuß faßten. Nachdem Vizcainos aufgebauschte Reiseberichte verstaubt waren, ignorierten die Spanier Kalifornien in den nächsten 167 Jahren.

Die Indianer Kaliforniens

Über Jahrtausende lag Kalifornien im Dornröschenschlaf. In einigen Gebieten am Colorado River pflanzten die Yuma-Indianer Mais, Kürbis und Bohnen an, andernorts verhinderte der Rhythmus von Winterregen und Sommerdürre eine gezielte Landwirtschaft. Andere Stämme waren Jäger und Sammler.

Vor Ankunft der Spanier im Jahre 1769 gab es keine kriegerischen Stämme oder Indianerhelden in vollem Federschmuck, die auf ihren Ponies dahinpreschten; in diesen Zeiten waren Pferde und Bisons in Kalifornien noch unbekannt. Die prähistorischen Mammuts waren schon ausgestorben, bevor die ersten Indianer in der letzten Eiszeit von Asien her einwanderten. Dennoch brauchte niemand zu verhungern. Gemahlene Bucheckern wurden zu Brei oder Brot verarbeitet, Hirsche und Kleinwild lockerten den Speiseplan auf. Es gab so viele Meeresfrüchte, daß Küstenstämme ihre Muschelabfälle bis zu 9 m hoch auftürmten. Frühe amerikanische Einwanderer nannten die Indianer „Gräber", nachdem sie sie beim Ausgraben von Wurzeln beobachtet hatten, deren Fasern für die Korbflechterei verwandt wurden. Die geflochtenen Körbe der kalifornischen Indianer waren genauso robust und wasserdicht wie Tontöpfe.

Vor Ankunft der Spanier lebten hier ca. 150 000 bis 300 000 Indianer. Kalifornien war damit der am dichtesten besiedelte Raum nördlich von Zentralmexiko, mit einer viermal so hohen Bevölkerungszahl wie in vergleichbaren Regionen Amerikas. Die einzelnen Stämme sprachen etwa 135 verschiedene Dialekte aus 21 Sprachgruppen, was bedeutet, daß kaum mehr als 2000 Menschen dieselbe Sprache verstanden. Die Indianer San Diegos konnten sich z. B. nicht mit ihren Nachbarn in San Luis Rey unterhalten, die Diegueno benutzten einen Yuma-Dialekt, während die Luiseno einen Shoshonen-Dialekt sprachen.

Diese Verschiedenheiten trugen dazu bei, daß in Kalifornien das Dorf die größte politische Einheit bildete. Die seltenen Kriege wurden noch zusätzlich durch das heiße Klima und das zerklüftete Terrain erschwert. Vor der Ankunft der Spanier und Amerikaner war das Leben der kalifornischen Indianer ohne größere Veränderungen verlaufen, und als sich im Jahre 1769 ihre Welt drastisch zu verändern begann, waren sie den hereinbrechenden Ereignissen hilflos ausgeliefert.

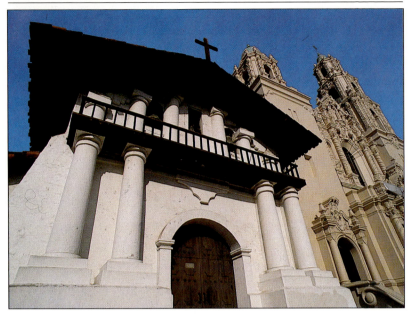

Spanische Siedlungen

Die Spanier hatten nicht genug Soldaten, um die Indianer zu bekämpfen – also beschlossen sie, koloniale Untertanen aus ihnen zu machen. Nach der Besetzung der nördlichen Grenzgebiete hielten sich selten mehr als 100 Soldaten in ganz Kalifornien auf, die entweder allein lebten oder mit offizieller Erlaubnis einheimische Frauen heirateten, denn ihre spanische Frauen und Kinder wurden zuhause zurückgelassen.

Während die Engländer die Indianer als Wilde ansahen, die ihre Kolonialisierungspläne behinderten, behandelten die Spanier sie nicht nur als gesetzliche Untertanen mit Rechten und Pflichten, sondern erkannten ihnen auch eine Seele zu. Außerdem waren sie ein wichtiger wirtschaftlicher Faktor: Harte körperliche Arbeit war die Gegenleistung für Protektion und die Rettung ihrer Heidenseelen. Die Indianer Kaliforniens sollten zu Spaniern gemacht werden – in Sprache, Religion und Kultur, durch Erziehung und Heirat.

Die drei Stützpfeiler der spanischen Kolonialisierung hießen Mission, Presidio und Pueblo. In den Missionen wurden die Indianer zum Katholizismus bekehrt und in Farmarbeit unterrichtet. Reichte das Wort Gottes nicht aus, halfen die Soldaten der Armeegarnison (Presidio) den Indianern auf die Sprünge. Die „kultivierten" Indianer wurden in Dörfern (Pueblos) angesiedelt. Dieses spanische Kolonialisierungs-Konzept, das sich später in den Kolonialländern bewährte, war jedoch in Kalifornien zum Scheitern verurteilt. Die Missionare und Soldaten trauten einander nur selten über den Weg, und das mit gutem Grund, denn die Soldaten vergingen sich oft brutal an den Neubekehrten (Neophyten genannt), die sie eigentlich beschützen sollten.

Die Indianer wurden in den Missionen zur Abhängigkeit erzogen und wie zurückgebliebene Kinder behandelt. Jeder

Oben: Die Mission Dolores in San Francisco, 1776 von Junipero Serra gegründet, dessen Statue in Carmel steht (rechts).

MYTHOS UND GESCHICHTE

Aspekt des täglichen Lebens, Arbeit, Spiel, Kleidung, Partnerwahl und Kontakte mit Europäern wurden streng kontrolliert. Daher war es nicht überraschend, daß mit der Auflösung der Missionen auch die indianischen Gemeinschaften auseinanderbrachen.

Als José de Galvez im Jahre 1765 beauftragt wurde, frischen Wind in die mexikanische Politik zu bringen, entschied er sich für die Gründung einer Kolonie in Alta California, ein Plan, der 160 Jahre zuvor zu den Akten gelegt worden war.

Nicht ohne Grund befürchtete Galvez, Kalifornien könnte unter die Herrschaft einer anderen europäischen Macht fallen. Die Holländer waren im Pazifik aktiv, die Briten kontrollierten das Mississippi-Tal, britische Pelzjäger und Scouts der Hudson Bay Company drangen immer tiefer nach Kanada vor, und die Russen, die in Alaska die begehrten Seeotter jagten, begannen ebenfalls, ein Auge auf Kalifornien zu werfen.

Galvez gründete einen neuen Versorgungshafen in San Blas, nördlich des heutigen Puerto Vallarta. Im Jahre 1768 segelte er auf seiner „heiligen Expedition" nach Baja California, mit dem Ziel, von dort aus ein Jahr später Alta California zu kolonisieren, ein Presidio in San Diego und ein Fort in der Bucht von Monterey zu errichten. Drei Flotten sollten sich von Baja California aus, und drei Truppenkolonnen von Mexiko her nach Norden bewegen. Die Landrouten wurden jedoch in Sonora so erfolgreich von rebellischen Indianern blockiert, daß Galvez dem Wahnsinn verfiel und behauptete, Gott zu sein, und mit Hilfe von 600 Affen aus Guatemala die Indianer besiegen zu können.

Gaspar de Portola und der Franziskanerpater Junipero Serra reisten mit drei ramponierten Schiffen auf ihrer „heiligen Expedition" von Baja California nach San Diego, während ein Teil ihrer Männer auf dem Landweg nach Norden marschierte. Als die Expedition zwischen

dem 11. April und 1. Juli 1769 San Diego erreichte, war eins der Schiffe spurlos verschwunden, von den etwa 300 Männern hatte weniger als die Hälfte überlebt, und nur ein Bruchteil dieses kläglichen Häufleins war gesund genug, um weiterzureisen. Portola ließ Pater Serra zur Pflege der Kranken zurück und machte sich mit einer kleinen Gruppe nach Norden auf. Ihre Route, die „Königliche Straße" El Camino Real, wurde später zum Highway 101.

Als die Gruppe schließlich Monterey Bay erreichte, zog sie irrtümlich daran vorbei – denn die Bucht ähnelte nicht im entferntesten Vizcainos Beschreibung eines schönen und geschützten Hafens. Weiter nördlich endete die Marschroute, sehr zum Ärger von Portolas Scouts, in einer riesigen Bucht.

Nur ein gewisser Pater Crespi schien zu ahnen, daß diese Bucht, die spätere San Francisco Bay, große Möglichkeiten in sich barg. „Es ist ein sehr weiter und schöner Hafen", schrieb Crespi in sein Tagebuch, „der nicht nur der gesamten

Flotte unserer Katholischen Majestät, sondern auch der ganz Europas Schutz bieten könnte."

Es sollten jedoch Jahre vergehen, bis spanische Schiffe in die San Francisco Bay segelten. Portola, der keinen Weg um die riesige Bucht finden konnte, kehrte nach San Diego zurück. Dort hatte Pater Serra am 16. Juli die Mission San Diego de Alcala gegründet, ohne jedoch auch nur einen einzigen Heiden bekehren zu können. Das erwartete Versorgungsschiff war ausgeblieben, und die Gruppe sah dem Hungertod entgegen. Portola rang sich schließlich zu einem Ultimatum durch. Sollte am 19. März, dem Fest des hl. Joseph, das Schiff nicht eingetroffen sein, würden sie am Tag darauf nach Baja California zurückkehren. Serra und Crespi begannen zu beten. Neun Tage später, am 19. März, segelte das Versorgungsschiff in den Hafen.

Portola schickte das Schiff zur Monterey Bay und folgte auf dem Landweg. Diesmal erkannte er, daß der ungeschützte, windige Ankerplatz die von ihm ursprünglich gesuchte Bucht war, und gemäß seinen Befehlen erbaute er dort ein provisorisches Fort, während Serra in der Nähe eine Mission gründete. Beides wurde am 3. Juni 1770 eingeweiht, und Portola segelte nach Mexiko zurück.

Portola konnte die große Begeisterung des Vizekönigs über die neue Provinz Alta California nicht teilen. Das kleine Presidio in Monterey könne sich kaum verteidigen, und es sei unmöglich, so schrieb er, „Monterey vom Meer oder vom Land aus Hilfe zu schicken, ohne Tausende von Menschenleben und riesige Geldsummen zu opfern." Portola hatte recht, aber der Vizekönig war überzeugt, man müsse nur San Diego und Monterey erhalten sowie die Missionen ausbauen, damit Kalifornien blühe und gedeihe.

Rechts: Juan Bautista de Anza. Ganz rechts: George Vancouver im Jahr 1793.

Frühe Abenteurer

Die spanischen „Kolonien" bestanden lange Zeit nur aus den winzigen, 720 km auseinanderliegenden Orten San Diego und Monterey, und erst die Pazifik-Reisen des Engländers James Cook rüttelten Spanien aus dem Tiefschlaf.

In San Antonio, San Gabriel und San Luis Obispo wurden Missionen gegründet. Im Jahre 1774 begann Captain Juan Bautista de Anza, eine neue Landroute vom nordmexikanischen Sonora nach Monterey ausfindig zu machen, denn die aufständischen Indianer von Sonora hatten sich nach der Entdeckung von Bodenschätzen beruhigt. Antonio de Bucareli, der neue Vizekönig in Mexico City, drängte darauf, den Landweg auszubauen und eine strategische Siedlung in San Francisco anzulegen. De Anza überquerte den Yuma River zwischen Arizona und Kalifornien, die Anza-Wüste und das Borrego-Tal, und reiste bis nach Monterey. Im Jahre 1775 führte er die ersten Siedler nach Norden, während ein in Monterey gebautes Schiff in die gleiche Richtung segelte und als erstes spanisches Schiff in der San Francisco Bay vor Anker ging.

De Anza führte 34 Kolonisten mitsamt ihren Familien von Mexiko aus nach Norden. 195 Menschen und 1000 Rinder waren Kaliforniens erste Pioniere. Verheiratete Soldaten wurden dringend benötigt, denn man wollte die Zahl spanisch-katholischer Familien vergrößern und verhindern, daß ledige Soldaten die Frauen der Indianer belästigten.

Am 26. April 1776 errichtete de Anza ein Kreuz am Ende einer windzerzausten Halbinsel, heute Fort Point genannt. Der Großteil der San Francisco Bay bestand damals aus Sanddünen, aber de Anza entdeckte etwa 5 km vom Presidio entfernt eine Oase mit einem stillen Flußlauf. Er errichtete ein zweites Kreuz an der Laguna de Nuestra Senora de los Dolores (Unsere Liebe Frau der Schmerzen), deren

MYTHOS UND GESCHICHTE

Mission San Francisco de Asis noch heute Mission Dolores genannt wird. 23 Missionen entstanden zwischen 1769 und 1823, und die vier Presidios San Diego, Monterey, San Francisco und Santa Barbara überwachten lange Zeit die wichtigsten Seepassagen.

Die angebauten Nahrungsmittel konnten in der salzigen Luft jedoch nicht gedeihen; Rinder und Pferde mußten zum Grasen in die sonnigen Täler des Landesinneren gebracht werden. Die Versorgungsschiffe waren meist unzuverlässig, und die eher spärlichen Erträge der Missionen reichten kaum zur Versorgung der Presidios aus.

Also beschloß man im Jahre 1777, neue Siedler auf gutem Farmland anzusiedeln. Aber fast niemand war bereit, die bittere, jedoch wohlbekannte Armut Mexikos für eine unbekannte Zukunft in Kalifornien einzutauschen. Ganze 14 Familien, (68 Menschen insgesamt, von denen nur einer schreiben und lesen konnte), ließen sich in San José, Kaliforniens erster ziviler Siedlung, nieder.

El Pueblo de Nuestra Senora la Reina de los Angeles del Rio de Porciuncula (Stadt Unserer Lieben Frau, der Engelskönigin am Porciunculla-Fluß), das nicht einmal einen Hafen oder schiffbaren Fluß besaß, konnte im Jahre 1781 nur 44 Menschen anlocken, hier ein Dorf zu erbauen, das sie später Los Angeles nannten.

Nur wenig später blockierten erboste Yuma-Indianer am Colorado den Anza-Pfad von und nach Mexiko: Soldaten hatten immer wieder ihre Frauen belästigt, versprochene Zahlungen blieben aus, und die Rinder der Siedler weideten auf ihren Feldern. 50 Jahre lang konnte der Anza-Pfad nicht benutzt werden, und Kalifornien war auf sich selbst gestellt.

Auch noch so großer missionarischer Eifer konnte die Indianer nie in spanische Kolonisten verwandeln. Im Jahre 1781 lebten kaum mehr als 600 Weiße in Kalifornien, und als Mexiko 1821 unabhängig wurde, waren es erst etwa 3000.

Für Spanien kam im späten 18. Jahrhundert der Anfang vom Ende. Mexiko war verloren, und in Kanada bahnte sich

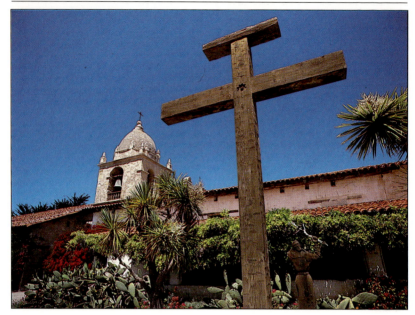

ein spanisches Desaster an. Im Jahre 1789 sollte der Spanier Esteban José Martinez die Insel Vancouver und den Otterpelz-Handel unter seine Kontrolle bringen. Bei seiner Ankunft ankerten dort schon amerikanische, portugiesische und britische Schiffe. Martinez eroberte zwei britische Schiffe, als England jedoch mit Krieg drohte, gab Spanien klein bei und verzichtete auf alle Ansprüche nördlich von Kalifornien. Als der englische Kapitän George Vancouver im Jahre 1793 Kalifornien besuchte, stellte er fest, daß die spanischen Verteidigungsanlagen unzureichend waren. Die beiden Kanonen von San Francisco konnten nicht abgefeuert werden, die drei Kanonen San Diegos waren noch nicht einmal aufgestellt worden. Santa Barbara besaß lediglich zwei intakte Kanonen und Monterey acht.

Zur Stärkung ihrer Position an der kalifornischen Küste und zu ihrer besseren Verteidigung entschlossen sich die Spanier, in Branciforte nördlich der Monterey Bay Ex-Soldaten anzusiedeln, die Landwirtschaft betreiben und einfallende Engländer bekämpfen sollten. Da in ganz Mexiko jedoch keine Freiwilligen aufzutreiben waren, bestanden die im Jahre 1797 eintreffenden Kolonisten fast nur aus kleineren Kriminellen, deren „Siedlung", eine Ansammlung von Bruchbuden, im Jahre 1810 wieder von der Bildfläche verschwand. Spaniens letzter Kolonialisierungs-Versuch war gescheitert.

Missionen und Rancheros

Mit den Missionen dagegen ging es steil bergauf, und im Jahre 1800 wurden insgesamt 13 000 Neubekehrte verzeichnet. Weinberge, Obstplantagen, Viehherden und Weizenfelder gediehen prächtig, die neuen Gebäude im spanischen Stil waren weiß getüncht und mit roten Ziegeldächern gedeckt, und in den kühlen, von Kolonaden umgebenen Gärten plätscherten Springbrunnen. Die lebhaften

Oben: Die alte Mission in Carmel. Rechts: Eine Rancho im 19. Jh., wo sich das wirtschaftliche und soziale Leben konzentrierte.

MYTHOS UND GESCHICHTE

Gemälde indianischer Künstler schmückten die Wände, während indianische Musikanten bei Gottesdiensten und Festen aufspielten. Indianische Kunsthandwerker bearbeiteten Metall und Leder, brannten Ziegel und webten Decken.

Die Missionen hatten diesen Aufschwung bitter nötig: Während die Yuma-Indianer noch immer den Landweg nach Mexiko blockierten, waren im mexikanischen Unabhängigkeitskrieg zwischen 1810-1821 auch die Seerouten versperrt. Die Presidios verlangten von den Missionen Abgaben in Form von Nahrungsmitteln, und mit der Zahl der Neubekehrten erhöhte sich auch der Druck von Kirche und Staat.

Ein blutiger Indianer-Aufstand im Jahre 1824 ließ drei Missionen in Santa Barbara erzittern. Die entsetzten Franziskaner, die dafür das Militär verantwortlich machten, waren allerdings nicht ganz so unschuldig an dieser Situation, wie sie taten, denn viele Indianer starben in ihrer „Obhut". Von 1769 bis zur Säkularisation der Missionen im Jahre 1834 waren von den insgesamt 82100 bekehrten Indianern 62 000 gestorben.

Die in Schlafsäle gepferchten Indianer fielen den Krankheiten der Weißen, wie Masern, Cholera oder Windpocken, zum Opfer. Die Kindersterblichkeit lag im Jahre 1810 bei 50%, im Jahre 1820 bei 86%. Flüchtende Indianer wurden von Soldaten gejagt und in die Missionen zurückgeschleppt. Mexiko beschuldigte die Franziskaner der Ausbeutung, eine Anklage, die die Mönche von sich wiesen: Da es in Kalifornien nie mehr als drei Dutzend Missionare und etwa 100 Soldaten gegeben habe, wäre es ein Ding der Unmöglichkeit gewesen, 20 000 Indianer zu versklaven. Die Mexikaner hielten dagegen, daß die Soldaten, im Gegensatz zu den Indianern, Gewehre besaßen.

Durch die Säkularisation der Missionen (1834-36) wollte die mexikanische Regierung erreichen, daß ihre Ländereien zu gleichen Teilen an private Verwalter und bekehrte Indianer aufgeteilt wurden.

Die Praxis sah jedoch anders aus: Die zuständigen Gouverneure verschleuder-

MYTHOS UND GESCHICHTE

ten das Land zu Spottpreisen an politische Günstlinge; fast 750 Landparzellen gingen in Privatbesitz über. Die Indianer, die keine Ahnung von Regierung, Kommerz oder Gesetz hatten, fanden sich bald auf dem Abstellgleis wieder, denn die meisten von ihnen wurden von unfähigen oder korrupten Beamten um ihre Anteile betrogen. Für sie blieb ein Leben in Armut bei schlecht bezahlter Farmarbeit. Freies Land, riesige Rinderherden und billige Arbeitskräfte bescherten den neuen *rancheros* einen Wohlstand, der ihnen erlaubte, eine Kultur, geprägt von idyllischer Romantik zu entwickeln.

Unter mexikanischem Einfluß (1822-46) stieg die Bevökerungszahl Kaliforniens drastisch an. Zwar verringerte sich der Anteil der Indianer, dafür wuchs die nicht-indianische Bevölkerung von 3700 auf 8000. Die Ranchos lösten die Missionen als soziales, kulturelles und ökonomisches Zentrum ab, waghalsige *caballeros* und hüftenschwingende *señoritas* wurden zum romantischen Symbol des neuen Kalifornien. Die mexikanische Elite, Californios genannt, bildete eine große und seßhafte ländliche Gemeinde. Mestizen, die Nachkommen aus Ehen zwischen Mexikanern und Indianern, rangierten weiter unten auf der sozialen Stufenleiter, während den Indianern die letzte Sprosse blieb.

Der Lebensstil der Californios war nicht gerade luxuriös: Nur wenige ihrer Häuser besaßen hölzerne Fußböden oder Glasfenster, und kein fließendes Wasser. El Camino Real war ein Karrenweg, öffentliche Schulen waren unbekannt, und bis zum Beginn des Goldrausches war Analphabetentum die Regel.

Rinderhäute und Talg

Der neue mexikanische Staat lockerte seine Handelsbedingungen in dem Augenblick, als Industrie und Handel in Neu-England zu florieren begannen. Amerikanische Walfänger erbeuteten Unmengen von Walen in den Gewässern zwischen Alaska und Baja California, und Rinder wurden bis nach Tahiti exportiert. Hawaiis Farmen wurden mit kalifornischen Rindern, Pferden und *vaqueros* (Cowboys) begründet. Aber Rinderhaut und Talg waren die wichtigsten Produkte. Die Vereinigten Staaten brauchten Leder für Schuhe und Talg für Seife und Kerzen, und da sie auch neue Absatzmärkte für ihre eigenen Waren suchten, war Kalifornien der ideale Partner.

Richard Henry Dana beschreibt in seinem Roman *Two Years Before the Mast* auf anschauliche Weise sein Leben als Händler von Rinderhäuten und Talg an der Küste Kaliforniens. Reeder und Kapitäne entwickelten ihr eigenes System zum raschen Be- und Entladen von bis zu 40000 Häuten. Eingesessene, meist amerikanische Händler kauften ganze Schiffsladungen von Importwaren auf,

Oben: Diese Señorita gehörte zur mexikanischen Elite Kaliforniens. Rechts: Ein Lonesome Cowboy in der Eastern Sierra.

MYTHOS UND GESCHICHTE

um sie dann im Laufe des Jahres gegen die Häute der Rancheros einzutauschen. Dieses für die Rancheros praktische System legte den Grundstein für das später aufblühende kalifornische Bankgeschäft.

Die Californios verkauften ca. 75000 Häute pro Jahr zum Stückpreis von 2 Dollar, und da sie keine Steuern zahlen mußten, konnten sie sich etliche „Luxusartikel" leisten. Von Sporen bis zu Nadeln mußte alles nach Kalifornien eingeführt werden, und die Händler zauberten Tee, Gewürze, Kakao, Besteck, Werkzeug, Stoff und Tafelgeschirr herbei. Nach Boston verkaufte Häute kamen als verzierte Stiefel oder Hausschuhe zurück, und die Frauen schmückten sich mit raschelnden Petticoats und Kleidern aus chinesischer Seide. Die Californios leben noch heute in der Welt der Hochfinanz.

Die Abenteurer

Die Verwaltung des spanischen Kaliforniens lag jahrzentelang in schwachen Händen. Einwohner lehnten sich gegen Gouverneure auf, fremde Abenteurer bestachen Hafenbeamte und handelten, wo und wann es ihnen paßte. Die ersten kommerziellen Händler kamen in den Jahren um 1790 an, als es zwischen Alaska und Baja California noch Seeottern im Überfluß gab.

Das Fell eines erwachsenen Tieres, 1,5 m lang und 60 cm breit, brachte in Kanton 300 Dollar. Pelzhändler tauschten die Felle gegen asiatische Waren, die in New York und Boston sehr beliebt waren. Die Yankees entwickelten eine Handelsroute rund um die Welt: Sie tauschten in Neu-England hergestellte Waren gegen Otterfelle von den Indianern des pazifischen Nordwestens, segelten dann nach Hawaii, wo sie ihre restlichen Güter für Nahrung, Wasser und Sandelholz hergaben, und verkauften schließlich in Kanton Otterfelle und Sandelholz gegen Tee, Seide, Gewürze und Keramik, die sie nach Neu-England brachten.

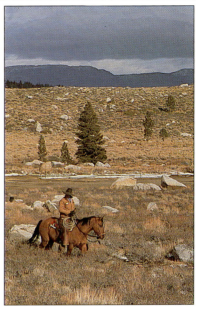

Als der Otterbestand in den nördlichen Gewässern abnahm, wandten sich die Händler Kalifornien zu. Zwar verbot das spanische Gesetz den Handel mit Ausländern, aber die Importartikel waren zu verlockend. Geschützte Buchten wurden, wie später in den Zeiten der Prohibition, eifrig von Schmugglern benutzt, und ausgekochte *contrabandistas* wickelten ihre Geschäfte zu Füßen der Hafen-Kanonen ab, die somit nicht auf sie zielen konnten. Nur das zeitraubende Erlegen von Ottern und der daraus resultierende Einkommensverlust machte den Schmugglern Kopfzerbrechen. Zwar waren die Indianer gute Jäger, aber sie besaßen keine Jagdboote. Kapitän Joseph O'Cain aus Neu-England hatte eine glänzende Idee: Alexander Baranov, Chef der russisch-amerikanischen Pelzgesellschaft in Sitka, Alaska, sollte 20 der dort heimischen Aleuten-Jäger mitsamt ihren Kanus nach Kalifornien transportieren, und die Amerikaner würden sich mit den Russen die erbeuteten Felle teilen. Gesagt, getan – die Aleuten-Jäger wurden tatsächlich ver-

schifft, 1800 Seeottern mußten innerhalb von fünf Monaten ihre Felle lassen, und als die Erfolgs-Story die Runde machte, beteiligten sich auch amerikanische Schiffe an der Jagd.

Die Russen, die in Alaska mit Mißernten, Hunger und ausbleibenden Versorgungsschiffen zu kämpfen hatten, machten sich ins sonnige Kalifornien auf und errichteten 129 km nördlich von San Francisco das Fort Ross, mit dem Plan, dort Landwirtschaft zu betreiben und ihre Produkte verkaufen zu können.

Die kalifornischen Behörden protestierten vergeblich, denn der russische Kommandant in Fort Ross ging darauf nicht ein. Im Jahre 1830 akzeptierte der mexikanische Gouverneur in Kalifornien das *fait accompli* und erlaubte den Russen sogar, in den Tälern nördlich der San Francisco Bay kleine Siedlungen anzulegen, in der Hoffnung, sie damit vom Pelzhandel fernzuhalten. Auch die Biberfänger der amerikanischen Hudson Bay Company, die sich vom Columbia River aus südwärts bewegten, bereiteten ihm Sorgen. Als die Russen im Jahre 1841 Fort Ross verließen, lag der Importhandel jedoch schon fest und endgültig in amerikanischen Händen.

Der Wilde Westen

Der Pelzhandel lockte auch die ersten Amerikaner auf dem Landweg nach Kalifornien. Jedediah Smith, der im November 1826 eine Gruppe von Trappern zur Mission San Gabriel führte, wurde von San Diegos Gouverneur Echeandia für einen amerikanischen Spion gehalten und ins Gefängnis geworfen, bis sich amerikanische Schiffskapitäne für seine Freilassung einsetzten. Im Tal von San Joaquin stieß Smith wenig später auf ein wahres Pelz-Eldorado. Nach weiteren Reisen – und weiteren Gefängnisaufenthalten – wurde er von Comanchen auf dem Santa Fé Trail getötet.

Oben: Fort Ross, Russlands Vorposten in Kalifornien. Rechts: „Kit" Carson. Ganz rechts: Jedediah Smith, 1827.

MYTHOS UND GESCHICHTE

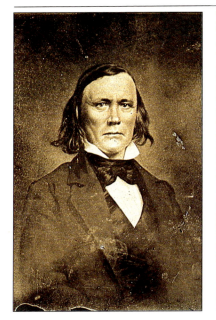

Auch James Ohio Pattie und sein Vater Sylvester aus New Mexiko wurden bei ihrer Ankunft in Kalifornien von Gouverneur Echeandia ins Gefängnis gesteckt. Dort starb Sylvester, aber James wurde freigelassen, da er mit seinen vagen medizinischen Kenntnissen eine Pocken-Epidemie verhindert hatte – so behauptet er in seinem 1831 erschienenen Roman *The Personal Narrative of James O. Pattie, of Kentucky*. Die Pocken waren in Wirklichkeit Masern, und Pattie hatte, wie viele andere Abenteurer, kräftig an seiner eigenen Legende gewebt, die von Timothy Flint, dem Verfasser verklärter Wildwest-Geschichten, Jahre später aufgeschrieben wurde. Pattie und Flint schufen den Prototyp des Westernromans, der heute noch die Sehnsucht vieler Menschen nach Abenteuer stillt.

Auch die rauhe Wirklichkeit konnte die Trapper, die scharenweise nach Kalifornien strömten, nicht abschrecken. Der Trapper Ewing Young gab einem jungen Ausreißer namens Christopher „Kit" Carson seine erste Lektion im Überlebenstraining in der Wildnis, und der von ihnen entdeckte Pfad von Santa Fé nach Los Angeles wurde während des Goldrausches eine der wichtigsten Überland-Routen, wie auch die von Joseph Reddenford Walker ein Jahr später entdeckte Route, die die zentrale Sierra am Humboldt River in westlicher Richtung überquerte. Der von der US-Army beurlaubte Captain Benjamin Bonneville, der zusammen mit Walker als Trapper arbeitete, war wahrscheinlich der erste offizielle Kundschafter der USA in Kalifornien.

Auch die Hudson's Bay Company hatte nicht untätig zugesehen. Seit 1829 wurden Trapper-Expeditionen vom Columbia River bis ins Sacramento-Tal geschickt, und die Trapper witzelten darüber, die Initialen der Company, H.B.C., ständen für „Here Before Christ" („Schon vor Christus hier gewesen").

Frühe Siedler

In den Jahren vor 1840 zog Kalifornien hauptsächlich Abenteurer an, die sich ein

MYTHOS UND GESCHICHTE

Oben: Die Geburt eines Film-Mythos – Siedler auf dem Weg nach Westen.

schnelles legales oder auch illegales Geschäft versprachen und dann wieder verschwanden. Nur die wenigsten Einwanderer planten, sich hier niederzulassen.

Dem ersten ausländischen Siedler Kaliforniens blieb keine andere Wahl, als sich hier niederzulassen: Ein englischer Kapitän ließ den kranken Schotten John Gilroy im Jahre 1814 in Monterey zurück. Gilroy erholte sich, heiratete in die mächtige Ortega-Familie ein und verwandelte die Familienfarm schließlich in eine blühende Stadt, die noch heute seinen Namen trägt.

Auch der erste amerikanische Siedler hatte ursprünglich andere Pläne. Joseph Chapman, der im Jahre 1818 in Monterey gefangengenommen wurde, behauptete, in Hawaii gekidnappt und gezwungen worden zu sein, nach Kalifornien zu segeln. Trotz dieser fadenscheinigen Geschichte machten ihn seine Talente als Maschinenschlosser und Schiffsbauer zu einem willkommenen Bürger.

Joseph Chapman war der erste aus einer Reihe amerikanischer Händler und Schmuggler, die hier seßhaft wurden und bedeutende Geld-Dynastien begründeten. Thomas Larkin entwickelte sich zum wichtigsten Händler Montereys, während Abel Stearns in Los Angeles, sowie William Goodwin Dana und Alfred Robinson in Santa Barbara die mächtigsten Landbesitzer und Händler wurden.

Kaliforniens Attraktivität bestand nicht zuletzt in billigem, steuerfreiem Land; und obwohl die mit Vorliebe rinderzüchtenden Californios großen Wert auf den Familienstammbaum legten, respektierten sie doch sozialen oder wirtschaftlichen Erfolg und achteten die Bürger, die ihnen die begehrten Luxusgüter besorgten. In einer Gesellschaft, die stolz auf ihr europäisches Erbe war, wurden alle weißen Amerikaner stets mit offenen Armen aufgenommen.

William Dana, einer der ersten Amerikaner, die sich freiwillig in Kalifornien niederließen, reiste im Jahre 1826 von Boston nach Santa Barbara und brachte es fertig, in kürzester Zeit zum katholischen Glauben überzutreten, die mexikanische Staatsbürgerschaft zu erwerben und die 14jährige mexikanische Schönheit Josefa Carrillo zu heiraten.

Alle ausländischen Einwanderer mußten die mexikanische Staatsbürgerschaft beantragen und zum Katholizismus übertreten. Eine inoffizielle, dritte Bedingung war die Heirat mit einer Californio-Frau. Dem Yankee Thomas Larkin aus Massachusetts gelang es jedoch, alle diese Bestimmungen zu umgehen. Auf der Reise von Boston nach Kalifornien traf Larkin Rachel Hobson Holmes, die auf dem Weg zu ihrem Ehemann in Hawaii war. Bei ihre Ankunft war ihr Gatte jedoch schon gestorben, und Larkin hielt ein paar Monate später per Post um ihre Hand an. Das Paar wurde an Bord eines Schiffes vor Santa Barbara getraut, und Mrs. Larkin wurde zur ersten amerikanischen Frau in Kalifornien. Larkin eröffnete einen Krämerladen in Monterey und ernannte sich zum Agenten für Farmer und Händler. Da er die Zollbestimmungen nicht gerade penibel einhielt, konnte er ein blühendes Unternehmen aufbauen.

„Dr." John Marsh aus Massachusetts kam als erster amerikanischer Siedler auf dem Überlandweg. Marsh graduierte im Jahre 1823 an der Harvard-Universität und begann das Medizinstudium bei einem Chirurgen, der jedoch starb, bevor Marsh sein Studium beenden konnte. Nach illegalen Waffenverkäufen an die Sioux-Indianer mußte Marsh Hals über Kopf ins mexikanische Los Angeles flüchten, denn föderalistische Agenten waren ihm hart auf den Fersen.

Marsh, ein aalglatter Redner, gab sein Harvard-Zeugnis als Doktor-Diplom aus, denn er nahm als Recht an, daß außer ihm niemand Latein verstand. Da Bargeld selten war, akzeptierte er Rinderhäute als Bezahlung für seine ärztliche Hilfe. Einige Monate später verkaufte er seinen gesamten Besitz für 500 Dollar, trat zum Katholizismus über, erlangte die mexikanische Staatsbürgerschaft und kaufte eine große Farm am Delta des Sacramento und San Joaquin. Da er mittlerweile für eine ärztliche Konsultation 50 Rinder forderte, blühte seine Farm in kürzester Zeit auf.

Sutters Fort

John Sutter, der im Jahre 1839 nach Kalifornien kam, hatte es faustdick hinter den Ohren. Gerüchte kursierten über die Veruntreuung von Geldern, die er für Schweizer Freunde in den Vereinigten Staaten anlegen sollte. Geschichtlich erwiesen ist, daß Sutter bei der Flucht aus der Schweiz seine Frau, fünf Kinder und ein bankrottes Geschäft zurückließ. In Kalifornien trat er als Captain Sutter der Königlichen Schweizergarde Frankreichs auf, und der beeindruckte Gouverneur von Kalifornien nahm ihn mit offenen Armen auf. Mit offizieller Unterstützung erbaute Sutter ein Fort im Sacramento-Tal, das nicht nur die Russen in Fort Ross, sondern auch den Rivalen Mariano Vallejo nördlich von San Francisco in Schach halten sollte.

Nach einem Jahr wurde Sutter nicht nur die Staatsbürgerschaft, sondern auch 20 000 Hektar Land und eine Beamtenstelle angeboten, mit der Befugnis, „auf seinem Landbesitz New Helvetia als politische Autorität Gesetz und Gerechtigkeit zu vertreten, um die Raubzüge der amerikanischen Abenteurer, das Eindringen wilder Indianer und das Fallenstellen der Kompanien aus Columbia zu unterbinden".

Sutter begann den Handel mit Biberpelzen und aus wilden Trauben destilliertem Brandy, erbaute dann eine Rinderfarm und ein hölzernes Fort. Als die Russen im Jahre 1841 Fort Ross verließen, kaufte Sutter für $30 000 ihre mobile Habe und ihr Zuchtvieh, und zahlte lediglich $2000 an. Er besaß nun Kanonen für sein

MYTHOS UND GESCHICHTE

Fort und Rinder zum Aufbau einer Herde, die abgereisten Russen dagegen konnten das restliche Geld in den Wind schreiben. Für die frühen amerikanischen Einwanderer, die unter Strapazen die Sierra überquert hatten, erschien Sutters Fort wie ein Paradies. Die ersten Überland-Pioniere, die im Frühjahr 1841 von Missouri aufbrechende Bidwell-Bartleson-Gruppe, mußte sogar ihre Planwagen an der Ostseite der Sierra stehen lassen und zu Fuß über das Gebirge klettern.

Im Jahre 1844 überquerte erstmals ein Zug von Planwagen die Sierra. Vier Wagen wurden mit Winden über eine steile Granitwand gehievt, die restlichen 13 Wagen ließ man an der Ostseite des Passes zurück. Der Donner-Paß wurde nach einer späteren Gruppe benannt die durch eine Katastrophe in die Geschichte Kaliforniens einging. Die Donner-Gruppe orientierte sich an einem Reiseführer,

Oben: Kalifornische Siedler unter der „Bear Flag", 1846. J. Ch. Fremont beendete die mexikanische Vorherrschaft in Kalifornien.

dessen Autor nie in Kalifornien gewesen war, und blieb prompt in Utah stecken. Als sie mit Verspätung am 2. November 1846 die östliche Sierra erreichte, hatte ein früher Winter eingesetzt, und sie blieb bis zum Februar eingeschneit. Von den ursprünglich 87 Menschen konnten 40 nur durch Kannibalismus überleben.

Diese Tragödie verlieh dem Donner-Paß, auch bei gutem Wetter ein gefährliches Wagnis für Herden und Planwagen, einen mörderischen Ruf. Größere Goldsucher-Gruppen überquerten deshalb die Sierra am Johnson-Paß beim heutigen Highway 50, und am Henness-Paß, nördlich der heutigen Interstate 80.

Bis zum Jahre 1845 waren 250 Amerikaner nach Kalifornien eingewandert, im Jahre 1846 waren es schon mehr als 500. Zwischen den Jahren 1840 und 1847 zog es jedoch die meisten Amerikaner westwärts nach Oregon, das sowohl die Amerikaner als auch die Engländer für sich beanspruchten. Protestantische Missionare hatten jahrelang die Vorzüge Oregons gepriesen und die Siedler motiviert, nicht nur den heidnischen Indianern das Wort Gottes zu bringen, sondern auch England von einem Territorium zu vertreiben, das Gottes Gnade den Vereinigten Staaten zugedacht hat.

Die Republik der Bärenflagge

Zwischen 1831 und 1836 wurde Kalifornien in rascher Folge von neun mexikanischen Gouverneuren regiert, und die Rivalitäten im Lande wuchsen. Monterey, die Hauptstadt, besaß das Zollhaus und die damit verbundenen Steuereinnahmen, die Rancherstadt Los Angeles forderte eine Beteiligung an der Regierung, und die steigende Zahl der Einwanderer war der Joker in diesem Spiel.

Ein offizieller französischer Beobachter informierte Paris, daß der einflußreiche Sutter eine französische Besetzung Kaliforniens unterstützen würde, und der britische Minister für Mexico City war bereit, für Kalifornien auf die Rückzahlung von $50 Millionen in wertlosen mexikanischen Aktien zu verzichten. Aber der härteste Vorstoß kam von den USA.

Der Expansionswunsch im Glauben an ein „gottgelenktes Geschick" schwappte bald von Oregon nach Kalifornien über. Man dachte, ein amerikanisches Kalifornien würde Amerikas Walfangflotten eine Basis in San Francisco bieten, amerikanische Händler könnten den Handel mit Asien ausbauen, während sich das Landesinnere mit Pionieren füllte und die Californios in den Genuß amerikanischer Kultur und protestantischen Glaubens kämen. Außerdem, so wurde argumentiert, müsse man den Engländern oder Franzosen zuvorkommen. Daß keines der beiden Länder zu kriegerischen Aktionen bereit war, wie später aus diplomatischen Akten hervorging, konnte zu diesem Zeitpunkt in Mexico City, Monterey oder Washington niemand wissen. Washington jedenfalls wünschte eine rasche Entscheidung, aber noch gab es keinen Anlaß zur bewaffneten Intervention.

Alle Präsidenten hatten seit Andrew Jacksons Zeiten immer wieder versucht, Kalifornien oder zumindest den Nordteil mit der San Francisco Bay zu kaufen. Ein Gesandter nach dem anderen verpatzte seine Mission, Präsident Jacksons Agent, der Beamte in Mexico City zu bestechen versuchte, wurde zurückzitiert, und Präsident Tylers Kaufpläne wurden von einem übereifrigen Kommandanten der U.S.-Pazifikflotte durchkreuzt.

Captain T. C. Jones, der im Geiste schon die Engländer in Kalifornien sah, segelte am 19. Oktober 1842 in die Bucht von Monterey und eroberte sie für Amerika. Auf Betreiben des US-Konsuls Thomas Larkin mußte Jones sich für seine übereilte Aktion entschuldigen, aber die erbosten Mexikaner brachen die Kaufverhandlungen ab.

Im Jahre 1845 bemühte sich Präsident Polk um neue Verhandlungen. Diesmal waren die Mexikaner über die Annektierung eines Teils von Mexiko verärgert und weigerten sich, den Gesandten des Präsidenten zu empfangen.

Polk war nun wild entschlossen, Kalifornien ebenfalls zu annektierern. Konsul Larkin sollte in den Seelen der Californios „die Liebe zur Freiheit und Unabhängigkeit entfachen, die den amerikanischen Kontinent auszeichnet ...Wenn diese Menschen wünschen, ihr Schicksal mit dem unsrigen zu vereinen, werden wir sie als Brüder aufnehmen."

Die Siedler um Sutters Fort heckten jedoch ihre eigenen Pläne aus. Kalifornien sollte durch eine Revolte von der mexikanischen Herrschaft befreit und dann ein selbständiger Staat von Amerikanern werden. Den mexikanischen Widerstand wollte man, notfalls mit zur Hilfe gerufenen Truppen aus Washington, gewaltsam niederschlagen.

Durch die Annektierung von Texas beunruhigt, befahl Mexiko die Ausweisung aller Einwanderer ohne gültigen Paß. Diese Order, die fast alle neuen Siedler betraf, konnte zwar durch den einbrechenden Winter nicht sofort in Kraft gesetzt werden, doch die Wut und Angst der Siedler stieg weiter an.

Die Ankunft des Captain John Charles Fremont aus dem US-Landvermessungs-Corps vergrößerte noch die Verwirrung. Fremont besuchte Sutters Fort und redete mit den Rebellen, bevor er nach Washington zurückkehrte und mit Hilfe seiner Frau einen Bestseller über seine Abenteuer schrieb.

Fremont kehrte mit 68 schwer bewaffneten Soldaten nach Kalifornien zurück, einer Streitkraft, die im Falle einer offenen Revolte eingreifen – oder auch Chaos verursachen – konnte. Als er mit seiner wilden Truppe auf San José zumarschierte, wurde er von 200 Soldaten des Gouverneurs zurückgetrieben und mußte sich bis nach Oregon zurückziehen. Das plötzliche Auftauchen der Fremontschen Truppe in Kalifornien war der zündende Funke im Pulverfaß der Siedler-Unruhen:

Rechts: Goldgräber mit ihren Utensilien auf dem Höhepunkt des Gold Rush.

Sie plünderten Farmen, stahlen Pferde, fielen in der Stadt Sonora ein und nahmen General Vallejo gefangen. Vallejo, eigentlich ein Befürworter der kalifornischen Unabhängigkeit, hatte einfach das Pech, der einzige mexikanische Beamte weit und breit zu sein.

Fremont schlug sich mit seiner Truppe auf die Seite der Rebellen, die Vallejo in Sutters Fort einkerkerten, die „Freie Republik Kalifornien" ausriefen und die Bear Flag (Bären-Flagge) über Sonoma hißten. Diese Flagge, die einen Stern und einen hastig gezeichneten Bären zeigte (von dem einige Betrachter meinten, es handele sich um ein Schwein), gab der neuen Nation den Namen „The Bear Flag Republic" (Republik der Bären-Flagge). Noch heute sind diese beiden Symbole Teil der kalifornischen Staatsflagge.

Am 13. Mai 1846 erklärten die Vereinigten Staaten Mexiko den Krieg. Im Juli hatte die US-Flotte jeden kalifornischen Hafen besetzt: Die Freie Republik Kalifornien hatte nur einen Monat Bestand. Der amerikanisch-mexikanische Krieg endete im Januar 1847, und ein Jahr später mußte Mexiko im Friedensvertrag von Guadalupe Hidalgo Alta California an die Vereinigten Staaten abtreten.

Nicht einmal der Krieg konnte den Strom der Zuwanderer eindämmen, und im Jahre 1846 zogen erstmals mehr Siedler nach Kalifornien als nach Oregon. Auch 238 Mormonen kamen, und ihr feuriger junger Anführer, Samuel Brannan, fühlte sich in San Francisco bald heimisch. Er gründet mit dem *California Star* die erste Zeitung der Stadt, traute dort das erste amerikanische Paar, übernahm die Verteidigung im ersten Gerichtsfall von San Francisco, einer Anklage wegen veruntreuter Kirchengelder, und eröffnete einen Laden in Sutters Fort.

Alta California ging problemlos in die Hände der Amerikaner über. Mexikanische Behörden wickelten zusammen mit amerikanischen Beamten und einflußreichen Californios die Übergabe ab, und im

Jahre 1850 wurde Kalifornien als 31. Bundesstaat in die Union aufgenommen.

Goldrausch

Für Kalifornien war Gold gleichbedeutend mit Glück. Das edle Metall lockte riesige Scharen von Menschen an. San Francisco verwandelte sich in zwei Jahren von einem Barackendorf mit 812 Menschen in eine hektische Stadt mit 25.000 Einwohnern, während die Bevölkerung Kaliforniens sich in der gleichen Zeit verzehnfachte.

Gold und steigende wirtschaftliche Macht verhinderten zwar die finanzielle Abhängigkeit von den „Raubrittern" des Ostens, aber Kalifornien brachte schon bald seine eigene Spezies von Ausbeutern hervor. Die verschlafene Provinz entwickelte sich zu einem wichtigen Faktor der Weltwirtschaft, mit der nötigen politischen Muskelkraft, der Union seine eigenen Bedingungen zu diktieren: Kalifornien war schon ein Jahr vor Aufnahme in die Union eine gut funktionierende politische Einheit mit einer Verfassung und gewählten Politikern.

Seit der Plünderung der Azteken- und Inkareiche durch die Spanier im 16. Jahrhundert hatte es keine größeren Goldquellen mehr gegeben. Für das Finanzwesen und die Münzprägung der Vereinigten Staaten kam das kalifornische Gold wie Manna vom Himmel.

Das erste Gold wurde im Jahre 1842 von einem mexikanischen Farmer in der Nähe von Los Angeles gefunden. In den folgenden neun Monaten entdeckten mexikanische Goldsucher Gold im Wert von $10 000 (der offizielle Goldpreis des Münzamts in Philadelphia lag bei $18 per Unze), im Jahre 1843 schürften sie Gold für $43 000, dann waren die Vorkommen ausgebeutet. In der Geschichte Kaliforniens waren zwar die Mexikaner immer zuerst an Ort und Stelle, aber die Amerikaner schufen den Mythos.

Die Kalifornier besaßen einen unerschütterlichen Glauben an das Glück und ein Talent für Mobilität aus der Gewißheit heraus, daß es an einem anderen Ort

MYTHOS UND GESCHICHTE

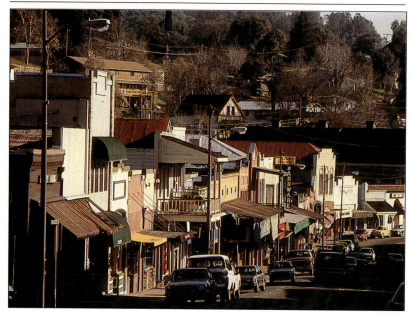

nur aufwärts gehen konnte. Sie akzeptierten Fehlschäge, anstatt sie zu verfluchen: Man war um eine Erfahrung reicher und konnte es beim nächsten Mal besser machen. Der glühende Optimismus der frühen Goldgräber schloß allerdings nicht den Versuch aus, dem Glück ab und zu auf die Sprünge zu helfen.

Der große Goldrausch begann an der Sägemühle, die John Sutter mit seinem Partner James W. Marshall am American River erbaut hatte. Die Stelle wurde von den Indianern Culloma, „schönes Tal", (das heutige Coloma) genannt. Zwischen dem 19. und 24. Januar 1848 entdeckten Marshall und seine Arbeiter in der Abflußrinne der Mühle goldglitzernde Metallteilchen. Obwohl Sutter verzweifelt versuchte, die Entdeckung geheimzuhalten, verbreitete sich die Kunde wie ein Lauffeuer, als ein gewisser Sam Brannagan die Montgomery Street in San Francisco entlanglief und „Gold! Gold im American River!" brüllte – nachdem er klugerweise vorher alle Pickel, Eimer und Schaufeln der Stadt aufgekauft hatte.

San Francisco, Monterey, Oregon und sogar Hawaii lagen im Goldfieber. Die Zeitungen San Franciscos mußten vorübergehend ihre Büros schließen, denn Leser, Reporter und Drucker hatten sich aus dem Staub gemacht. Die Männer von Oregon eilten nach Süden, Abenteurer aus Hawaii segelten nach Osten und Mexikaner strömten nach Norden.

Auf den Goldfeldern

Gold kommt normalerweise in unterirdischen Quarzadern vor und ist schwierig abzubauen. In Kalifornien hatte jedoch die Natur schon vorgearbeitet: Reißendes Flußwasser hatte das Felsgestein ausgewaschen, und das Gold, schwerer als Sand oder Kies, sammelte sich in Flußschleifen oder Felsnischen. Diese Ablagerungen werden Seifengold oder Alluvialgold genannt. Im Jahre 1848 war Kali-

Oben: In Sonora erinnert vieles an den Gold Rush. Rechts: J. A. Sutter, auf dessen Land das erste Gold gefunden wurde.

MYTHOS UND GESCHICHTE

fornien, dessen Goldfelder sich über etwa 90.000 Quadratkilometer erstreckten, eine der reichsten Quellen von Alluvialgold auf der Welt. Der Großteil des Goldes lag in weniger als einem Meter Tiefe in oder in der Nähe von Bergflüssen. Als die „Argonauten", wie die Goldsucher genannt wurden, entdeckten, daß Gold schwerer als Sand und Kies war, entwickelten sie einfache Methoden zur Trennung von Gestein und Metall.

Träume vom Goldenen Midas wurden wahr, zumindest in den ersten Monaten. M.T. McClellan, der sich im Herbst 1848 von Missouri zu den Goldfeldern aufmachte, schrieb einem Freund: „Meine kleinen Töchter können zwischen 5 und 25 Dollar pro Tag mit dem Goldwaschen verdienen...Mein Durchschnittseinkommen in diesem Winter wird sich auf etwa 150 Dollar pro Tag belaufen." Im Osten Amerikas verdiente ein Büroangestellter $30 im Monat. William Tecumseh Sherman schickte Berichte und Goldproben per Kurier zu Präsident Polk nach Washington, und am 5. Dezember 1848 informierte Polk den Kongress: „Die Berichte von den sagenhaften Goldfunden sind so unglaublich, daß man sie für Hirngespinste halten könnte, würden sie nicht durch zweifellos authentische Informationen der Staatsbeamten bestätigt." Auf eine solche amtliche Stellungnahme hatte die Öffentlichkeit nur gewartet. Die wachsende Industrialisierung und der Krieg mit Mexiko hatten die Bevölkerung verunsichert, und Kalifornien erschien wie der Silberstreifen am Horizont.

Im Jahre 1838 war die Reise über unbekanntes Terrain ein großes Wagnis. Ein Jahrzehnt später hatten Walfang- und Handelsflotten die Seestraßen erkundet, und der staatliche Postservice über den Isthmus von Panama wurde in Betrieb genommen. Die Propaganda protestantischer Missionare, die Reise der Mormonen nach Utah und der Überlandmarsch amerikanischer Soldaten zum Krieg gegen Mexiko hatte die Ängste der Men-

schen abgebaut. Die Reise nach Kalifornien schien eine Vergnügungsfahrt, an deren Ende goldene Reichtümer lockten.

Im Jahr 1846 liefen etwa 600 bis 1000 Schiffe in San Francisco ein – keiner zählte sie mehr. Passagiere und Schiffsbesatzungen ließen alles stehen und liegen und eilten zu den Goldfeldern. Tausende von Menschen kamen über Panama oder auf dem Landweg.

Offizielle Stellen verzeichneten, eher untertrieben, 80 000 Zuwanderer in diesem Jahr. Fast alle von ihnen waren Männer, die ihre Frauen und Kinder daheim zurückgelassen hatten. Im Jahre 1850 bestand über die Hälfte der kalifornischen Bevölkerung aus jungen Männern, und in einigen Camps lag der Anteil der Frauen unter 1%. Der Bildungsgrad der Goldsucher war jedoch ungewöhnlich hoch. Während im restlichen Land 10,35% der Menschen Analphabeten waren, betrug der Prozentsatz in Kalifornien nur 2.86%, denn nur gebildete und wohlhabende Menschen konnten sich überhaupt eine Überlandreise leisten.

39

Schwingtröge, Goldsiebe und Rinnen

Im Jahre 1849 begannen die leicht erreichbaren Goldquellen zu versiegen, und die flachen Siebe, in denen unter fließendem Wasser das Gold vom Flußgeröll getrennt wurde, reichten nicht mehr aus. Die Neuankömmlinge, auf der Suche nach wirksameren Methoden, erfanden den Schwingtrog, eine große, vor- und zurückschaukelnde Kiste, in der mittels Wasserzufuhr das Gold von Sand und Kies getrennt wurde.

Die nächste Erfindung war der „Long Tom", eine lange, diagonal verlaufende Rinne, deren Boden mit Holzstreben unterteilt war. Gestein und Wasser wurden am oberen Ende eingefüllt, und beim Ablaufen sammelte sich das Gold hinter den Querstreben. Im Laufe der Zeit erfanden die Goldgräber noch weitere, viele Meter lange Waschrinnen, und wieder einmal war ihnen Fortuna hold.

Da Quecksilber die Fähigkeit besitzt, sich mit anderen Metallen zu verbinden, die später durch Kochen wieder herausgelöst werden können, wurde es bald zur Extraktion von Gold eingesetzt. Durch einen glücklichen Zufall öffnete im Jahre 1845 bei San José eine der größten Quecksilber-Minen der Welt ihre Pforten. Händler unterstützen die Goldsucher finanziell, die sich in Partnerschaften zusammenschlossen und immer phantasievollere Methoden entwickelten: Flüsse wurden mit Hilfe von Dämmen umgeleitet, Tunnels wurden gegraben, Wasser schoß über auf Stelzen schwebenden Rinnen in entfernte Berggebiete. Im Jahre 1852 wurden Mühlen zur Zerkleinerung von goldhaltigem Erz erbaut, hydraulische Systeme mit kanonenförmigen Düsen, Monitors genannt, wuschen große Berghänge aus, und Abzugsgräben verwandelten ganze Landstriche in Seen.

Rechts: Die Empire-Goldmine in Grass Valley, wo so mancher Traum sich in nichts auflöste.

Der Goldrausch war jedoch eine ökologische Katastrophe. Wälder wurden für Bauholz und Landgewinnung abgeholzt oder abgebrannt. Wasserführende Systeme zerstörten die Berghänge und füllten die Flüsse mit Erosionsabfall auf. Der verschlammte Sacramento River trat regelmäßig über die Ufer, die Lachse der Bergflüsse und die Austern der San Francisco Bay starben. Noch 100 Jahre später enthielten die Fische der Bucht Spuren von Quecksilber aus den Abflußkanälen der Sierra.

In finanzieller Hinsicht war der Goldrausch jedoch ein großer Erfolg. Etwa 6000 Goldgräber schürften im Jahre 1848 Gold im Wert von 10 Millionen Dollar; im Jahr darauf stieg die Zahl der Goldsucher auf 40.000, und ihr Gewinn auf 20 bis 30 Millionen Dollar. Den Spitzenertrag von ca. 80 Millionen Dollar erbrachten 100.000 Goldgräber im Jahre 1852.

Doch nicht allen Goldsuchern war das Glück hold. Viele fuhren ohne einen Pfennig wieder heim, andere kehrten in ihre erlernten Berufe zurück oder arbeiteten als Büroangestellte oder Mechaniker in den neuen, aufblühenden Industriezweigen. Im Jahre 1850 war der Goldrausch vorbei. Die Zahl der Zuwanderer nahm in den Jahren 1850-52 drastisch ab, aber immer noch zog es scharenweise Familien in den Westen, um sich im neuen Staat Kalifornien anzusiedeln.

Ein Staat wird geboren

Nach dem Friedensvertrag von Guadalupe Hidalgo, in dem Mexiko Alta California an Amerika abtreten mußte, passierte in Kalifornien ein Jahr lang gar nichts. Mangels einer offiziellen Regierung war das Militär unter General Riley für Ruhe und Ordnung verantwortlich.

Dies kümmerte die Goldsucher wenig, denn in ihren Camps sorgten ihre eigenen Anführer für „gesetzmäßiges" Verhalten. Dazu gehörte auch, daß den nicht-weißen Minderheiten wie Mexikanern, Chine-

sen, Indianern und anderen „Ausländern" das Recht auf eine eigene Parzelle zum Goldschürfen abgesprochen wurde. Die Goldsucher waren nicht an Grundbesitz interessiert, denn sie wollten Gold, nicht Land. Die Bundesregierung konnte ihren Anspruch darauf behalten, solange die Menschen dort schürfen durften. Nur die riesigen Farmgebiete der Mexikaner waren ihnen ein Dorn im Auge, denn sie waren überzeugt, daß die Amerikaner als gottgesandte Eroberer Kalifoniens ein Recht darauf hätten.

General Riley war der Meinung, die Kalifornier sollten selbst entscheiden, welche Regierungsform sie wünschten. Er wußte, daß er im Falle von Unruhen nicht genügend Truppen einsetzen konnte, und wahrscheinlich billigte Washington seinen Entschluß. Im Juni 1849 sollte eine Landesregierung aus 48 Abgeordneten gewählt werden, die dann in Monterey eine Verfassung ausarbeitete. Die neuen Abgeordneten gerieten sich jedoch prompt über ihre verschiedenen Vorstellungen in die Haare. Die elf Südkalifornier, die befürchteten, ein unabhängiger Staat würde vom Volk Wuchersteuern verlangen, plädierten für ein von Washington aus verwaltetes und unterstütztes Territorium. Die Nordkalifornier, die als unabhängiger Staat der Union beitreten wollten, setzten sich schließlich durch.

Am 13. Oktober wurde die neue Verfassung der Landesregierung, begleitet von 31 voreiligen Kanonenschüssen, unterzeichnet. Erst ein knappes Jahr später, am 9. September 1850, wurde Kalifornien als 31. Bundesstaat in die Union aufgenommen.

Der Goldrausch hatte nicht nur die Goldgräber reich gemacht. Die Verkäufer von Zubehör oder Anbieter von Dienstleistungen verdienten oft mehr als die Goldsucher selbst. Betuchtere Goldgräber schickten ihre Hemden zur Reinigung nach Honolulu; eine Frau verdiente im Jahr $18.000, indem sie die Camps mit selbstgebackenen Pasteten versorgte; George Briggs pflanzte Wassermelonen auf 10 Hektar Land im Sacramento-Tal, verkaufte die Ernte für $17 000 und kauf-

sche Pesos, preußische Taler und indische Rupien. Privatmünzereien prägten Goldslugs im Wert von $20 und $50 und profitierten von dem „minimalen" Unterschied zwischen dem angeblichen Goldgehalt und dem offiziellen Wert.

In dieser sogenannten „Finanz-Demokratie" überlebten nur die Stärksten, und alles war erlaubt. Firmen erhoben Monopole auf Förderanlagen (Wells, Fargo & Co.), Postkutschen (California Stage Company) und Schiffsverkehr (California Steam Navigation Company). San Francisco, der einzige Hafen mit Zugang zum Central Valley, kontrollierte das kalifornische Hinterland. Die Marktkontrolle mächtiger Firmen hielt Wirtschaft und Politik Kaliforniens in einem Würgegriff, aus dem sich der Staat erst Jahrzehnte später befreien konnte.

Die große Landspekulation

Den kalifornischen Neusiedlern fehlte es nicht nur an Mehl und Tabak, auch käuflicher Landbesitz war Mangelware. Die eintreffenden Amerikaner erwarteten ein leeres Grenzland, wo sie Land geschenkt bekommen oder preiswert erstehen konnten, um darauf zu siedeln. In den 1850er Jahren war es noch möglich, auf unvermessenem Land Farmen anzulegen oder ca. 5 Hektar für $200 zu kaufen. In Kalifornien lagen jedoch mehr als 5 Millionen Hektar Land schon in den Händen mexikanischer Grundbesitzer. Die Neusiedler empfanden es als zutiefst unamerikanisch, daß so viel Land so wenigen Leuten gehörte; die Californios wiederum konnten die Siedler nicht verstehen: Für sie waren Rinderherden wichtig, nicht das Land oder bestimmte Grenzen, und es kümmerte sie wenig, wo ihre Rinder weideten, solange jeder wußte, welche Kuh wem gehörte.

Im Vertrag von Guadalupe Hidalgo hatten die Vereinigten Staaten legitimen mexikanischen Grundbesitz in Kalifornien anerkannt – aber was war „legitim"?

te vom Gewinn eine Obstplantage, deren Ernte $35 000 im Jahr einbrachte.

Die Rancheros konnten Rinderhäute und Talg in den Metzgereien der Camps zehnmal teurer verkaufen als in anderen Geschäften, und wenn ihre Satteltaschen mit *slugs* – privat geprägten Goldmünzen – gefüllt waren, stürzten sie sich in wahre Einkaufsorgien, um ihr Vermögen in Seide und Satin für ihre Frauen oder in silberbeschlagene Sättel für sich selbst umzusetzen. Sie hatten Land und Rinder im Überfluß, und die Händler gaben nur allzugerne Kredite mit Wucherzinsen von 15% im Monat gegen ein Stück Land als Sicherheit. Da bares Geld in den Camps knapp war, wurden die Preise oft in „Prisen" von Goldstaub angegeben, oder man zahlte mit Goldslugs.

Die Händler und Bankiers waren nicht zimperlich. Sie akzeptierten amerikanische Dollars, englische Pfund, mexikani-

Oben: Leland Stanford, Eisenbahnmagnat und Universitätsgründer. Rechts: Ein alter Raddampfer auf dem Sacramento River.

MYTHOS UND GESCHICHTE

Die letzten beiden mexikanischen Gouverneure hatten die Landkonzessionen noch schlampiger als sonst erteilt und sogar Verträge rückdatiert, die nach Ankunft der Amerikaner in Monterey (7. Juli 1846) abgeschlossen wurden. Tausende von amerikanischen Siedlern beschlagnahmten einfach Landstücke, in der Hoffnung, daß ihre persönliche Anwesenheit auch gleichzeitig einen legalen Besitzanspruch bedeutete.

Im Jahre 1851 sandte der Kongreß zur Klärung der Besitzverhältnisse eine Kommission nach San Francisco. Jeder mexikanische Landbesitzer mußte nach San Francisco reisen und in schwer verständlichen Gerichtsprozessen seine Ansprüche dokumentarisch beweisen. Wer den Nachweis nicht erbringen konnte, verlor sein Land. Teure Rechtsstreitigkeiten und Korruption trugen noch mit dazu bei, daß der Löwenanteil ihres Grundbesitzes in amerikanische Hände fiel.

Das Gesetz wurde zum Werkzeug des Profits. John Fremont, dem die Kommission seine Besitzrechte aberkannte, ging vor den Obersten Gerichtshof der USA, der sich an Fremonts politische Beziehungen erinnerte und die Entscheidung revidierte. Als Fremont daraufhin seine Landgrenzen zugunsten von goldträchtigem Land verschob, brach unter den Goldgräbern eine Revolte aus, die Tote und Verletzte forderte.

Obwohl die Verfassung das Duellieren verbot, fanden von 1850-60 in Kalifornien mehr Duelle mit tödlichen Folgen statt als in jedem anderen Unionsstaat. Verbrechen, Rowdytum und Korruption trieb die sonst eher gelassenen Bürger San Franciscos in den Jahren 1849-56 zur Bildung von Vigilante Committees (eine Art von Volksjustiz-Ausschüssen), deren Mitglieder, die farbenprächtigen Vigilantes, weniger die Kriminalität eindämmten als ihre „Gerechtigkeit" an Ausländern oder Katholiken vollstreckten.

Kultur und Eisenbahnen

Kalifornien entwuchs den Kinderschuhen schneller als jeder andere Pionier-

staat des Westens. Innerhalb von fünf Jahren entwickelte sich die Barackenstadt San Francisco zum Wirtschafts-Rivalen New Yorks und zum kulturellen Rivalen Bostons, und ein Run auf die schönen Dinge des Lebens setzte ein.

Kaliforniens erste Wochenzeitung, der *Californian*, erschien im Jahre 1846 in Monterey. Ein Jahrzehnt später gab es allein in San Francisco 132 Zeitschriften, deren Auflagen London oder New York übertrafen. Im Jahre 1860 hatte San Francisco 50 000 Einwohner – New York hatte 190 Jahre gebraucht, um diese Zahl zu erreichen. Zwar war das Gold versiegt, aber Silberfunde in der Sierra ließen die Herzen der Geschäftsleute höher schlagen. Das „scheußliche blaue Zeug", das das Gold in den Flüssen Westnevadas umgab und die Abflußkanäle verstopfte, wurde im Jahre 1859 als reichhaltiges Silbererz identifiziert, und sein Fundort,

Links: S. Brannan, erster Zeitungsverleger San Franciscos. Rechts: C. Crocker, ein weiterer Eisenbahnmagnat.

die Comstock Lode (Ader), lieferte Silber im Wert von $400 Millionen, bevor sie so um 1880 herum ausgebeutet war. Da die Silbervorräte tief in den Bergen von Montana lagen, war ihr Abbau eine Sache für Leute mit sehr viel Geld. Bankiers aus San Francisco stellten den 2000 beteiligten Gesellschaften das Kapital zur Verfügung. Auf dem Höhepunkt des Silber-Booms war mehr Geld in Comstock-Aktien angelegt als an der gesamten Pazifikküste tatsächlich in Umlauf war.

Auch die Eisenbahnen versprachen großen Gewinn. Um 1840 kamen amerikanische Asien-Händler erstmals auf die Idee, eine transkontinentale Eisenbahnlinie könnte ihre Gewinne vergrößern, und 20 Jahre später wurde das Projekt verwirklicht. Theodore Judah fand eine geeignete Route über die Central Sierra und versuchte, bei den Händlern San Franciscos für seine geplante Central Pacific Railway Begeisterung zu erwecken, wie auch Kapital zu beschaffen.

Aber die Händler San Franciscos winkten desinteressiert ab, und als sich

Judah zu den Händlern Sacramentos aufmachte, änderte er seine Taktik. Die Eisenbahn, so argumentierte er, würde durch den Transport von Fracht und Passagieren von und zur Comstock Lode einen sofortigen Gewinn abwerfen, und auch der Kongreß würde einen so zukunftsträchtigen Plan subventionieren.

Die „Großen Vier" – Mark Hopkins, Collis Huntington, Leland Stanford und Charles Crocker – stimmten zu. Die Central Pacific brachte ihnen nur wenige Jahre später ein Privatvermögen von sage und schreibe 200 Millionen Dollar ein. Die Central Pacific sollte östlich von Sacramento und die Union Pacific westlich von Omaha verlaufen. Beide Eisenbahn-Gesellschaften erhielten günstige Kredite und große Flächen Regierungsland. Als im Jahre 1863 der Bau begann, setzte sich der kalifornische Gouverneur Stanford als guter Lokalpatriot für die neue Eisenbahn ein. Charles Crockers Bruder Edwin wurde ein Posten im Obersten US-Gerichtshof zugeschachert, während er gleichzeitig als Rechtsberater der Central Pacific fungierte. Es war nicht der einzige zwielichtige Handel, den die Großen Vier über die Bühne brachten. Da Eisenbahnkonstruktionen im Bergland höher subventioniert wurden als im Flachland, „verschoben" die Ingenieure die Sierra Nevada bis 12 km westlich von Sacramento (unterstützt von einem manipulierten geologischen Gutachten), und kassierten vom Kongreß die entsprechenden Gelder. Die Großen Vier wurden deshalb als die Männer bekannt, die Berge versetzen konnten.

Der Traum verblaßt

Charles Crocker feierte die neue Eisenbahn auf sehr amerikanische Weise. Seine erste Reise von Missouri nach Kalifornien hatte auf dem Landweg vier Monate gedauert. Seine triumphale Zugfahrt zurück nach New York nahm nur vier Tage in Anspruch. Er hatte Mehl, Reis und getrocknete Bohnen in den Westen mitgenommen und brachte Kisten mit Erdbeeren, Kirschen, Orangen und Rosen zurück, die durch Eis aus Alaska gekühlt wurden. Für die Amerikaner im Osten war der kalifornische Traum Wirklichkeit geworden: Nur die Kalifornier brachten es fertig, Alaskas natürlichen Eisschrank zu plündern, um ihnen saisonunabhängige Frischprodukte zu präsentieren.

Der kalifornische Staat gedieh prächtig. Während die US-Bevölkerung zwischen 1860 und 1870 um 26% wuchs, nahm Kaliforniens Bevölkerung in der gleichen Zeit um 47% zu. Die nationale Wachstumsrate blieb in den 1870er Jahren konstant, die Kaliforniens stieg jedoch um 54,3% an. Das Handwerk florierte, und in den versorgungsarmen Zeiten des Bürgerkriegs hatten sich örtliche Kleinindustrien entwickelt. Die Landwirtschaft, mit großen Nutzfarmen, Massentierzucht und Weinbergen, befand sich im Aufschwung, der Weizen wuchs wie Unkraut in den feuchten, milden Wintern und reifte zu goldenen Ernten im Sommer. Bei den europäischen Händlern war das „weiße Gold" so begehrt, daß sie dafür die höheren Preise akzeptierten.

Mutige Farmer pflanzten in Südkalifornien drei Navelorangen-Bäume aus Brasilien und wurden mit einer prächtigen Ernte von „Wintergold" belohnt. Das „Sommergold" der Valencia-Orangen ließ nicht lange auf sich warten, und ein ganzer Distrikt wurde zum „Orange County". Im Laufe von 50 Jahren konnte Luther Burbank viele neue Obstsorten züchten und verbessern.

Aufstrebende Industriezweige, Silberminen, ausgefeilte Finanz- und Handelssysteme – um 1870 herum besaß Kalifornien alles, einschließlich einer steigenden Zahl von Bankrotteuren, Klassenkämpfen und Rassenkonflikten. Kaliforniens Euphorie prallte auf die harte Wirklichkeit. Farmer, Hersteller und Händler spekulierten auf den großen Gewinn mit der Eisenbahn, die nicht nur neue Märkte er-

schließen, sondern auch Ströme von billigen Arbeitskräften bringen würde. Makler und Baufirmen träumten von einem wahren Eldorado neuer Häuser, die Grundstückspreise verdoppelten und verdreifachten sich, und neue Städte wurden für den erwarteten Massenansturm aus dem Boden gestampft.

Die von cleveren Geschäftsleuten gegründete Immigrant Union, die Kalifornien in den rosigsten Farben malte, fand ein bereitwilliges Publikum. Die Wirtschaft im restlichen Amerika kränkelte, Arbeiter träumten von höheren Löhnen im Westen, und Farmer von billigem Land. Zwischen 1873 und 1875 wanderten mehr Menschen nach Kalifornien aus als in der Zeit des Goldrausches.

Die Eisenbahngesellschaften ließen ihren alten Traum von einer Verbindung zwischen Europa und Asien wiederaufleben, und die Central Pacific (mittlerweile „Oktopus" getauft), wild entschlossen, ihr Monopol zu behalten, erweiterte ihre Linien in nördliche und südliche Richtung und versuchte erbarmungslos, potentielle Rivalen (wie z.B. die Southern Pacific, die San Francisco und Los Angeles über das San Joaquin Valley verband) auszuschalten. Die Eröffnung des Suez-Kanals, die eine Eisenbahnverbindung zwischen Europa und Asien überflüssig machte, war jedoch ein schwerer Schlag für die Großen Vier. Vergeblich versuchten sie, ihre Eisenbahn zum Schleuderpreis wieder loszuwerden.

Die Fabrikbesitzer merkten bald, daß die eher reservierten Ostamerikaner nicht am Kauf kalifornischer Waren interessiert waren. Spekulanten hatten den Farmern das beste Land vor der Nase weggeschnappt, und mehr und mehr Häusermakler blieben auf ihren überteuerten Häusern sitzen und gingen bankrott.

Nach einer Dürreperiode in den Jahren 1876-77 mit fatalen Folgen für die Landwirtschaft und den hydraulischen Bergbau, brach die marode Wirtschaft voll-

Oben: Eine der inzwischen zum Mythos gewordenen Dampflokomotiven aus dem 19. Jahrhundert.

kommen zusammen. Das Ausbleiben einer Dividenden-Zahlung der Comstock Lode brachte das Faß zum Überlaufen: Arbeiter und Farmer strömten nach San Francisco, um ihrem Ärger über die Land-, Wasser- und Transport-Monopole, die Korruption der Regierung und die niedrigen Löhne Luft zu machen.

Besonders die Central Pacific war ihnen ein Dorn im Auge, denn sie kontrollierte nicht nur den Langstrecken-Transport im Staat, sondern auch den Transitverkehr quer durch Amerika. Korruption und Bestechung hielten gesetzliche Kontrollen in Grenzen; die Städte mit Anschluß an die Eisenbahn mußten freies Land für Depots und Bahnhöfe zur Verfügung stellen.

Die Eisenbahn, die allein vom Staat Kalifornien ca. 4,5 Millionen Hektar subventioniertes Regierungsland bekommen hatte, verkaufte nun das Land Stück für Stück an Spekulanten, um so möglichst schnell reich zu werden.

Spekulanten kontrollierten auch riesige „Sumpfgebiete", die zur Trockenlegung und Urbarmachung an Farmer verkauft werden sollten. Örtliche Bodenvermesser stuften weite Strecken besten Farmlands in Central Valley als Sumpfland ein, Landmakler verkauften dann die angeblichen Sümpfe zum Schleuderpreis von $2 pro Hektar an 280 Grundbesitzer in San Francisco, die damit 4,63 Millionen Hektar besten Farmlandes in ihren Besitz bringen konnten. Jetzt begann die maschinelle Landwirtschaft im großangelegten Stil.

Südkalifornien profiliert sich

In den 50er Jahren des 19. Jh. versuchte Südkalifornien dreimal, sich vom Norden zu befreien, aber erst im Jahre 1914 schien dieses Ziel näher zu rücken.

Im Jahre 1851 sah die Zukunft jedoch noch düster aus: Es gab keine schiffbaren Flüsse, nur San Pedro besaß einen flachen, schlecht geschützten Hafen, und Paiute-Indianer überfielen die verstreuten Siedlungen. Kriminelle zogen sich hierher zurück, wenn der Arm des Gesetzes ihnen zu nahe kam, und eine Stadt von 2300 Einwohnern konnte durchschnittlich 44 Mordfälle pro Jahr verzeichnen. In den Jahren 1855 und 1857 wurde das Gebiet von Erdbeben erschüttert, Überschwemmungen in den Jahren 1861 und 1862 spülten Rinderherden und Gebäude fort, und die darauffolgende Dürre dauerte zwei Jahre.

Als viele Farmen in der Dürrezeit verarmten, verstärkten sich die anglo-mexikanischen Spannungen. Zwar konnten erfolgreiche Händler in die Familien der Californios einheiraten, aber Vacqueros oder protestantische Neusiedler wurden als nicht gesellschaftsfähig betrachtet. So war es ein schwerer Schlag für die Californios, als die Landkommission ihre Familienbesitze an die selbstgefälligen Neusiedler verteilte. Einige Californios bildeten Selbstjustiz-Gruppen, die in ihrer Brutalität die Vigilante-Committees San Franciscos noch übertrafen. Die neuen Farmer übernahmen die Bewässerungssysteme der Missionen und trieben erfolgreich Landwirtschaft. Die Mormonen kauften das 14 366 Hektar große El Rancho del San Bernardino für $77 500 und gründeten dort eine blühende Farmgemeinschaft, bevor sie alles spottbillig wieder abgaben und im Jahre 1858 nach Utah zurückkehrten.

50 deutsche Familien investierten $750 pro Kopf in eine neue Stadt, die sie Anaheim nannten, und pflanzten 4000 Rebstöcke. Einige Jahre später verkauften sie jährlich 456 000 Liter Wein und Brandy nach San Francisco. Nach der Dürrezeit von 1862-64 suchten viele Besitzer bankrotter Rinder-Farmen nach neuen Verdienstmöglichkeiten: Sie züchteten Schafe, pflanzten Weizen oder verkauften Landparzellen an Einwanderer aus den Südstaaten, die nach dem verlorenen Bürgerkrieg hier neu beginnen wollten. Im Süden entstanden die neuen

Städte Downey, Pasadena und Riverside. Hunderte von tief gebohrten artesischen Brunnen bewässerten das Land, und die Landwirtschaft, nicht länger von Trockenzeiten bedroht, gedieh prächtig.

Als sich die Wirtschaft Amerikas in den Jahren um 1880 erholte, zogen wieder mehr Menschen nach Westen. Die Southern Pacific übertrumpfte die Central Pacific mit der Eröffnung einer Eisenbahnlinie nach New Orleans im Jahre 1883, und als die Eisenbahnen von Atchinson, Topeka und Santa Fé ihre eigenen Strecken nach Los Angeles anlegten, fielen die Fahrpreise von Küste zu Küste auf einen Dollar.

Hektisches Wachstum

Die Menschen strömten wieder scharenweise nach Kalifornien. Die Einwohnerzahl San Diegos stieg zwischen 1884 und 1887 von 5000 auf 32 000, und Los Angeles brüstete sich im Jahre 1887 schon mit 100 000 Einwohnern. Grundstücksverkäufe in L.A. County erreichten die $200-Millionen-Grenze, bevor der Markt zusammenbrach und die Bevölkerung von Los Angeles im Jahre 1890 wieder auf 50000 zusammenschrumpfte. Aber die Stadt wußte, daß sie für Einwanderer immer noch attraktiv war.

Die kalten östlichen Winter konnten mit dem milden Klima Südkaliforniens nicht konkurrieren, und die Kalifornier setzten ihre Phantasie, Begeisterung und lockere Art dazu ein, die großzügigen Gaben der Natur für sich zu nutzen. Das verführerische „California Girl" wurde ursprünglich als Werbung für Südkalifornien erfunden, und die Sunkist Orange Company versprach, den kalifornischen Sonnenschein auf jeden amerikanischen Frühstückstisch zu zaubern.

Und wieder lächelte Fortuna. Im Jahre 1892 brach durch Ölfunde in Los Angeles ein erneuter Wirtschaftsboom aus. Henry Huntington verkaufte seine Eisenbahn-Aktien und investierte in Straßenbahnen. Innerhalb eines Jahrzehnts baute Los Angeles sein Verkehrssystem so gut aus, daß Arbeiter 30-50 km von ihren Arbeitsplätzen entfernt wohnen konnten.

Im Jahre 1891 erklärte der Kongreß verschiedene ausgedehnte Waldgebiete zu Naturschutzgebieten, die Basis der heutigen Nationalparks. Präsident Harrison gründete, zum Schutz einer wichtigen Wasserscheide Kaliforniens, ein erstes Naturreservat in den San Gabriel Mountains nördlich von Los Angeles. Für die expandierende Stadt war die Wasserversorgung ein Problem. Städtische Ingenieure planten den Bau eines unterirdischen Aquädukts, um das Schmelzwasser der östlichen Sierra zum Owens Valley bei Los Angeles zu transportieren, und im Jahre 1913 floß erstmals Wasser durch das Aquädukt nach Los Angeles.

Mittlerweile veränderte sich in Kalifornien die Bevölkerungsstruktur. Zu Beginn des neuen Jahrhunderts hatte die Farmarbeit den Glorienschein der Pionierzeit verloren. Die neuen Farmer waren mit harter, körperlicher Arbeit konfrontiert, und daher wanderten ihre Kinder in die Städte ab. Kleine Farmbesitzer und Geschäftsleute aus dem Mittleren Westen, die bei steigenden Landpreisen ihre Farmen oder Geschäfte verkauften, suchten gemütliche Städte, in denen sie sich niederlassen konnten.

In Südkalifornien entstanden Kleinstädte mit ländlicher Atmosphäre, mit Bungalows und Gärten, in denen man Orangen, Zitronen, Nüsse oder Trauben anpflanzen konnte. Die Straßenbahnen der Pacific Electric brachten die Bewohner zum Strand, in die Berge oder ins Zentrum von Los Angeles. Das Kleinstadt-Idyll degenerierte jedoch bald zu ausgedehnten Vorstädten mit Einfamilienhäusern, kleinen Vorgärten und Hinterhöfen. Wohngebiete in Los Angeles, Riverside, Pasadena und Anaheim gingen

Rechts: Ölpumpen wie diese haben den Wohlstand nach Kalifornien gebracht.

MYTHOS UND GESCHICHTE

ineinander über und waren mit Spießern bevölkert, die sich endlos über Religion, Rasse oder Tugendhaftigkeit ausließen. Südkalifornien hatte sich verändert, und die Menschen lebten in dem Gefühl, die Kontrolle verloren zu haben. Das Eigentliche aber stand ihnen noch bevor.

Erdbeben und Skandale

Die Bewohner San Franciscos bezeichnen ihre Stadt gerne als einen vergnüglichen Ort mit einem Hauch romantischer Verruchtheit. Zwischen den Wirtschaftskrisen lebte es sich hier gut. Die Großen Vier zogen nach Nob Hill und bauten dort protzige Herrenhäuser, und nach der Erfindung der Seilbahn im Jahre 1873 ließen die Nabobs von Nob Hill mit ihrer Privatbahn Konzertflügel, klassische Statuen, Teakmöbel und reiche Freunde den Berg herauf bringen. Die reiche Mittelklasse schuf sich ihre eigene bombastische Szenerie, in der jede Spur von Mäßigung verpönt war. Ihre viktorianischen Hausfassaden protzten mit Balustern aus Holz, mit Giebelchen, dekorativen Dachziegeln, spitzen Türmchen, Erkerfenstern, schmiedeeisernen Zäunen und Buntglasfenstern. Zwar stammte die Inneneinrichtung aus der Massenproduktion, aber das individuelle Arrangement von Ornamenten verwandelte jede Außenfassade in eine einzigartige Kreation.

Das Geld lockte auch literarische Talente an. Rudyard Kipling nannte San Francisco „eine verrückte Stadt von größtenteils irrsinnigen Menschen, deren Frauen von bemerkenswerter Schönheit sind". Mark Twain, Bret Harte und Ambrose Bierce sammelten in San Francisco erste literarische Lorbeeren, und William Randolph Hearsts *Examiner* brachte neuen Wind in die Regenbogenpresse.

Interessante Themen gab es mehr als genug, und eine Reihe von Geschäftsleuten und Politikern betrachteten die Stadt als ihre private „Spielwiese". Im Jahre 1887 schrieb der *San Francisco Call:* „Eins der wichtigsten städtischen Ämter zwei Jahre lang innezuhaben, ist gleichbedeutend mit dem Gewinn eines großen

MYTHOS UND GESCHICHTE

Vermögens." Korruption und Laster entwickelten sich gewissermaßen zur Kunstform. Ein von vielen Politikern besuchtes Bordell z. B. wurde boshaft „der städtische Kindergarten" genannt.

Das große Vergnügen endete am 18. April 1906 um 5.12 Uhr, als vom San Andreas-Graben ausgehend die Erde bebte und die Gegend um San Francisco von heftigen Erdstößen erschüttert wurde. Viele Gebäude stürzten wie Kartenhäuser in sich zusammen, Straßenbahnschienen verbogen sich. Enrico Caruso verlor vor Schreck seine Stimme, und die neue Stadthalle brach zusammen, eher ein Opfer schlechter Baumaterialien als des Erdbebens. Eine sich rasch ausbreitende Feuersbrunst bewegte sich westwärts. Das prächtige Palace Hotel, vom Erdbeben fast unversehrt, ging in Flammen auf, wie auch das elegante Fairmont und die Herrenhäuser auf Nob Hill. Drei Tage wütete das Feuer, bis der Garnisons-Kommandeur, General Frederick Funston, die Order gab, die Häuser an der Westseite der Van Ness Avenue in die Luft zu sprengen, um einen Feuerdamm zu schaffen. Weindurchtränktes Leinen rettete die Gebäude am Telegraph Hill, und die solide, aus Granit erbaute Alten Münze stand südlich der Market Street allein auf weiter Flur. Drei Viertel der Privathäuser und Geschäftsgebäude waren zerstört, und mehr als 200 000 Obdachlose campierten in den Stadtparks.

Aber der Geist der Pionierzeit war noch nicht erloschen. Freiwillige Helfer und Armeeeinheiten versorgten Tausende von Menschen, und niemand war überrascht, daß als eines der ersten Unternehmen ein Bordell seine Pforten öffnete. Der Wiederaufbau begann, während die Ruinen noch rauchten.

Noch immer war San Francisco einer der lebhaftesten Häfen der Welt, und die Gelder fanden ihren Weg in die Montgomery Street, der Wall Street des Westens. Als im Jahre 1911 hier die Panama- Paci-

Oben: San Francisco nach dem Erdbeben von 1906. Rechts: Straßenszene in San Francisco nach dem Erdbeben von 1989.

MYTHOS UND GESCHICHTE

fic-Ausstellung stattfand, nannte Präsident William Howard Taft San Francisco „die Stadt mit dem Know-How".

Die Vergnügungssucht nahm gemäßigtere Formen an. Korrupte Politiker wurden durch eine Reformbewegung entmachtet, und im Jahre 1903 wurde den Wählern von Los Angeles das Recht auf Volksabstimmung, auf Gesetzesinitiative und Abberufung von Politikern zugestanden. Im Jahre 1910 wurde der Reform-Gouverneur Hiram Johnson gewählt, und ein Jahr später bekamen die Frauen das Wahlrecht zugestanden. Ein Großteil der Bordelle wurde geschlossen, als im Jahre 1913 ein Gesetz zur Abschaffung der Rotlicht-Bezirke verabschiedet wurde.

Hollywood und Automobile

Die Filmindustrie ließ Kalifornien in neuem Glanz erstrahlen. Im Jahre 1908 drehte hier die erste Filmcrew *Der Graf von Monte Christo*, und ein Jahr darauf zogen unabhängige Produktionsfirmen in einen Vorort von Los Angeles namens Hollywood. Die Nähe der mexikanischen Grenze war von Vorteil, denn Thomas Alva Edison, der die Rechte für das neue Unterhaltungs-Medium besaß, ließ die aufmüpfigen Jungfilmer von seinen Agenten jagen – und es kam oft vor, daß Kameras und Filme schnell über die Grenze in Sicherheit gebracht wurden.

Auch D.W. Griffith erkannte die Vorteile Kaliforniens und zog im Jahre 1910 nach Westen. Da es noch keine genügend lichtempfindlichen Filme gab, mußten sogar Innenaufnahmen bei Sonnenlicht gedreht werden, und Sonnentage gab es hier mehr als genug. Von alpinen Wäldern bis zur Sandwüste war jede erdenkliche Naturkulisse schon vorhanden. Und wieder einmal war Kalifornien der Ort, an dem Träume wahr wurden: Hollywood hatte es möglich gemacht.

Auch das Automobil trat in dieser Zeit seinen Siegeszug an. Und wieder hatte Fortuna ihre Hand im Spiel: Die großen Ölvorkommen, die in den 20er Jahren des 20 Jh. in Los Angeles entdeckt wurden, besaßen nämlich einen hohen Benzingehalt. In Los Angeles County verdoppelte sich die Bevölkerung von 1920 bis 1930, während sich in der gleichen Zeit die Zahl der Autos verfünffachte, und im Jahre 1925 besaß jeder dritte Bürger ein Auto. In der Ära des Automobils zogen die Menschen aus dem dicht besiedelten Stadtzentrum in die Vorstädte. Der erste moderne Supermarkt öffnete in Los Angeles seine Pforten, dicht gefolgt von Reparaturwerkstätten, Motels, Autobahnen und – last not least – dem Smog.

Krisen, Krieg und Internierung

Die Wirtschaftskrise vergrößerte jedoch die sozialen Spannungen auf dem Arbeitsmarkt. Als die Polizei und die National Guard in San Francisco einen Dockarbeiter-Streik niederschlugen und die Anführer des Kommunismus angeklagt wurden, brach ein Generalstreik aus, der die gesamte Bay Area lahmlegte und die Arbeiter zu einem ernstzunehmenden politischen Faktor machte.

Der 2. Weltkrieg veränderte Kaliforniens Gesicht für immer. Auch unter Berücksichtigung von 30% Inflation und 30% Bevölkerungszuwachs waren die Ausgaben der amerikanischen Regierung zwischen 1939 und 1945 dreimal größer als das gesamte Privateinkommen. Das Militär war im täglichen Leben ständig präsent. Frauen, ethnische Minderheiten und Randgruppen wurden in der Flugzeug- und Schiffsbau-Industrie beschäftigt. Als jedoch die Soldaten im Jahre 1945 aus dem Krieg heimkehrten, bekamen sie ihre alten Arbeitsplätze zurück.

Pearl Harbour brachte alte, anti-japanische Ressentiments zum Vorschein. Etwa 112 000 Japaner, 93 000 allein in Kalifornien, wurden in stacheldraht-umzäunte, scharf bewachte Internierungslager im Landesinneren „umgesiedelt". Alle Internierten waren entweder geborene US-Bürger, oder hatten vor 1924, als der Kongreß die Einwanderung aus Japan verbot, die Staatsbürgerschaft erhalten. Offiziell wurde der Grundbesitz der Japaner zwar nicht beschlagnahmt, aber alle mußten ihre Besitztümer verlassen oder verkaufen. Im Jahre 1946 entschuldigte sich die War Relocation Authority eher zögernd bei den Japanern. Earl Warren, der als Justizminister Kaliforniens die Internierung befürwortet hatte, bedauerte diese Aktion, als er zum Gerichtspräsidenten des Obersten Gerichtshofs der USA berufen wurde. Erst im Jahre 1988 stand der Kongreß den Überlebenden der Lager eine finanzielle Entschädigung zu.

Die sanfte Revolte

Kaliforniens Bevölkerung stieg wieder an, denn viele der im Krieg hier stationierten Soldaten schlugen im sonnigen, fröhlichen Westen für immer ihre Zelte auf. Kalifornien und die gesamte Nation dämmerten in den 50er Jahren beschaulich vor sich hin, bis aus San Francisco beunruhigende Neuigkeiten kamen. Die „Beatniks", wie Klatschkolumnist Herb Caen sie nannte, hörten in den Cafés am North Beach Jazzmusik, lasen Gedichte, rauchten Marihuana und diskutierten über den Sinn des Lebens.

Ihr leiser Protest sollte jedoch die Welt verändern. Der Romancier Herbert Gold schrieb: „Der Beatnik brachte den Hippie hervor, und der Hippie veränderte mit seiner Weltanschauung sämtliche Bereiche des Lebens, von Mode, Drogen, Sexualität bis zu Politik und Rassenfragen und gab den Menschen die Vision eines neuen, besseren Amerika."

Die politischen Vorstellungen der Neuen Linken unterschieden sich drastisch von denen der Beatniks. In den 60er Jahren boykottierten Demonstranten der Neuen Linken das Komitee für Unamerikanische Umtriebe, das im Rathaus von San Francisco tagte. Die Polizei setzte Knüppel und Wasserwerfer ein, aber der

Rechts: Die T-Shirt-Kultur wurde wahrscheinlich in Kalifornien erfunden.

MYTHOS UND GESCHICHTE

Rest der Welt hatte die Proteste gehört. Die harschen Angriffe der Neuen Linken auf sattes Konsumdenken und profitorientierte Politik fielen nicht nur in den Universitäten des Landes auf fruchtbaren Boden; sie veränderten grundlegend das amerikanische Selbstverständnis.

Die sanfte Revolution der Hippies war ein vergleichsweise harmloses, etwas wirres Gemisch von Gewaltlosigkeit, freier Liebe und Drogen. San Franciscos Stadtteil Haight-Ashbury wurde zum Zentrum der „Flower Power", im anliegenden Golden Gate Park wandelten Hippies mit verklärten Gesichtern herum, während sie in Hollywood den Sunset Boulevard mit Beschlag belegten. Die ehemaligen Gallionsfiguren der Beatniks, die Schriftsteller Allen Ginsberg, Neal Cassady und Ken Kesey begeisterten sich für die Ideale der Hippies, und Journalisten wie Tom Wolfe und Hunter Thompson deuteten die neue Subkultur.

Bald stylten sich jedoch auch ehemals brave Bürger zum Hippie hoch, und The Haight, Sunset Boulevard, Telegraph Avenue in Berkeley und andere Hippie-Eldorados degenerierten zu Touristenattraktionen. Die meisten der Hippies, die sich nicht mit Drogen kaputtgemacht hatten oder in die Klauen von charismatischen Sektenführern fielen, schnitten sich in den 70er Jahren das Haar wieder ab und begannen mit dem Geldverdienen. Dennoch sind die Einflüsse der Neuen Linken wie auch der Hippies heute noch spürbar. Die Neue Linke machte den politischen Protest gesellschaftsfähig, und die Hippies veränderten die menschlichen Wertvorstellungen.

In den 20er Jahren des 19. Jh. gab Horance Greenley seinen Geschlechtsgenossen den guten Rat: „Go West, young man". Als sich Greenley selbst nach Kalifornien aufmachte, fand er einen außergewöhnlichen Ort, in dem die Saat der Zukunft schon gesät war. In den darauffolgenden 150 Jahren ist Kaliforniens Glanz nicht verblaßt, im Gegenteil: Die Verlagerung des wirtschaftlichen Machtzentrums vom Atlantik zum Pazifik ließ seinen Stern noch heller erstrahlen.

SAN FRANCISCO

BEGEGNUNG MIT DEM UNERWARTETEN

SAN FRANCISCO
DIE BAY AREA
WINE COUNTRY
MONTEREY
BIG SUR

SAN FRANCISCO

San Francisco liegt auf einer hügeligen und malerischen Halbinsel am Ende einer riesigen Bucht. Die Stadt am Rande des nordamerikanischen Kontinents ist oft in dichten pazifischen Nebel gehüllt. Trotz aller Berühmtheit ist es eher klein und extrem dicht besiedelt. Auf 119 qkm wohnen etwas weniger als 800 000 Einwohner. Das Gebiet wurde von den Spaniern entdeckt, Mexikaner gründeten die Stadt, Engländer, Franzosen, Deutsche und Chinesen siedelten hier, Amerikaner und Russen kämpften um sie. Ihre Bewohner sind ausgesprochen liberal, und die Toleranz gegenüber unterschiedlichen Überzeugungen, Kulturen und Religionen ist beispielhaft. Von Anfang an galt San Francisco als die berühmt-berüchtigte Hauptstadt des Wilden Westens. Auch heute noch hat sie etwas vom Geist der Pioniere, trotz ihrer Stellung als Zentrum für internationalen Handel und Finanzen. Die Stadt – und viele ihrer Einwohner – scheinen oft „überlebensgroß" zu sein.

Vorherige Seiten: Schnurgerade zieht sich dieser Highway durch die Mojave-Wüste. Riesige Sequioa-Bäume im Kings Canyon National Park. Verkehrsstau auf der abendlichen Golden Gate Bridge. Links: Freundliche Begegnung in San Francisco.

Die Stadt an der Bucht

Die Entdeckung der **San Francisco Bay** 1769 war reiner Zufall. Im Rahmen einer Expedition des Spaniers Gaspar de Portola segelte José de Ortega von San Blas bis nördlich von Monterey, wo die Strömung aus dem Golden Gate die Fahrt stoppte. José de Ortega sah als erster weißer Mann den Eingang zur Bucht. Er nannte ihn *La Boca del Puerto de San Francisco*. Später wurde er von General John Fremont 1848 in Golden Gate (Goldenes Tor) umbenannt.

Ein weiterer Spanier, Juan Manuel de Ayala, segelte 1775 in die versteckte Bucht. Er bereitete den Weg zur vollständigen Einnahme des Gebiets durch Spanien. Zwei von Ayala getaufte Inseln tragen ihre Namen noch heute. „Die Insel unserer Herrin der Engel" wird heute allgemein **Angel Island** genannt. Sie ist jetzt ein vom Staat Kalifornien verwalteter Erholungspark. Ayala nannte eine andere Insel in der Bucht „Insel der Pelikane"; 1851 wurde sie von der US-Regierung übernommen und ihr spanischer Name (La Isla de los Alcatraces) wurde zu **Alcatraz**. Der Felsen erhebt sich steil aus den Wassern der Bucht und war zuerst als idealer Standort für einen Leuchtturm gedacht; 1854 wurde er in Betrieb genommen, um die Seeleute vor den Gefahren der nebligen Gegend zu warnen. Zur gleichen Zeit baute die Regierung eine Festung, die niemals von einem Angreifer bedroht wurde. Ab 1861 wurde die Wind und Wetter preisgegebene Insel als Militärgefängnis benutzt und hat seither einen üblen Ruf. Ab 1934 war die Festung ein berüchtigtes Staatsgefängnis und wurde auch von den härtesten und abgebrühtesten Verbrechern gefürchtet. Der unfreundliche Ort beherbergte lange Jahre Al Capone, George „Machine Gun" Kelly, Mickey Cohen und andere unfreiwillige Gäste. Die Wächter regierten mit eiserner Faust, jeder Fluchtversuch war vergeblich. Für die sorglosen Einwohner von San Francisco war das Gefängnis jedoch ein Schandfleck. Aus Kostengründen wurde es 1963 geschlossen. Von 1969 bis 1971 war die Insel Schauplatz einer langen Demonstration der Indianer. Heute ist sie ein ziemlich gruselerregender Ausflugsort für Touristen: Mehr als eine halbe Million Besucher setzen jährlich vom Pier 41 über – und sind nur zu froh, die Insel nur zwei Stunden später wieder verlassen zu dürfen.

Eine der ersten wichtigen Siedlungen war 1776 Vater Junipero Serras **Mission Dolores** in einem geschützten Tal (heute 16. und Dolores Street). Die anderen waren das Presidio (westlich des Hafenviertels, nahe bei der Golden Gate Bridge), ebenfalls 1776 gegründet und heute eine unfreundliche Militärsiedlung an der südlichen Mündung der Bucht; und seit 1835 ein sicherer Handelsposten im Yerba Buena Cove, ein sandiger, nach einer einheimischen Minze benannter Meeresarm. Heute liegt dort Chinatown.

Die Stadt Yerba Buena wurde von William A. Richardson, einem englischen Hauptmann, ein Jahr nach der Unabhängigkeitserklärung Mexikos von Spanien 1821 gegründet. Er wollte hier am Meeresarm eine Hafenstadt bauen. Sein Zelt wurde 1835 durch ein Gebäude, heute 800 Grant Avenue (damals Dupont Street) ersetzt.

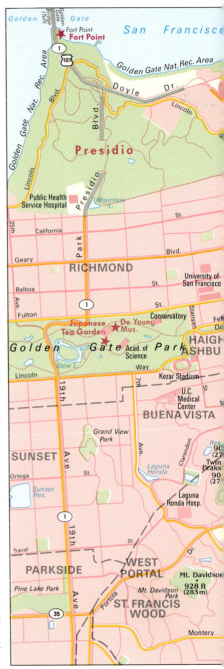

SAN FRANCISCO

SAN FRANCISCO

Richardson wurde als der „einsame Siedler" von Richard Henry Dana in *Two Years Before the Mast* beschrieben. Bald folgten andere Siedler, meist Angelsachsen und Amerikaner, schließlich 1846 die gesamte Besatzung des Militärschiffs *U.S.S. Portsmouth*. Eine von den Söhnen des Goldenen Westens an der Ecke Montgomery/Clay Street angebrachte Tafel erinnert seit 1916 an Hauptmann John B. Montgomerys Ankunft und seine Einnahme der Stadt sowie des angrenzenden Nordens.

Der mexikanische Platz, jetzt **Portsmouth Square**, wurde sofort in ein internationales Handelszentrum verwandelt, mit etlichen Spielhöllen und Saloons. Dana schrieb: „Die Docks und Straßen, in die wir einzogen, waren voller Expresswaggons und Handkarren für das Gepäck, Kutschen und Droschken für die Passagiere. ...Ich drängte mich durch diese Menschenmassen, entlang der gutgepflasterten und -beleuchteten Straßen, genauso geschäftig wie am Tag."

Von Anfang an hatte San Francisco ein internationales Flair. Den Status einer Metropole verdankt es allerdings einigen großen Aufschwüngen, die das Bild der Stadt in den Augen der Welt grundlegend veränderten.

Invasion der Glücksjäger

San Francisco, von einem Dichter als „die Stadt, die nie ein Dorf war" beschrieben, erlebte seinen ersten Aufschwung 1847, als das Schicksal die Interessen der USA von der Atlantik- an die Pazifikküste lenkte. Das durch den Goldrausch von 1849 eingeleitete Jahrzehnt veränderte den Westen wie kein anderes. In den Monaten nach der Entdeckung an den Hügeln zu Füßen der Sierra suchten Tausende von Glücksjägern Gold Country und San Francisco, seinen natürlichen

Rechts: Vom Alamo Square aus rücken die alte und neue Skyline eng zusammen.

Hafen, heim. Aus allen Ecken der USA, aus Südamerika und sogar aus Europa kamen Goldsucher hierher, um ihr großes Glück zu machen.

San Francisco war damals gerade im Entstehen begriffen. 1847 heuerte die Stadtregierung den Ingenieur mit Namen Jacob O'Farrell an, um das Land zu vermessen und dann Parzellen zu verteilen. O'Farrell warf ein Auge auf Twin Peaks im Südwesten und baute einen breiten Boulevard namens **Market Street**, bis heute eine irritierende und künstliche Trennlinie zwischen den Stadtvierteln.

Nördlich der Market Street haben die Häuserblocks und Straßen europäische Ausmaße, für Fußgänger angelegt. Südlich liegen die Blocks weiter auseinander, für den Verkehr entworfen, der bald Amerikas Erscheinungsbild bestimmen sollte. So wurde der nördliche Teil zum beliebten Handels- und Bankenzentrum; das südliche Viertel zum Zuhause für Leichtindustrie und ihre Arbeiter. Diese Unterschiede sieht man noch heute. Selbst der Bau des berühmten Palace-Hotels – heute **Sheraton Palace** – durch William Ralston (Bank of California) südlich der Market Street hat daran nichts geändert.

Während der Zeit des Goldrausches wuchs die Stadt im Eiltempo. Holzhütten und Zelte schossen über Nacht aus dem Boden. Die Zahl der Einwohner stieg sprunghaft auf 20000 an, als sie sich von einer Behelfsstadt in eine aus Ziegeln und Holz verwandelte. Schließlich entwickelte sie sich zu einer Metropole der Jahrhundertwende mit stark viktorianischem Einfluß auf ihre Architektur. Das zeigen auch die schlichteren Renaissance-Bauten im **Jackson Square Historic District**, heute das Viertel der Antiquitätenhändler.

Verlandung erweiterte die Stadt an der nördlichen und östlichen Küstenregion. 1848 brachte ein New Yorker Holzfäller namens Henry Meiggs eine Schiffsladung mit Bauholz an die Westküste. Er

blieb und wurde ein bekannter Bürger. Fünf Jahre später baute er ein Pier in der heute wohl beliebtesten Touristenecke San Franciscos: **Fisherman's Wharf**.

Heute ist dieser Platz berühmt für seinen Markt. Die Lebensmittelstände verkaufen frische Krabbencocktails und Sauerteigbrot. Zahlreiche Schiffsrundfahrten starten hier; es gibt viele Nobel-Restaurants; Sehenswürdigkeiten wie das **Wax Museum** und **Ripley's „Believe it or not" Museum** locken; Straßenkünstler und Pantomimen gehören zu den Attraktionen entlang des Bürgersteigs. **The Cannery** und **Ghiradelli Square** sind Einkaufs- und Unterhaltungszentren in restaurierten Fabriken des 19. Jh.

Die Barbarenküste

Die Gegend um das heutige **Embarcadero** entwickelte sich zu einem berüchtigten Viertel, bekannt als die „Barbarenküste". Durch die Nähe zu den Passagierdocks füllte es sich mit Reisenden aus aller Welt. Sein Mittelpunkt war Pacific Street, mit Tanzschuppen, Saloons und Bordellen. Es erhielt seinen Namen von der berüchtigten, damals von Piraten beherrschten nordafrikanischen Küste.

Heute ist es anders: Der 375-Millionen-Dollar-Komplex **The Embarcadero**, ein Einkaufs-, Restaurant- und Unterhaltungszentrum, dominiert das Viertel. Eine Straße weiter wurde, etwa ein Jahrhundert später, der **Broadway** zum modernen Gegenstück der Barbarenküste. In den späten 60er und frühen 70er Jahren säumten Nachtclubs und Oben-ohne-Tanzrevuen diese Straße.

Aber die Tänzerinnen sind nicht alles, was die Kulturszene der Stadt zu bieten hat. Schon im Jahr 1851 wurden auf den Bühnen San Franciscos Opern aufgeführt. Die wenigen Frauen, die in die aufstrebende Stadt kamen, wurden besonders auf der Bühne bejubelt. Sogar die wenig Talentierten fanden regelmäßige Arbeit und reichlich Trinkgelder, manchmal in Form von Goldkörnern, die am Ende der Aufführung auf die Bühne geworfen wurden.

SAN FRANCISCO

Die Bucht, die bis dahin bis zur Clay Street reichte, wurde mit Werften zugebaut und mit Erde zugeschüttet. Als die Stadt wuchs, verlagerte sich ihr Erdbebenzentrum vom Portsmouth Square auf das aufgeschüttete Land östlich der Montgomery Street. Die neuangelegten Straßenzüge in diesem Quadranten wurden bekannt als „Wall Street West", das **Finanzviertel**. Restaurants wie **Tadich Grill** öffneten an der California Street; das Tadich ist bis heute, 150 Jahre später, beliebt.

In der Nähe wurden Banken und weitere Handelszentren errichtet. Wells Fargo, Kaliforniens älteste und wohl berühmteste Bank, begann 1852 als Bank- und Expreßgeschäft in der Montgomery Street, ein paar Meter vom heutigen **Wells Fargo Bank History Room** entfernt. Hier sind Zeugnisse aus den Tagen des Goldrauschs ausgestellt, u. a. eine rot-gelbe

Oben: Seine Vorfahren haben den Staat Kalifornien mit aufgebaut. Rechts: Ein Cablecar mit Alcatraz im Hintergrund.

Postkutsche. Die Vitrinen sind mit Goldnuggets, Geldkassetten und anderen Erinnerungsstücken an die Stadt in der Mitte des 19. Jh. gefüllt.

Der **Union Square**, umgeben von Powell, Stockton, Geary und Post Street, war schon immer das geographische Zentrum der Stadt. Heute ist hier der Mittelpunkt von San Franciscos Einkaufs- und Theaterviertel. Neben kleinen Nobel-Boutiquen, hervorragenden europäischen Hotels und großartigen Restaurants befinden sich hier alle großen Kaufhäuser der Stadt – Macy's, Saks, Nordstrom, I. Magnin, Neiman-Marcus und The Emporium. Im Westen des Union Square steht das **Westin St. Francis Hotel**, 1904 von Charles Crocker erbaut; acht U.S.-Präsidenten und ein halbes Dutzend ausländische Staatsoberhäupter sind schon in diesem imposanten Gebäude abgestiegen.

Die „Big Four"

Die „Big Four" der Central Pacific Railroad investierten auch riesige Summen in großartige Stadtvillen und fantastische Ranchen. Stanford, Huntington, Hopkins und James G. Fair kauften große Besitzungen rund um **Nob Hill**. Er wurde später als Nabob Hill bekannt, als elegante Hotels mit riesigen Namenszügen auf seiner Spitze erbaut wurden.

Die Errichtung der Eisenbahnverbindung zwischen San Francisco und dem Osten und Süden hatte auch ihre Schattenseiten. Tausende von chinesischen Immigranten wurden geradezu zu Sklavenarbeit gepreßt. Einmal in Kalifornien, erlebten sie härtere Arbeitsbedingungen – mehr Stunden und niedrigste Löhne – als ihre westlichen Kollegen. 1872 wurde 50% der Industriearbeit von Chinesen verrichtet. Die Bevölkerung im chinesischen Ghetto **Chinatown** stieg bis 1875 auf etwa 47000 Menschen an. Das an Grant Avenue, Broadway und Powell Street grenzende Viertel ist heute eines der interessantesten in San Francisco.

SAN FRANCISCO

Grant Avenue ist voll mit chinesischen Läden, Restaurants und Märkten. Besonders die Samstagvormittage sind ein Wirbel aus Farben, Menschen, Gerüchen und Geräuschen, wenn sich die Gemeinde zum Wochenendeinkauf in die engen Straßen ergießt. Durch die Einwanderung der Chinesen aus Hong Kong in den letzten Jahren hat sich Chinatown bis nach North Beach hinein ausgedehnt, das früher von den Italienern beherrscht wurde.

Der Goldrausch und die Silberfunde in den Hügeln von Nevada verwandelten San Franciscos Erscheinungsbild bis weit über die Grenzen der ursprünglichen Gemeinde. Hunderte von Schiffen brachten ab 1849 nicht nur Goldsucher, sondern auch Missionare. Im Sommer nach dem Goldrausch hatte sich das religiöse Leben schon voll etabliert. Die Missionare und ihre Schwärme von Anhängern spielten eine große Rolle im Erziehungswesen, sowie in der Regierung. Presbyterianer, Methodisten, Episkopale und Katholiken besaßen alle ihre eigenen Gotteshäuser.

St. Francis Church liegt an der Kreuzung Vallejo/Columbus Street und ist nach der Mission Dolores die älteste römisch-katholische Kirche, im Jahr des Goldrausches gegründet. San Franciscos erste katholische Kathedrale, **Old St. Mary's Church**, wurde 1854 an der Grant Avenue/Ecke California Street eingeweiht. Die aus um Kap Horn geschifften Ziegeln und aus China importierten Steinen erbaute Kirche wurde 1891 durch eine andere Kathedrale im Südwesten ersetzt, die 1962 einem Feuer zum Opfer fiel. Old St. Mary's stürzte im Feuer von 1906 fast ein; nur ihre Mauern blieben stehen, bis sie 1909 wiederaufgebaut und neu geweiht wurde.

Die Stätte der ersten jüdischen Gottesdienste in San Francisco, an der westlichen Seite von Montgomery Street nahe der Columbus Avenue, ist durch eine Gedenktafel gekennzeichnet. Auf ihr steht das Datum, an dem die ersten Pioniere zum Yom-Kippur-Fest zusammenkamen.

Hügelwanderungen

Die Stadt dehnte sich weiter von der Küste ins Landesinnere aus. Australier, Südamerikaner und Immigranten anderer Nationalitäten siedelten, wo immer nur Platz war. Die angelsächsische Bevölkerung wanderte von ihrem Stammgebiet westlich des Portsmouth Square langsam in Richtung Nob und Russian Hill. Aber die Hügel selbst, heute zum am meisten begehrten Grundbesitz in San Francisco zählend, stellten ein Hindernis für die damalige Bebauung dar: Sie waren zu steil.

Die bekannten „Cable Cars", heute eine Touristenattraktion, wurden 1870 erfunden. Auf beiden Seiten des Atlantiks arbeiteten Europäer und Amerikaner daran, den Passagiertransport in den wachsenden Städten zu verbessern. Andrew Smith Hallidie, ein in London gebürtiger Mechaniker, wird allgemein die Erfindung der Cable Cars im Jahre 1873 zugeschrieben. „Eine der wichtigsten Entwicklungen mechanischen Genies in San Francisco ist das ausgedehnte und perfekte Straßenbahnnetz, dessen Pionier die Clay Street-Linie war." So schrieb C. P. Heininger in seinem San Francisco-Führer von 1889. „Das Netz ist einmalig und ein Triumph erfinderischen Geistes und technischen Könnens, auf das San Francisco stolz sein darf." Es war und ist stolz darauf. Drei Hauptlinien fahren noch immer täglich von 6 Uhr morgens bis Mitternacht. Die Kabelstrecke windet sich um 69 Häuserblocks entlang der California, Powell, Hyde und Mason Street. In den frühen 80er Jahren lag die Bahn wegen umfangreicher Renovierungsarbeiten still, aber jetzt sind die Straßenbahnen wieder ein Teil des Stadtbildes. Faszinierte Besucher können kostenlos das **Cable Car Museum** Ecke Washington/Mason Street besuchen. Hier sind die erste Straßenbahn der Stadt, das Seilzugsystem und ein Dokumentarfilm zu sehen.

Die Stadt dehnte sich nach Westen aus, und 1868 verwandelte man 405 Hektar Sanddünen in den **Golden Gate Park**. Die besseren Adressen, wo die prächtigen viktorianischen Häuser gebaut wurden, sind im heutigen **Pacific Heights**, im nördlichen Zentrum der Stadt. Hunderte großer Villen liegen westlich von Van Ness Avenue und zwischen California und Pacific Street.

Die soziale Hackordnung hatte sich gerade etabliert, als 1906 das erste Erdbeben mit seinen Bränden die Stadt heimsuchte. Der größte Teil der Stadt wurde entweder durch das Beben vom 18. April selbst oder durch die anschließenden Brände zerstört. Zur Brandbekämpfung wurde entlang Van Ness Avenue ein tiefer Graben ausgehoben; heute ist hier einer der breitesten Boulevards der Stadt.

San Franciscos Wappentier ist ein sich aus der Asche erhebender Phoenix. Die Stadt wurde sofort wieder aufgebaut. Das Jugendstil-Rathaus und andere Verwaltungsgebäude sind Teil der großen Anstrengungen des Wiederaufbaus.

Der Bauboom

1915 beherbergte San Francisco erstmals die Internationale Panama-Pacific-Ausstellung. Der neohellenistische **Palace of Fine Arts** im Hafenviertel wurde aus diesem Anlaß errichtet. Heute steht dort das **Exploratorium**, ein bekanntes naturwissenschaftliches Museum mit vielen Exponaten zum Anfassen und Ausprobieren.

Andere Gebäude orientierten sich am Palace of Fine Arts – besonders das **M.H. de Young Memorial Museum** im Golden Gate Park. Es besitzt eine große Menge europäischer Schätze, einschließlich Gemälden von El Greco, Portraits von Rembrandt und flämischen Schmuckteppichen. Es gibt eine Galerie mit amerikanischer Kunst, sowie Objekte aus Ozeanien und Afrika. Ein abgetrennter Flügel, das **Asian Art Museum**, ist orientalischem Porzellan, Skulpturen und anderen Kunstgegenständen aus den 6000 Jahren fernöstlicher Geschichte gewidmet.

Neben den Museen umfaßt der **Golden Gate Park** zahlreiche Gartenanlagen mit bis zu 6000 verschiedenen Pflanzenarten. An sonnigen Wochenenden findet sich hier halb San Francisco zu Spiel und Sport ein; ein großartiger Platz, um Menschen zu beobachten.

1932 erhielten San Franciscos Opernfans ihren Tempel: das **War Memorial Opera House**, Ecke Van Ness Avenue/Grove Street. Heute ist es Teil eines großen Kulturzentrums. Dazu gehören die **Davies Symphony Hall**, das **San Francisco Museum of Modern Art** und das **Herbst Theater**, wo 1945 die UNO-Gründungsurkunde unterzeichnet wurde.

Coit Tower, ein weißes, zylinderförmiges Monument auf dem schicken Telegraph Hill am Nordosten der Stadt, wurde 1933 als Denkmal für San Farnciscos Freiwillige Feuerwehr errichtet. Ein

---

Rechts: Straßenszene in Haight Ashbury, wo sich einst die Hippies tummelten.

SAN FRANCISCO

Aufzug bringt die Besucher zu einem 64 m hohen, herrlichen Aussichtspunkt.

1936 wurde die längste Brücke der Welt, die **San Francisco–Oakland Bay Bridge**, über die 13,2 km breite Bucht gebaut. Sie verbindet die Halbinsel gegenüber mit dem Festland. Im folgenden Jahr wurde die **Golden Gate Bridge** über den 1,5 km breiten Eingang zur Bucht gespannt. Sie erstreckt sich vom Fort Point im Norden bis zur südliche Grenze des Marin County.

1872 wurde in San Francisco der **Bohemian Club** von einer Gruppe Zeitungsverleger, Journalisten und Künstlern gegründet. In seiner Blütezeit Anfang des Jahrhunderts zählte der Club Leute wie Ambrose Bierce, Sinclair Lewis, Jack London und Frank Norris zu seinen Mitgliedern. Heute liegt das Clubhaus nahe der Post und Taylor Street und wird eher von Geschäftsleuten und Politikern besucht. Die Bohemiéns unseres Jahrhunderts war die Beat-Generation der 50er Jahre. Leute wie Jack Kerouac und Allen Ginsberg fanden in den Cafés am North Beach Gleichgesinnte und Ausdrucksmöglichkeiten für ihre sensible Literatur und Jazz. In den 60ern kulminierte die Hippie-Invasion im Summer of Love von 1968. Die Bewegung konzentrierte sich auf das **Haight Ashbury-Viertel**, das noch heute die Merkmale dieser leichtlebigen Generation zeigt: lange Haare, avantgardistische Musik und extrem lässiger Lebensstil. Innerhalb weniger Jahre ließ hier San Franciscos liberale Haltung ein Mekka für Homosexuelle entstehen. In den 80ern war im Stadtparlament immer mindestens ein Schwulenvertreter, um der am lautesten vernehmbaren und kreativsten Subkultur der Stadt ein Sprachrohr zu sichern.

Das **Castro-Viertel** ist heute der „schwulste" Bezirk der Stadt, gerade so, wie Chinatown mit den Chinesen assoziiert wird; North Beach mit den Italienern und Künstlern; Pacific Heights mit den Oberen Zehntausend; Richmond mit der steigenden Zahl asiatischer Immigranten; South Market mit Fabriken und Kunsthandwerkmanufakturen.

INFO: SAN FRANCISCO

SAN FRANCISCO
Unterkunft

Hotels ohne nähere Ortsbezeichnung befinden sich in der Nähe des Union Square, alle anderen ebenfalls in der Innenstadt. Die jeweilige Postleitzahl ist angegeben. Die Telefonvorwahl dieser Region ist 415; Nummern mit der Vorwahl 800 sind gebührenfrei.

LUXUSKLASSE: **Campton Place**, 340 Stockton St. 94108 (Tel. 781-5555, 800-647-4007); **Fairmont**, 4 Nob Hill 94106 (Tel. 772-5000, 800-527-4727); **Four Seasons Clift**, 495 Geary St. 94102 (Tel. 775-4700, 800-332-3442); **Hilton** 1 Hilton Square 94102 (Tel. 771-1400, 800-445-8667); **Hyatt Regency**, 5 Embarcadero Center 94111 (Tel. 788-1234, 800-228-9000); **Le Meridien**, 50 Third St. 94103 (Tel. 974-6400, 800-543-4300); **Mandarin Oriental**, 222 Sansome St. 94104 (Tel. 885-0999, 800-622-0404), Financial District. **Mark Hopkins**, 1 Nob Hill 94108 (Tel. 392-3434, 800-327- 0200); **Marriott**, 1250 Columbus Ave. 94133 (Tel. 775-7555, 800-228-9290), Fisherman's Wharf; **Sheraton**, 2500 Mason St. 94133 (Tel. 362-5500, 800-325-3535), Fisherman's Wharf; **Stanford Court** 905 California St. 94108 (Tel. 989-3500, 800-227-4736); **Westin St. Francis**, 335 Powell St. 94102 (Tel. 397-7000, 800-228- 3000).

MITTELKLASSE: **Bedford**, 761 Post St. 94109 (Tel. 673-6040, 800-227-5642); **Holiday Inn Financial District/Chinatown**, 750 Kearny St. 94108 (Tel. 433-6600, 800-465-4329); **Holiday Inn Fisherman's Wharf**, 1300 Columbus Ave. 94133 (Tel. 771-9000, 800- 465-4329); **Howard Johnson's**, 580 Beach St. 94133 (Tel. 775-3800, 800-654-2000), Fisherman's Wharf; **Kensington Park**, 450 Post St. 94102 (Tel. 788-6400, 800-553-1900); **Miyako**, 1625 Post St. 94115 (Tel. 922- 3200, 800-533-4567), im japanischen Stil, Japan Center; **Monticello Inn**, 80 Cyril Magnin St. 94102 (Tel. 392-8800, 800-669-7777); **Villa Florence**, 225 Powell St. 94102 (Tel. 397-7700, 800-553-4411); **Vintage Court**, 650 Bush St. 94108 (Tel. 392- 4666, 800-654-1100).

EINFACHE HOTELS: **Atherton**, 685 Ellis St. 94109 (Tel. 474-5720, 800- 227-3608), Civic Center; **Essex**, 684 Ellis St. 94109 (Tel. 474-4664), Civic Center; **Geary**, 610 Geary St. 94102 (Tel. 673-9221, 800-227-3352); **Grant Plaza**, 465 Grant Ave. 94108 (Tel. 434-3883, 800-472-6805), Chinatown; **Mark Twain**, 345 Taylor St. 94102 (Tel. 673-2332, 800-227-4074); **Mosser Victorian Hotel of Arts and Music**, 54 Fourth St. 94103 (Tel. 986- 4400, 800-227-3804); **Virginia**, 312 Mason St. 94102 (Tel. 397-9255).

Buchhandlungen und Bibliotheken

City Lights (Gedichte, Neuerscheinungen), 261 Columbus Ave. (Tel. 362-8193); **European Book Co.** (Fremdsprachen), 500 Sutter St. (474-0626, 925 Larkin); **Harold's** (international), 484 Geary St. (Tel. 441-2665, 599 Post); **Sierra Club Bookstore** (im Freien), 730 Polk St. (Tel. 923-5600). *BIBLIOTHEK:* **Main Public Library**, Civic Center (Tel. 557-4400).

Krankenhäuser

Children's, 3700 California St. (Tel. 387-8700); **Mount Zion**, 1600 Divisadero St. (Tel. 567-6600); **California Pacific Medical Center**, 2333 Buchanan (Tel. 563-4321); **Saint Francis**, 900 Hyde St. (Tel. 775-4321); **S. Francisco General**, 1001 Potrero Ave. (Tel. 821-8200); **University of California**, 500 Parnassus Ave. (Tel. 476-1000).

Museen und Galerien

Asian Art Museum, Golden Gate Park (Tel. 668-8921), Mi – So 10.00 – 17.00. **Cable Car Museum**, Washington und Mason St. (Tel. 474-1887), tägl. 10.00 – 18.00; **California Academy of Sciences**, Golden Gate Park (Tel. 221-5100), im Sommer tägl. 10.00 – 19.00 , im Winter tägl. 10.00 – 17.00 Uhr ; **California Palace of the Legion of Honor**, 1993 wegen Renovierung geschlossen. **Chinese Historical Society of America Museum**, 650 Commercial St. (Tel. 391-1188), Mi – So 12.00 – 16.00. **M.H. de Young Memorial Museum**, Golden Gate Park (Tel. 750- 3600), Mi – So 10.00 – 17.00. **Exploratorium/Palace of Fine Arts**, 3601 Lyon St. (Tel. 563-7337), vorher anfragen!; **Friends of Photography Museum**, Ansel Adams Center, 250 Fourth St. (Tel. 495-7000), Di – So 11.00 – 18.00; **Museum of Modern Art**, 401 Van Ness Ave. (Tel. 863-8800), Di, Mi, Fr, 10.00 – 17.00, Do 10.00 – 21.00, Sa, So 11.00 – 17.00; **Old Mint**, Fifth und Mission St. (Tel. 974-0788), Mo – Fr 10.00 – 16.00; **Ripley's "Believe It or Not!" Museum**, 175 Jefferson St. (Tel. 771-6188), Mo – Do 10.00 – 22.00, Fr – So 9.00 – 24.00; **Wax Museum at Fisherman's Wharf**,145 Jefferson St. (Tel. 885-4975), Mo – Do 9.00 – 22.00, Fr, Sa 9.00 – 23.00; **Wells Fargo Bank History Museum**, 420 Montgomery St. (Tel. 396-2619), Mo – Fr 9.00 – 17.00. **Whittier Mansion**, 2090 Jackson St. (Tel. 567-1848), Di – So 13.00 – 16.30.

Sehenswürdigkeiten

Coit Tower, Telegraph Hill (Tel. 274-0203), Juni – Sept tägl. 10.00 – 17.30, Oktober – Mai tägl. 9.00 – 16.30.
Golden Gate National Recreation Area, Park Headquarters, Building 201, Fort Mason (Tel. 666-7106), einschließlich Alcatraz Island und Sehenswürdigkeiten in drei Counties.

INFO: SAN FRANCISCO

Golden Gate Park, McLaren Lodge, Fell und Stanyan Streets (Tel. 666-7106).
War Memorial Performing Arts Center, 401 Van Ness Ave. (Tel. 621-6600), Führungen Mo 10.00 – 14.30. **Presidio**, Building 37, Presidio (Tel. 561-2211), täglich 10.00 – 17.00.
S.S. Jeremiah O'Brien, Fort Mason, Pier 3 East (Tel. 441-3101), täglich 9.00 – 15.00.
National Maritime Museum Hyde Street Pier (Tel. 556-8177), im Winter tägl. 10.00 – 17.00, im Sommer tägl. 10.00 – 18.00.
San Francisco Zoo, Sloat Blvd. und 45th Ave. (Tel. 753-7083), täglich 11.00 – 16.00.

Telekommunikation
Main Post Office, Seventh und Mission Streets (Tel. 550-0100). Es gibt ca. 50 weitere Postämter in der Stadt.

Restaurants
AMERIKANISCH: **Fog City Diner**, 1300 Battery St., 621-8579. **Hamburger Mary's**, 1582 Folsom St.; **Hard Rock Cafe**, 1699 Van Ness Ave.; **Lehr's Greenhouse**, 750 Sutter St.; **MacArthur Park**, 607 Front St.; **Top of the Mark**, Nob Hill Hotel, California /Mason Streets.
KALIFORNISCH: **Cafe Flore**, 2298 Market St., (Tel. 621-8579); **Campo Santo**, 240 Columbus Ave., (Tel. 433-9623); **Curbside Cafe**, 2417 California St., (Tel. 929-9030); **Cafe Majestic**, 1500 Sutter St.; **Clement Street Bar & Grill**, 708 Clement St.. *CHINESISCH:* **Brandy Ho's on Broadway**, 450 Broadway, (362-6268); **The Celadon**, 881 Clay St.; **Dynasty Fantasy**, 6139 Geary Blvd.; **Empress of China**, 838 Grant Ave., 6th floor; **Imperial Palace**, 919 Grant Ave. **The Pot Sticker,** 150 Waverly Place.
KONTINENTAL: **Amelio's**, 1630 Powell St.; **Julius Castle**, 1541 Montgomery St., (Tel.362-3042); **Pixley Cafe**, 3127 Fillmore St., (Tel. 346-6123); **Sears Fine Foods**, 439 Powell St. (Tel. 986-1160). *FRANZÖSISCH:* **Brasserie Chambord**, 150 Kearny St.; **Christophe**, 320 Mason St.; **Ernie's**, 847 Montgomery St.; **L'Olivier**, 465 Davis Court, Jackson Square.
DEUTSCH: **Beethoven**, 1701 Powell St.; **Schroeder's**, 240 Front St. *INDISCH:* **Gaylord Indian Restaurants**: Ghiradelli Square, 900 North Point St., (Tel. 771-8822) and Embarcadero Center (Tel. 397-7775). **India House**, 350 Jackson St.; *ITALIENISCH:* **Bardelli's**, 243 O'Farrell St.; **Columbus Italian Food**, 611 Broadway; **Kuleto's**, 221 Powell St.; **Tutto Bene**, 2080 Van Ness Ave. *JAPANISCH:* **Mifune**, 1737 Post St., (Tel. 922-0337); **Sanppo**, 1702 Post St., (Tel. 346-3486); **Yamato**, 717 California St.
MEXIKANISCH: **La Cumbre**, 515 Valencia St., (Tel. 863-8205); **Tortola Restaurants:** (1) 3460 Sacramento St., (Tel. 929-8181); (2) Stonestown Shopping Center, 3251 20th Ave., (Tel. 566-4336; **Crocker Galleria**, 50 Post St., (Tel. 673-1155). **Corona Bar & Grill**, 88 Cyril Magnin St.; **Las Guitarras**, 3200 24th St.; **Las Mananitas**, 850 Montgomery St.
MEERESFRÜCHTE: **Maye's Oyster House**, 1233 Polk St.; **Pacific Green**, 2424 Van Ness Ave.; **Tarantino's**, 206 Jefferson St.
THAILÄNDISCH: **Franthai**, 939 Kearny St.; **Thai Inspiration**, 1217 Sutter St. (Tel. 441-5003). *VIETNAMESISCH:* **Emerald Garden**, 1550 California St., 673-1155; **Mekong**, 730 Larkin St.

Einkaufen
Die vornehmen Kaufhäuser wie **Macy's, Saks, Nieman-Marcus** und **I. Magnin** liegen um den **Union Square**.
In der Nähe der Fisherman's Wharf gibt es vier Gebäudekomplexe mit Einkaufszentren, Restaurants und Unterhaltung: **The Cannery**, 2801 Leavenworth St. (Tel. 771-3112), eine ehemalige Pfirsich-Konservenfabrik; **Ghirardelli Square**, 900 North Point St. (Tel. 775-5500), eine restaurierte Schokoladenfabrik; **Pier 39** und **The Anchorage**. Im Gebäudekomplex des **Embarcadero Center**, Battery und Sacramento Streets, sind Büros, Geschäfte und Restaurants untergebracht.

Touristen-Information
San Francisco Visitor Information Center, Hallidie Plaza, Market und Powell Streets (Tel. 391-2000); **San Francisco Convention and Visitors Bureau**, 201 Third St., Suite 900 (Tel. 974-6900), tägl. Tonband-Auskunft über Veranstaltungen in Englisch (Tel. 391-2001) und Deutsch (Tel. 391-2004).

Anreise / Verkehrsmittel
Die **San Francisco Municipal Railway (Muni)** (Tel. 673-6864) betreibt drei Seilbahn-Linien ($3 Fahrgeld), Elektrobusse, Motorbusse ($1); und Untergrundbahnen ($1).
Das **Bay Area Rapid Transit (BART)** (Tel. 788-2278) verbindet in einem 114 km umfassenden Verkehrsnetz acht Stationen in der Stadt mit 25 Stationen in East Bay. Züge verkehren montags – samstags von 6.00 – 24.00 und sonntags von 9.00 – 24.00, der Fahrpreis beträgt 80 cents bis $3. Ausflugsticket $2.60. Die Busse des **San Mateo County Transit District (SamTrans)** fahren vom TransBay Terminal (First und Mission Streets) zum San Francisco International Airport (Tel. 761-7000).
Bootsausflüge von der Fisherman's Wharf werden von der **Blue & Gold Fleet**, Pier 39 (Tel. 781-7877), oder **Red & White Fleet**, Pier 41 (Tel. 546-2800), angeboten.

BAY AREA

DIE BAY AREA

Trotz seiner geringen Größe übt der Stadtbezirk San Francisco einen großen Einfluß auf seine kleinstädtischen Nachbarn aus. Alle acht anderen Distrikte um San Francisco sind größer, aber wenn die Kalifornier über „The City" sprechen, meinen sie San Francisco. Jeder Distrikt in der Nähe der Küste – San Mateo, Santa Clara, Alameda, Contra Costa, Solano, Napa, Sonoma und Marin – hat seinen eigenen Charakter.

San Mateo County, gleich südlich von San Francisco, ist ein Wohnbezirk für Pendler zwischen hier und der Stadt oder Silicon Valley. Der San Francisco International Airport, die Forschungszentren der National Aeronautics and Space Administration, sowie die Moffet Field Naval Air Station sind hier zuhause.

Das Erdbeben von 1906 veranlaßte viele prominente Familien, ihren Wohnsitz nach San Mateo zu verlegen. Ein großer Teil des Distrikts war früher Farmland. Ein solches Grundstück, das Senator Leland Stanford gehörte, wurde 1891 zum Standort der heute berühmten **Stanford University**, dem Zuhause von Amerikas High-Tech-Industrie.

Besuchern bietet sich vom San Mateos **Coyote Point Museum** aus ein herrlicher Blick auf die Bucht. Hier wurde in der Nähe der Küste, südlich des Flughafens, ein großzügiger Park angelegt. Mikrokosmen und zahlreiche Ausstellungsstücke dokumentieren die naturgeschichtliche Entwicklung der Bucht.

Kleine Küstenstädte wie **Half Moon Bay** erinnern an die Behäbigkeit der Vergangenheit. Vom benachbarten **Princeton-by-the-Sea** aus kann man in den Wintermonaten Schiffsfahrten zur Beobachtung der Grauwal-Wanderungen im Pazifik unternehmen.

Rechts: 38 Jahre lang ließ seine abergläubische Besitzerin Winchester Mystery House ständig umbauen.

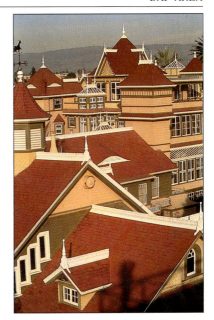

Die meisten der großen Besitzungen wurden geteilt und sind heute in privater Hand. Eine Ausnahme ist **Filoli**. Es ist für Besichtigungstouren geöffnet. 1916 wurde das 43-Zimmer-Landhaus auf dem 6,5 ha großen Grundstück für einen einflußreichen Reeder erbaut. Millionen von Fernsehzuschauern werden es wiedererkennen, denn hier war das Zuhause der Carringtons, genau gesagt: Drehort in der Serie *Denver Clan*.

Eine Mission und Hightechnology

Santa Clara County zeigt, wie weit sich die Küstenregion in den letzten zwei Jahrhunderten entwickelt hat. Die Mission **Santa Clara de Asis**, von Franziskanern gegründet, war das achte und erfolgreichste der 21 Klöster und Missionen in Kalifornien. Es liegt nun auf dem Campus der **Santa Clara University**. Einige der ursprünglichen Bauten aus luftgetrockneten Ziegeln sowie eine Rekonstruktion der Missionskirche sind auf dem Campus zu sehen. Das **De Saisset**

OAKLAND

Museum besitzt Fundstücke und Fotos, die die Geschichte der Mission und ihre Restauration veranschaulichen.

Santa Clara ist das Zuhause des **Great America Theme Parks**. Fünf eindrucksvoll ausgestattete Abteilungen erinnern an verschiedene Perioden amerikanischer Geschichte. Es gibt Karussellfahrten, Vorführungen, Restaurants und Läden, verteilt auf 40 ha Land. Das heutige Santa Clara ist eine große Metropole mit niedrigen Gebäuden und Verkehrsstaus, die durch Legionen an- und abfahrender Arbeiter aus **Silicon Valley** entstehen. Hier liegt das Zentrum amerikanischer Hochtechnologie. Besucher können im **Technology Center** des Silicon Valley in San José neue Technologien und deren Entwicklung bestaunen.

Das geschäftige, aufstrebende **San José** hat möglicherweise mehr zu bieten als der Rest des Küstengebiets, abgesehen

Oben: Die San Francisco Oakland Bay Bridge. Rechts: Maurische Architektur mitten in Sausalito.

von San Francisco. Sehenswert ist das **Winchester Mystery House**, eine seltsame 160-Zimmer-Villa, deren paranoide Besitzerin 48 Jahre lang Tischler beschäftigte, damit ihr Haus nicht von bösen Geistern heimgesucht werde; ebenso das **Rosicrucian Egyptian Museum**, eine große private Sammlung im Besitz der Rosenkreuzer.

Die San Francisco-Oakland Bay Bridge verbindet die Stadt mit **Alameda County** und ihren ebenfalls aufstrebenden Städten Oakland, das immer nur den Ruf der zweitbesten hat, und Berkeley.

Die Vorzüge der östlichen Bucht

Oakland bietet einen riesigen 62 ha großen Salzwassersee, den **Lake Merritt**. 1855 wurde er als wichtige Brutstätte für Wasservögel unter Naturschutz gestellt. Man kann hier wandern, joggen, segeln und kanufahren. Außerdem gibt es einen Vergnügungspark für Kinder. Das **Camron-Stanford House**, eine restaurierte viktorianische Villa im italieni-

schen Stil, liegt ganz in der Nähe und ist Schauplatz kultureller Veranstaltungen.

Das **Paramount Theatre**, ein restauriertes Jugendstil-Meisterwerk von 1931, zeigt Ballettproduktionen, Wanderausstellungen sowie verschiedene Vorträge und Rockkonzerte. Andere bemerkenswerte ältere Gebäude in Oakland sind das **Dunsmuir House**, 1890 erbaut, und das **Claremont Hotel**, ein meilenweit sichtbares imposantes Kurhotel.

Der Pionier auf dem Gebiet des Erziehungswesens, Dr. Cyrus Mills, gab **Mills College** seinen Namen, das erste geisteswissenschaftliche College für Frauen in dieser Gegend. Das **Oakland Museum** zeigt naturkundliche Funde und Kunst aus Nord-Kalifornien.

Der Autor Jack London verlebte viele Jahre in Oakland. Er wird durch den **Jack London Square** geehrt, ein beliebter Gebäudekomplex am Ufer, mit zahlreichen Restaurants, schicken Boutiquen und anderen Läden.

1873 wurde in **Berkeley** die **University of California** gegründet. Heute ist hier der angesehenste und wichtigste Campus von neun weiteren, angeschlossenen Universitäten in Kalifornien. Die ursprünglich von dem berühmten Landschaftsarchitekten Frederick Law Olmsted entworfene Universität bestimmt das Leben der Stadt.

Zehntausende von Studenten verleihen **Telegraph Avenue** permanent eine Atmosphäre der Unbeständigkeit. Hier war schließlich auch der Geburtsort des Free Speech Movement in den 60ern. Die Universität ist ein wichtiger Faktor in Berkeleys Erscheinungsbild. Sie ist das einflußreiche Herz der Gemeinde, und ihre Studenten gehören zu den am weitesten nach links tendierenden im Staat.

Der **Campanile** ist Berkeleys Wahrzeichen, ein 93 m hoher Glockenturm mit Rundblick über die Stadt. Das **University Art Museum** stellt Werke von Cézanne, Picasso, Renoir, Rubens, Miró und vielen modernen amerikanischen Künstlern aus. Hier befindet sich auch die größte Sammlung des in Deutschland geborenen Expressionisten Hans Hoffman, der

MARIN COUNTY

Bilder und Geld zur Gründung des Museums stiftete.

Shattuck Avenue hat heute den Ruf eines Gourmet-Ghettos, dank des Restaurants **Chez Panisse**, wo die „Californiacuisine" erfunden wurde. Ins Auge springt das weiße, märchenhafte Gebäude des **Claremont Resort Hotels** aus dem Jahre 1915; es lädt zu einem erholsamen Nachmittag ein.

Contra Costa und Marin

Nördlich und östlich von Alameda County blühen Contra Costa Countys weit außerhalb liegende Vororte. Viele Unternehmen haben hier näher an den Häusern der Pendler Filialen eröffnet. Sie vermeiden so die hohen Mieten und verringern die Umweltverschmutzung und den Smog von San Francisco.

Marin County, der südlichste der Küstenbezirke, war lange Zeit ein beliebter Ferienort für wohlhabende Familien aus San Francisco. Aber der Bau der Golden Gate Bridge 1937 bezog die Gegend in die neuen Vororte mit ein. Marin ist dennoch der am dichtesten besiedelte Teil der Bucht, bekannt für seinen kreativen Lebensstil und seine hohen Einkommen. Dieser Segen wurde 1972 durch das **Golden Gate Recreation Area** noch vergrößert. Der Kongreß gab hierfür 13 750 ha von San Franciscos Küste so weit nach Marin hinein frei, dazu gehören viele Hügel, Strände und Teile des Ozeans.

Die **Point Reyes National Seashore** ist eine große Halbinsel mit Wanderpfaden und Reitmöglichkeiten. In dieser Gegend landete Sir Francis Drake im 16. Jh.

Heute ist Marin auch bekannt für seine malerischen Städte wie **Sausalito** oder **Mill Valley** sowie für **Mount Tamalpais**, ein pittoresker Nationalpark mit Bergen bis zu 760 m Höhe. An den Hängen dieses Gebirges, beliebt bei Wanderern und Mountain-Bikern, liegt ein weitläufiges Schutzgebiet mit heimischen Rothölzern, **Muir Woods National Monument**.

Oben: Unablässig rollt die Brandung an die Küste von Point Reyes National Seashore.

INFO: BAY AREA

BAY AREA
BURLINGAME / AIRPORT
Unterkunft
LUXUSKLASSE: **Sofitel**, 223 Twin Dolphin Drive, Redwood City 94065 (Tel. 415-598-9000, 800-221-4542). *MITTELKLASSE:* **Embassy Suites**, 150 Anza Blvd., Burlingame 94010 (Tel. 415-342-4600, 800-362-2779). *EINFACH:* **La Quinta**, 20 Airport Blvd., South San Francisco 94080 (Tel. 415-583-2223, 800-531-5900).
Sehenswürdigkeiten
Coyote Point Museum, Coyote Point, San Mateo (Tel. 415-342-7755), Mi – Fr 10.00 – 17.00, Sa – So 13.00 – 17.00; **Filoli House**, Canada Road, Woodside (Tel. 415-364-2880), Di – Sa 10.00 – 15.00, Feb. – Nov.
Touristen-Information
San Mateo County Convention and Visitors Bureau, 111 Anza Blvd., Suite 410, Burlingame, CA 94010 (Tel. 415-348-7600, 800-288-4748).

EAST BAY
Unterkunft
LUXUSKLASSE: **Berkeley Marina Marriott**, 200 Marina Blvd., Berkeley 94710 (Tel. 510-548-7920, 800-228-9290); **Claremont Resort**, Ashby und Domingo Avenues, Oakland 94623 (Tel. 510-843-3000). *MITTELKLASSE:* **Waterfront Plaza Hotel**, 10 Washington St., 88 Jack London Square, Oakland 94607 (Tel. 510-836-3800); **Durant**, 2600 Durant Ave., Berkeley 94704 (Tel. 510-845-8981). *EINFACHE HOTELS:* **Berkeley House Motor Inn**, 920 University Ave., Berkeley 94710 (Tel. 510-849-1121); **Jack London Inn**, 444 Embarcadero West, Oakland 94607 (Tel. 510-444-2032).
Restaurants
AMERIKANISCH: **Oakland Grill**, 3rd und Franklin Streets, Oakland. *KALIFORNISCH:* **Chez Panisse**, 1517 Shattuck Ave., Berkeley. **Santa Fe Bar and Grill**, 1310 University Ave., Berkeley. *KONTINENTAL:* **Fourth Street Grill**, 1820 Fourth St., Berkeley. *ITALIENISCH:* **Bay Wolf**, 3853 Piedmont Ave., Oakland. *MEERESFRÜCHTE:* **Scott's**, 73 Jack London Square, Oakland.
Sehenswürdigkeiten
Eugene O'Neill and John Muir National Historic Sites, 4202 Alhambra Ave., Martinez (Tel. 510-228-8860), tägl. 10.00 – 16.30; **Oakland Museum**, 1000 Oak St., Oakland (Tel. 510-273-3401), Mi – Sa 10.00 – 17.00, So 12.00 – 19.00.
Touristen-Information
Oakland Convention and Visitors Bureau, 1000 Broadway, Suite 200, Oakland, CA 94607 (Tel. 510-839-9000, 800-262-5526).

MARIN COUNTY
Unterkunft
LUXUS: **Tiburon Lodge**, 1651 Tiburon Blvd., Tiburon 94920 (Tel. 415-435-3133, 800-842-8766). *MITTEL:* **Howard Johnson's**, 160 Shoreline Drive, Mill Valley 94941 (Tel. 415-332-5700). *EINFACH:* **Alvarado Inn**, 6045 Redwood Hwy., Novato 94947 (Tel. 415-883-5952).
Restaurants
AMERIKANISCH: **Lark Creek Inn**, 234 Magnolia Ave., Larkspur; **Casa Madrona**, 801 Bridgeway, Sausalito; **Butler's**, 625 Redwood Hwy., Mill Valley. *MEERESFRÜCHTE:* **North Sea Village**, 300 Turney St., Sausalito.
Sehenswürdigkeiten
Muir Woods National Monument, über Hwy. 101, Mill Valley, tägl. 8.00 bis Sonnenuntergang. **Point Reyes National Seashore**, Point Reyes. **Richardson Bay Audubon Center**, 376 Greenwood Beach Rd., Tiburon, Mi – Sa 9.00 – 17.00.
Touristen-Information
Marin County Chamber of Commerce and Visitors Bureau, 30 N. San Pedro Road, Suite 150, San Rafael, CA 94903 (Tel. 415-472-7470).

SAN JOSE / SILICON VALLEY
Unterkunft
LUXUSKLASSE: **Fairmont Hotel,** 170 Market St., San Jose 95113 (Tel. 408-998-1900, 800-223-1234). *MITTELKLASSE:* **Hyatt Rickeys**, 4219 El Camino Real, Palo Alto 94306 (Tel. 415-493-8000). *EINFACH:* **Comfort Inn**, 1215 S. First St., San Jose, 95110 (Tel. 408-280-5300).
Restaurants
KONTINENTAL: **La Foret**, 21747 Bertram Road, San Jose. *MEXIKANISCH:* **El Charro**, 2165 S. Winchester Blvd., Campbell. *MEERESFRÜCHTE:* **Scott's** 2300 E. Bayshore Rd., Palo Alto (415-856-1046).
Sehenswürdigkeiten
De Saisset Museum, Santa Clara University, Santa Clara (Tel. 408-554-4528), Di – So 11.00 – 16.00; **Great America**, Santa Clara (Tel. 408-988-1800), im Sommer tägl.; **Mission Santa Clara de Asis**, 920 Alviso St., Santa Clara (Tel. 408-554-4023), tägl. 7.00 – 19.00; **Rosicrucian Egyptian Museum**, 1600 Park Ave., San Jose (Tel. 408-287-2807), Di – So 9.00 – 17.00; **Tech Museum of Innovation**, 145 West San Carlos St., Di – Sa 10.00 – 17.00 (Tel. 408-279-7150); **Winchester Mystery House**, 525 S. Winchester Blvd., San Jose (Tel. 408-247-2101), tägl.
Touristen-Information
San Jose Convention and Visitors Bureau, 333 W. San Carlos St., Suite 1000, San Jose, CA 95110 (Tel. 408-295-9600, 800-726-5673).

WINE COUNTRY

WINE COUNTRY

In vielen Gegenden Kaliforniens wird Wein angebaut. Aber die besten Sorten wachsen in der Region nördlich der San Francisco Bay. Sie haben Sonoma und Napa den gemeinsamen Namen „California Wine Country" eingebracht. Durch den Anbau von Chardonnay, Sauvignon Blanc und besonders Cabernet Sauvignon entstand ein ertragreicher Wirtschaftszweig. Seit den 60ern wurden die kalifornischen Weine immer wieder mit ihren französischen Namensvettern verglichen und es entstand der negative Mythos, die Weine aus der Neuen Welt seien allesamt von niedriger Qualität.

Seine ausgedehnten Weinberge haben „Wine Country" zu einem der schönsten Touristenziele Kaliforniens gemacht. Napa Valley, ein 30 km langer Streifen, erstreckt sich von der Bucht bis zur Stadt Calistoga. Es ist das bekannteste Weinanbaugebiet. Aber auch das benachbarte Sonoma, westlich hinter den Mayacamas Mountains, besitzt einige sehr gute Gebiete. Seine Grenzen ziehen sich westlich zum Pazifik hin und dehnen sich nördlich bis nach Geyserville aus.

Wunderbares Sonoma

Sonoma ist mit seinen 4000 qkm nicht nur der größere Distrikt, sondern hat auch mehr Geschichte vorzuweisen. Die kalifornische Weinsaga wurde in Sonoma geschrieben – eine riesige, farbenprächtige Ansammlung von Charakteren, internationalen Intrigen, bewaffneter Rebellion und zahlreicher Neuerungen in Landwirtschaft und Weinbau. Das erste Jahrhundert der Entwicklung Sonomas war so spannend wie ein Roman.

Zwischen der Entdeckung Sonomas im Jahre 1602 durch die Expedition des Sebastian Vizcaino und seiner Besiedlung

Links: Weintraubenernte auf Robert Mondavis Weingut in Napa Valley.

durch Trapper liegen zwei Jahrhunderte. 1775 verzeichnete Francisco de Bodega y Cuadro erstmals die heutige Bodega Bay und die benachbarte Tomales Bay.

Doch als erste siedelten hier Russen in einer Gemeinde namens Romazov. Von hier aus gingen sie auf Otterjagd und bauten Gemüse und Getreide für ihre Kolonie in Alaska an. 1812 errichteten sie Fort Ross, nach ihrem Mutterland „Rossiya" benannt, und begannen die Jagd auf Seehunde vor den Farallon-Inseln, die man am Horizont sah. Die alten Blockhäuser und eine russische Kirche sind noch im **Fort Ross State Park** zu sehen.

Als Spanien seinen Griff lockerte, riet die mexikanische Regierung, die besorgt war über das Eindringen der Russen, Pater Altamira zur Vereinigung von zwei südlichen Missionen zu einer einzigen weiter nördlich. Sonoma war der ideale Platz: Nahe an den russischen Lagern, aber bequem von den Indios zu erreichen. Heute ist das einzige Zeugnis indianischer Einwohner der Name der Stadt, der an den Häuptling Zanoma erinnert.

Die Mission San Francisco Solano in Sonoma war die letzte und nördlichste der kalifornischen Missionen und wurde als einzige unter mexikanischer Regierung erbaut. Über ein Jahrzehnt war die kleine, weißgetünchte **Sonoma Mission** nur ein einsamer Vorposten. Heute beherbergt das stuckverzierte Gebäude eine außergewöhnliche Sammlung von Ordensgewändern, historischen Fundstücken und Gemälden.

Auf Befehl Mexikos wurde die Mission 1833 bei dem Versuch, die Russen einfürallemal zu vertreiben, von General Mariano Vallejo säkularisiert. Der geborene Kalifornier Vallejo errichtete ein Büro und plante die Plaza der Stadt, bis heute das Zentrum von Sonoma.

Unter den Ziegelgebäuden an der Plaza befinden sich auch die zweigeschossigen, denkmalgeschützten **Sonoma Barracks** mit ihren Balkonen. Die nahegelegene Villa von Vallejo, **Casa Grande**, brannte

SONOMA

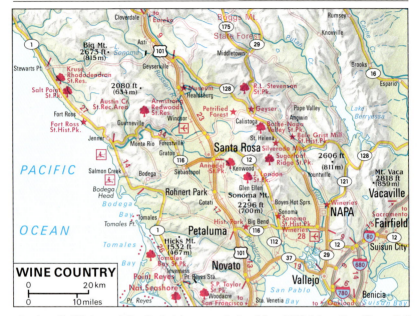

ab, aber die Küche und die Gesindekammern in einem langen Ziegelgebäude sind noch erhalten und heute in staatlichem Besitz.

Weitere Gebäude aus dem 19. Jh. sind das **Swiss Hotel**, 1840 von Vallejos Bruder Salvador erbaut und 1880-90 in ein Bürohaus umgewandelt. An einer nahegelegenen Ecke begann das **Sonoma Hotel** seine Laufbahn mit Geschäften, Gemüseläden und Saloons im Erdgeschoß und einem Versammlungsraum im ersten Stock. Der Winzer Samuele Sebastiani fügte ein drittes Stockwerk und einen Balkon hinzu. Das beliebte Hotel besitzt ein Zimmer mit den Möbeln von Vallejos Schwester.

Ein paar Blocks westlich der Casa Grande baute Vallejo ein neugotisches Haus. Alte Magnolienbäume beschatten immer noch **Lachryma Montis** („Tränen der Berge"), wo Vallejo bis zu seinem Tode im Jahre 1890 lebte. Das Haus, Teil des **Vallejo Home State Park**, wurde mit den Besitztümern des Generals möbliert.

Die ersten Weinreben

1824 pflanzte Pater Altamira zum erstenmal mehr als 100 Weinstöcke zur Herstellung von Meßwein für die neue Mission. Nachdem die Mission geschlossen war, pflanzte General Vallejo Wein rund um die Plaza, um seinen Eigenbedarf zu decken. Trotz einer enttäuschenden ersten Lese führte seine Beharrlichkeit Vallejo zu erstaunlichem Erfolg.

Doch erst ein ungarischer Graf namens Agoston Haraszthy begründete die kalifornische Weinindustrie. 1856 verlegte er sein Anbaugebiet von San Mateo County an den östlichen Stadtrand, heute ist es als **Buena Vista Winery** bekannt. Er ließ Hunderte von chinesischen Zwangsarbeitern mehrere Tunnel zur Lagerung seines Weins in die Hügel graben. Durch sie führt heute die Besichtigung. Haraszthy war auch der erste Winzer, der kaliforni-

Rechts: Robert Mondavi persönlich bei der Weinprobe – es ist Cabernet Sauvignon.

sches Rotholz für seine Weinfässer verwendete. Als erster entdeckte er auch, daß die Weinstöcke in Küstennähe nicht bewässert werden mußten. Diese Neuerungen machten Sonoma zum frühen Zentrum des Weinbaus. Aber am besten ist der Graf für die Einführung europäischer Sorten bekannt, die er von seinen Reisen mitbrachte.

Der Import europäischer Weinsorten war fast der Untergang des kalifornischen Weinanbaus. Der importierte Wein in Sonoma wurde nämlich von *phylloxera*, einer Wurzellaus, befallen. Nicht einmal Luther Burbank, der später als der „Pflanzenzauberer von Santa Rosa" wegen seiner Pionierarbeit bei der Zucht von 800 neuen Pflanzen bekannt wurde, konnte die Laus stoppen. Schließlich retteten einheimische Wurzelstöcke, gegen die Laus resistent, den Anbau. Ende des 19. Jh. standen mehr als hundert Weinberge in dieser Region in voller Blüte.

Die neuen Winzer kamen aus aller Welt. Die **Italian Swiss Colony** zum Beispiel begann 1881 als Landwirtschafts-Kooperative für arbeitslose Schweizer und Italiener. Nach der Prohibition wurde die Kolonie bei Asti, nördlich von Geyserville, einer der drei Weinbaubetriebe in Amerika.

Das nahe **Alexander Valley** hat sich zu einem eigenständigen Anbaugebiet entwickelt, genau wie am **Russian River**, Sitz von **Korbel** und **Iron Horse**. Das jüngste Gebiet ist **Carneros**, an den südlichen Grenzen der Distrikte Sonoma und Napa gelegen.

Vallejos angeheiratete Familie, die Carillos, gründeten das heutige **Santa Rosa**, das Sonoma als Distrikthauptstadt ablöste und heute die größte Stadt in diesem Landesteil ist. Mit dem Wein haben sich auch andere Bestandteile der französischen Küche in Sonoma angesiedelt. Die **Sonoma Cheese Factory**, die **Vele Cheese Company**, nicht weit von der Plaza, und die **French Bakery** liefern alle Zutaten für ein Picknick.

Aufsteiger aus Napa Valley

1835 siedelte George Yount auf einem von Vallejo gepachteten Stück Land im Napa Valley. Die kleine Stadt **Yountville** ist heute für Marken wie Domaine Chandon und für einen weitläufigen Einkaufs- und Restaurantkomplex namens **Vintage 1879** bekannt.

Weiter oben im Tal baute ein englischer Arzt namens Edward Turner Bale eine Kornmühle, ein malerisches Gebäude nahe der Landstraße nordöstlich von St. Helena. Der **Bale Grist Mill State Park**, 1846 erbaut, ist ein bei Touristen beliebter Picknickplatz.

Andere Winzer begannen erst 1860 mit dem Bau imposanter Stein- und Ziegelgebäude, die an Winzereien in Frankreich und Deutschland erinnerten. Faszinierende Beispiele sind **Charles Krug**, **Beringer**, **Inglenook** und **Greystone Cellars**. Sie alle bieten Besichtigungen und Weinproben an.

1859 gründete Sam Brannan aus San Francisco einen größeren Badeort am

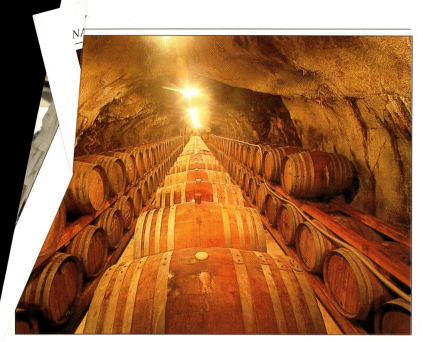

Nordende des Tals in der Nähe von Mount St. Helena.

Man erzählt sich, er wollte ihn „Saratoga" nennen, aber ein Versprecher ließ ihn sagen: „Dies wird das **Calistoga** von Kalifornien sein." Der Name blieb hängen. Seine heißen Mineralquellen machen das heutige Calistoga zu einer der Hauptattraktionen im Napa Valley.

Der berühmte Autor Robert Louis Stevenson verbrachte hier seine Flitterwochen. Sein Aufenthalt auf dem Berg und in der Nähe des benachbarten Silverado Trail fand seinen Ausdruck in *Die Schatzinsel* und *Silverado Squatters*. In St. Helena, dem Herz der Napa Valley-Weinbauregion, zeigt das hiesige Museum Erinnerungsstücke an den Autor. Auch ein nahegelegener Nationalpark ist nach ihm benannt worden.

Napa wird oft mit Frankreich, Sonoma mit Italien verglichen. Gleichermaßen ist Napa das Stevenson-Land, und Sonoma

Oben: In den Eichenfässern von Stag's Leap Vineyard reift kalifornischer Wein.

ist mit Jack London verknüpft. Der Autor solcher Klassiker wie *Der Seewolf* und *Der Ruf der Wildnis* machte Sonoma Valley zu seinem Zuhause. In Glen Ellen baute er sein Traumhaus, Wolf House genannt. Leider brannte es 1913 ab, bevor er es beziehen konnte. Heute werden Erinnerungsstücke an London und die Reste des Wolf House im **Jack London State Park** ausgestellt.

Beide Distrikte, Sonoma und Napa, wurden zuerst von *phylloxera* heimgesucht, und gerade frisch erholt, mit der Prohibition konfrontiert. Erst Mitte des 20. Jh. hat sich die hiesige Weinindustrie wieder völlig saniert. Jetzt können Sie erfolgreiche Weinkellereien mit ihren fantastischen Gebäuden besichtigen – etwa **Clos Pegase** und **Sterling Vineyards** in Napa oder **Gloria Ferrer Champagne Caves** und **Viansa Winery** in Sonoma.

Sonoma und Napa sind heute äußerst beliebte Touristenziele und bieten eine Fülle von Hotels, Restaurants, Geschäften und Freizeitmöglichkeiten, wie z. B. Reiten und Heißluftballonfahrten.

INFO: WINE COUNTRY

NAPA COUNTY
(Die Telefonvorwahl für diese Region ist 707.)
Unterkunft
LUXUSKLASSE: **Meadowood Resort Hotel**, 900 Meadowood Lane, St. Helena 94574 (Tel. 963-3646, 800-458-8080); **Napa Valley Lodge**, Highway 29 an der Madison Street, Yountville 94599 (Tel. 944-2468, 800-528-1234); **Silverado Country Club**, 1600 Atlas Peak Road, Napa 94558 (Tel. 257-0200, 800-351-1133); **Vintage Inn**, 6541 Washington St., Yountville 94599 (Tel. 944-1112, 800-982-5539).
MITTELKLASSE: **The Chateau**, 4195 Solano Avenue, Napa 94558 (Tel. 253-9300, 800-253-6272); **Clarion Inn**, 3425 Solano Ave., Napa 94558 (Tel. 253-7433); **John Muir Inn**, 1998 Trower Avenue, Napa 94558 (Tel. 257-7220, 800-5222-8999). *EINFACH:* **Comfort Inn**, 1865 Lincoln Ave., Calistoga 94515 (Tel. 942-9400, 800-228-5150); **Magnolia Hotel**, 6529 Yount St., Yountville 94599 (Tel. 944-2056).
Restaurants
AMERIKANISCH: **Calistoga Inn**, 1250 Lincoln Ave., Calistoga. **The Diner**, 6476 Washington St., Yountville.
KALIFORNISCH: **California Café**, Hwy 29 & Madison St., Yountville, (Tel. 944-2330). **Miramonte**, 1327 Railroad Ave., St. Helena.
FRANZÖSISCH: **Brava Terrace**, 3010 St. Helena Hwy N., St. Helena, (Tel. 963-9300).
ITALIENISCH: **Tra Vigne**, 1050 Charter Oak St., St. Helena, Tel. 963-4444.
Sehenswürdigkeiten
Bale Grist Mill State Historic Park, ca. 5 km nördlich von St. Helena auf dem Highway 29 am Highway 128 (Tel. 942-4575).
Napa Valley Wine Train, 1275 McKinstry St., Napa (Tel. 253-2111, 800-522-4142), verkehrt das ganze Jahr über, Fahrpreise von $29 aufwärts.
Old Faithful Geyser of California, 1299 Tubbs Lane, Calistoga (Tel. 942-6463), geöffnet tägl. 9.00 – 17.00 , $3.50.
Petrified Forest, 4100 Petrified Forest Road, Calistoga (Tel. 942-6667), täglich geöffnet von 9.00 – 17.00, $3; **Robert Louis Stevenson State Park**, ca. 11 km nördlich von Calistoga auf dem Highway 29 (Tel. 942-4575).
Silverado Museum, 1490 Library Lane, St. Helena (Tel. 963-3757), Di – So 12.00 – 16.00.
Touristen-Information
Napa Valley Visitors Bureau, 1310 Napa Town Center, Napa, CA 94559, (Tel. 226-7459).
St. Helena Chamber of Commerce, 1080 Main St. (P.O. Box 124), St. Helena, CA 94574 (Tel. 963-4456).

SONOMA COUNTY
Unterkunft
LUXUSKLASSE: **Sonoma Mission Inn and Spa**, 18140 Sonoma Hwy. 12, Sonoma 95476 (Tel. 938-9000, 800-358-9022); **Timber Cove Inn**, 21780 North Coast Hwy. 1, Jenner 95450 (Tel. 847-3231). *MITTELKLASSE:* **Fountaingrove Inn**, 101 Fountaingrove Pkwy., Santa Rosa 95403 (Tel. 578-6101, 800-222-6101); **Los Robles Lodge**, 925 Edwards Ave., Santa Rosa 95401 (Tel. 545-6330, 800-552-1001); **Doubletree Hotel Santa Rosa**, 3555 Round Barn Blvd., Santa Rosa 95401 (Tel. 523-7555, 800-833-9463). *EINFACH:* **Dry Creek Inn**, 198 Dry Creek Rd., Healdsburg 95448 (Tel. 433-0300); **Heritage Inn**, 870 Hopper Ave., Santa Rosa 95403 (Tel. 545-9000, 800-533-1255); **Petaluma Inn**, 200 S. McDowell Blvd., Petaluma 94952 (Tel. 763-0994).
Restaurants
AMERIKANISCH: **Sandy Creek Gardens**, 415 First St. W., Sonoma. *KALIFORNISCH:* **John Ash & Co.**, 4330 Barnes Rd., Santa Rosa. *KONTINENTAL:* **Salt Point Lodge**, 23255 Timber Cove, Jenner. *FRANZÖSISCH:* **L'Esperance**, 464 First St. E., Sonoma, (996-2757). *MEERESFRÜCHTE:* **Inn at the Tides**, 800 North Coast Hwy. 1, Bodega Bay, (Tel. 875-2751).
Sehenswürdigkeiten
Armstrong Redwoods State Reserve, 17000 Armstrong Woods Road, Guerneville (Tel. 869-2015), tägl. ab 8.00; **Fort Ross State Historic Park**, ca. 19 km nördl. von Jenner auf dem Highway 1 (Tel. 847-3286), tägl. geöffnet; **Healdsburg Museum**, 221 Matheson St., Healdsburg (Tel. 431-3325), Di – Sa 12.00 – 17.00; **Jack London State Historic Park**, 2400 London Ranch Road, Glen Ellen (Tel. 938- 5216), tägl. ab 8.00; **Luther Burbank Memorial Garden and Home**, 415 Steele Lane, Santa Rosa (Tel. 524-5445), Mi – So 10.00 – 15.30, April – Oktober; **Petaluma Adobe State Historic Park**, 3325 Adobe Rd, Petaluma (Tel. 762-4871), tägl. geöffnet von 10.00 – 17.00; **Sonoma Cheese Factory**, 2 Spain St., Sonoma (Tel. 996-1000), 9.30 – 17.30 tägl.; **Sonoma County Museum**, 425 Seventh St., Santa Rosa (Tel. 579-1500), Mi – So 11.00 – 16.00; **Sonoma State Hist. Park and Mission S. Francisco Solano**, Spain St., Third St. West, Sonoma (Tel. 938-1519), tägl.
Touristen-Information
Sonoma County Convention and Visitors Bureau, 10 Fourth St., Suite 100, Santa Rosa, CA 95401, (Tel. 575-1191); **Sonoma Valley Visitors Bureau**, 453 First St. East, Sonoma, CA 95476 (Tel. 996-1090).

MONTEREY BAY UND BIG SUR

Monterey Bay liegt fast genau in der Mitte der kalifornischen Küste und bietet alles, das diesen Küstenstreifen berühmt macht. Im Norden liegen Rotholzwälder und weite Sandstrände, von Sonne gesegnet und vom Wind umschmeichelt. Im Süden stehen die tiefgrünen Zypressenwälder und die oft in Nebel gehüllte felsige Steilküste an einer ungezähmten See.

Die Bucht beginnt im Norden bei **Santa Cruz**. Die zweistündige Fahrt auf der ländlichen Küstenstraße Highway 1 ist sehr angenehm. Ein großer Teil der bezaubernden viktorianischen Innenstadt wurde vom Erdbeben im Oktober 1989 zerstört, doch die Berge und die Strände rund um die Stadt sind immer noch ein Erlebnis.

Eine der ältesten und bekanntesten Sehenswürdigkeiten der Stadt, der **Santa Cruz Boardwalk**, überstand das Erdbeben und war schon ein paar Tage nach dem Unglück wieder geöffnet. Die Giant Dipper- Achterbahn war unbeschädigt, eine Attraktion für Millionen Besucher seit dem Jahre 1924, ebenso das bezaubernde Karussell mit handgeschnitzten Tieren von Charles Loof aus dem Jahr 1911. Sonst gibt es auf der altmodischen Promenade zwei Dutzend andere Karussells und dazu noch Vergnügungen aus der Zeit um die Jahrhundertwende. Vor der Promenade liegt ein meilenlanger Sandstrand, gesäumt von **Municipal Wharf**, dem längsten Pier an der Pazifikküste. Dort findet sich eine bunte Mischung aus Fischrestaurants und Märkten. Eine weniger kommerzielle Attraktion ist der **Natural Bridges State Park**. Ein Sandsteinbogen gab dem Park seinen Namen. Der gewundene Pfad ist im Herbst und Winter besonders reizvoll, wenn die Königsfalter wie lange Schleier von den Eukalyptusbäumen hängen.

Oberhalb der Stadt steht die **University of California at Santa Cruz** auf 800

Oben: Am Fisherman's Wharf in Monterey. Rechts: The Lone Cypress hält einsame Wacht am 17-Mile Drive.

MONTEREY BAY

ha Wiesen und Rotholzwald. Der 1965 gegründete Campus lohnt wegen seiner reizvollen Lage – und seiner acht Colleges in unterschiedlichen architektonischen Stilen – einen Besuch. Man hat außerdem von hier einen umwerfenden Blick auf die Monterey Bay.

In Richtung Süden läuft der Highway 1 an Strandparks vorbei, die Tag und Nacht auch zum Campen geöffnet sind. Darunter finden sich der **New Brighton State Beach** und der **Seacliff State Beach**. Auch der **Elhorn Slough** lohnt sich, ein sehr sehenswertes Vogelschutzgebiet bei Moss Landing. Auf der 3 km langen Wanderung entlang der sich windenden Kanäle und durch Sümpfe können Sie Schwäne, Pelikane, Haubentaucher, Reiher und sogar rosa Flamingos entdecken.

Der 17-Mile Drive

Eine gute Möglichkeit, die Entdeckung der Umgebung von Monterey zu beginnen, ist der **17-Mile Drive**. Die Hauptzufahrten befinden sich an der Lighthouse Avenue in Pacific Grove und North San Antonio Avenue in Carmel. Obwohl einige Touristen wegen der Maut von 5$ pro Auto zögern, sind die 3400 ha Land mit Wäldern und Küstenpracht diesen Preis durchaus wert.

Unter seinen Naturschätzen befinden sich einige seltene Exemplare der Monterey-Zypresse, verdrehte und verschlungene Bäume. Robert Louis Stevenson beschrieb sie als „vor dem Wind fliehende Geister". Am meisten fotografiert wird die **Lone Cypress**. Der vom Wetter geformte Baum wächst aus einem wellenumspülten Felsvorsprung. Zwei andere Punkte sind **Seal Rock** und **Bird Rock**, zwei von Seehunden, Seelöwen, Kormoranen und Pelikanen wimmelnde Inseln.

Der Fahrweg ist auch wegen seiner vielen palastähnlichen Villen und Badeorte bekannt. Am imposantesten ist zweifellos **Crocker Marble Palace** direkt am Strand, eine Art byzantinisches Schloß.

In **Monterey** können Sie die Wurzeln des Staates Kalifornien finden. Unter spanischer Herrschaft war Monterey die Hauptstadt von Alta California. Obwohl Montereys politische Bedeutung schon bald nach dem Hissen der amerikanischen Flagge durch Kommandant zur See John Sloat über dem Custom House am 7. Juli 1846 schwand, können die Reste seiner glorreichen Vergangenheit im **Monterey State Historic Park** besichtigt werden. Hier befinden sich einige gut erhaltene Ziegelbauten und andere Baudenkmäler, manche in die Stadt integriert und als Regierungsgebäude, Restaurants und Wohnhäuser in Gebrauch. Andere sind Museen, die das frühere Leben in der jungen Hafenstadt lebhaft illustrieren.

Die beste Art der Erkundung des Parks ist ein Spaziergang auf eigene Faust mit Hilfe der Broschüre *The Path of History*, in der Handelskammer und in Parks erhältlich. Zu den Höhepunkten zählen **Custom House**, 1814 von der mexikanischen Regierung erbaut und wohl das älteste Regierungsgebäude westlich der

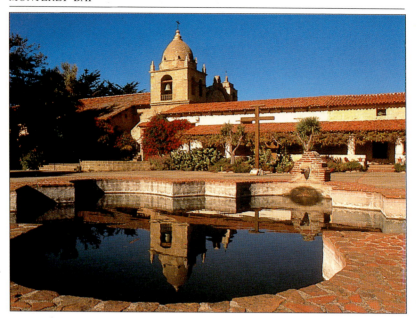

Rocky Mountains, und **Larkin House**, eine hübsche Mischung aus mexikanischem und neuenglischem Stil. Es ist mit Möbeln eingerichtet, die die Larkins aus New Hampshire mitbrachten. Ebenfalls im Park steht **Colton Hall**, noch genauso möbliert wie 1848, als eine Regierungsdelegation hier die erste Staatsverfassung verabschiedete.

Alle Besucher werden von der Küste Montereys angezogen, sei es auch nur wegen des klagenden Bellens der Seehunde, das durch die Stadt tönt. Die bärtigen Meersäugetiere sieht man am besten vom **Fisherman's Wharf** aus, ein heute schon verfallendes Pier mit Souvenirläden, Fischständen und -restaurants.

Vom Pier führt ein Fußweg das Ufer entlang zur **Cannery Row**, eine Straße mit alten Konservenfabriken. Sie gediehen bis zum mysteriösen Verschwinden der Sardinen aus der Bucht in den 40ern,

dann wurden sie in Restaurants, Galerien und Geschäfte umgewandelt. Berühmtheit erlangten sie durch den Roman *Cannery Row* von John Steinbeck, dessen Namen heute das Fischrestaurant, „Steinbeck Lobster Grotto" trägt.

Die beliebteste Attraktion in der Row ist das **Monterey Bay Aquarium** an der Küste, gleich hinter der Straße. Das Museum ist der Flora und Fauna des Meeres gewidmet. Das eindrucksvollste Schaustück ist der dreigeschossige, verglaste Seetangwald, der einzige dieser Art in der Welt. Andere Höhepunkte sind das Fledermausrochen-Zuchtbecken, wo Sie die vorbeischwimmenden Tiere streicheln können; ein 208 cbm großer Seehund-Tank; und draußen ein riesiges, künstliches Gezeitenbecken mit Seesternen, Anemonen und anderen wirbellosen Tieren.

Gleich südlich des **Pacific Grove** sind weitere Wunder der Küste zu finden. Ein einladender Pfad folgt einem 5 km langen blumigen Küstenstreifen entlang des Ocean View Boulevard. **Lovers Point Park**, in der Mitte der Küste, ist ein hüb-

Oben: Ein Ort der Besinnung – die Carmel Mission. Rechts: Landschaft an der Bixby Bridge, Big Sur.

sches, grasbewachsehes Picknickgebiet. **Asilomar State Beach** am Sunset Drive, ein 40 ha großes Stück Land mit Sanddünen, Prielen und winzigen Stränden, ist ein weiteres, lohnendes Ziel. Pacific Grove hat auch den Spitznamen „Butterfly Town USA" wegen seiner Tausende von schwarz-orange gefärbten Monarchfaltern, die jedes Jahr zwischen Oktober und März hierhin fliegen. Der beste Ort, sie zu sehen, ist der **Washington Park**, Ecke Lighthouse Avenue/Alder Street. Sind die Schmetterlinge abwesend, vermittelt das **Pacific Grove Museum of Natural History** einen Eindruck von diesem alljährlichen Wunder. Zusätzlich zu einem Schmetterlingsbaum zeigt das Museum 400 ausgestopfte Vögel aus der ganzen Region.

In der gleichen Weise, wie Pacific Grove Schmetterlinge anzieht, ist **Carmel** ein Magnet für Käufer und Bummler. Klassische Sportmode sowie Gourmet-Küchengeräte und Kunst finden sich unter den Angeboten entlang der Ocean Avenue und ihrer Querstraßen. Gleichermaßen bemerkenswert ist der Stil vieler Geschäfte, ein bezaubernder Mischmasch aus englischem Tudor, eher mediterranem Stil und noch vielem mehr.

Bevor es Anfang des Jahrhunderts zu einer Künstlerkolonie, und lange bevor es zum Touristenmekka wurde, war Carmel in den Tagen der Spanier ein wichtiges religiöses Zentrum. Dieses Erbe wurde bis heute in der **Carmel Mission** an der Rio Road bewahrt. 1770 gegründet, diente die Mission als Hauptquartier für das kalifornische Missionsnetz unter Pater Junipero Serra. Die Mission hat eine Steinkirche und einen herrlichen restaurierten Glockenturm. An die Kirche schließen ein ruhiger Garten mit kalifornischem Mohn an und eine Reihe Museumszimmer mit einer alten Küche, Pater Junipero Serras Schlafräume und der ältesten College-Bibliothek Kaliforniens.

Einige Kinofans des späten 20. Jh. halten Carmel neuerdings für ein Pilgerziel: Die Stadtbevölkerung wählte den hier wohnenden Schauspieler Clint Eastwood 1988 erstmals zum Bürgermeister.

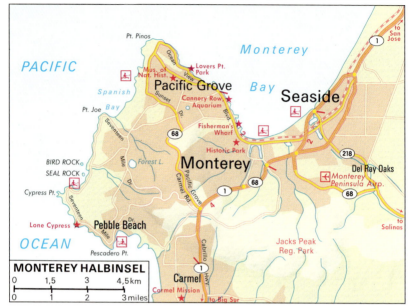

Carmels größte Attraktionen hat jedoch die Natur geschaffen. Am Ende der Ocean Avenue befindet sich der **Carmel River State Park**. Er erstreckt sich über 43 ha entlang der Bucht von Carmel und hat einen strahlend weißen Sandstrand und, an sonnigen Tagen, türkisfarbenes Wasser wie die Karibik zu bieten.

Ein paar Meilen weiter südlich liegt das **Point Lobos State Reserve**, eine 505 ha große Landzunge mit einem eindrucksvollen Netz von Wanderpfaden. Gute Wahl treffen Sie mit dem Cypress Grove Trail. Er führt durch einen Wald mit seltenen Monterey-Zypressen, die sich an die Felsen oberhalb der smaragdgrünen Bucht klammern. Vom Sea Lion Point Trail aus können Sie Seelöwen, Seehunde, Otter und im Winter wandernde Wale beobachten.

Südlich von Point Lobos führt der Highway 1 nach **Big Sur**, ein 105 km langer Küstenstreifen, den der einst hier wohnende Henry Miller als „das Gesicht der Erde, wie der Schöpfer es beabsichtigt hat" beschrieb. Die **Santa Lucia Mountains** auf der einen und den Pazifischen Ozean auf der anderen Seite, bietet eine Fahrt durch Big Sur aufregende Panoramen hinter jeder Haarnadelkurve. Der Bau einer Landstraße durch dieses Gelände war eine große Leistung, besonders **Bixby Bridge**, die weitgespannteste Betonbrücke der Welt. Südlich der Brücke liegt **Nepenthe**, ein legendäres Restaurant und zugleich Buchladen mit einer Freilufterasse – von einem Schüler Frank Lloyd Wrights entworfen –, von wo aus Sie einen herrlichen Blick auf die ins Meer sinkenden Berge haben.

Big Sur ist ein echtes Wanderparadies. Es schließt mehrere Nationalparks mit Wanderpfaden und geführten Wanderungen ein. Unter diesen ist der **Julia Pfeiffer Burns State Park**, der auch unerfahrene Wanderer schon nach fünf Minuten mit Blicken auf Waterfall Cove und Saddle Rock belohnt. Auf schwierigeren Pfaden in dem 3543 ha großen Park können Sie Rotgehölze und Hochebenen erforschen, immer noch ein Zufluchtsort für Coyoten und Schwarzhirsche.

SANTA CRUZ
(Die Telefonvorwahl für diese Region ist 408.)
Unterkunft
LUXUSKLASSE: **Pajaro Dunes**, 2661 Beach Rd, Watsonville 95076 (Tel. 722-9201, 800-675-8808). *MITTELKLASSE:* **Inn at Pasatiempo**, 555 Highway 17 95060 (Tel. 423-5000). *EINFACH:* **Travel Lodge**, 525 Ocean St. 95060 (Tel. 426-2300).
Sehenswürdigkeiten
Big Basin Redwoods State Park, 32 km nördlich von Santa Cruz auf den Highways 9 und 236 (Tel. 338-6132); **Long Marine Laboratory**, 100 Shaffer Road (Tel. 459-4308), geöffnet Di – So 13.00 – 16.00, Führungen; **Roaring Camp & Big Trees Narrow-Gauge Railroad**, Felton (Tel. 335-4400). Züge fahren Mo – Fr um 12.00 ab, Sa und So auch 13.30 und 15.00; **Santa Cruz Beach Boardwalk**, 400 Beach St. (Tel. 423-5590), im Sommer tägl. ab 10.00, im Frühjahr und Herbst an Wochenenden geöffnet.
Touristen-Information
Santa Cruz Conference and Visitors Council, 701 Front St., Santa Cruz, CA 95060 (Tel. 423-1111, 408-425-1234).

SALINAS
Unterkunft
MITTELKLASSE: **Ramada Inn**, 808 N. Main St. 93906 (Tel. 424-8661). *EINFACH:* **Laurel Inn**, 801 W. Laurel Drive 93906 (Tel. 449-2474)
Sehenswürdigkeiten
Mission Nuestra Senora de la Soledad, Fort Romie Road, Soledad, geöffnet Mi – Mo 10.00 – 16.00; **Mission San Juan Bautista and San Juan Bautista State Park**, 408 S. Second St., San Juan Bautista, (Tel. 623-4881), tägl. geöffnet von 9.30 – 16.30; **Monterey County Hist. Museums**, 333 Boronda Road, Salinas (Tel. 757-8085), Mo – Fr. 9.00 – 12.00, So 13.00 – 16.00; **Pinnacles Nat. Monument**, über Soledad, tägl. geöffnet.
Touristen-Information
Salinas Area Chamber of Commerce, 119 E. Alisal St. (P.O. Box 1170), Salinas, CA 93901 (Tel. 424-7611).

MONTEREY
Unterkunft
LUXUSKLASSE: **Monterey Plaza**, 400 Cannery Row, 93940 (Tel. 649-4234, 800-325-3535); **Pacific**, 300 Pacific St., 93940 (Tel. 373-5700, 800-225-2903). *MITTELKLASSE:* **Mariposa Inn**, 1386 Munras Ave. 93940 (Tel. 800-824-2295); **Victorian Inn**, 487 Foam St. 93940 (Tel. 373-8000, 232-4141). *EINFACHE HOTELS:* **Arbor Inn**, 1058 Munras Ave. 93940 (Tel. 372-3381, 800-351-8811); **Travel Lodge**, 2030 Fremont St. 93940 (Tel. 373-3381, 800-255-3050).
Sehenswürdigkeiten
Cannery Row, 765 Wave St. (Tel. 649-6690); **Colton Hall Museum**, Civic Center, Pacific Street (Tel. 375-9944), tägl. geöffnet von 10.00 – 17.00. **Fisherman's Wharf**, 885 Abrego St. (Tel. 373-3720); **Monterey Bay Aquarium**, 886 Cannery Row (Tel. 648-4926), tägl. 10.00 – 18.00; **Monterey State Historic Park**, 525 Polk St. (Tel. 649-7118), unterschiedliche Besuchstage und -zeiten; **Museum of Art**, 559 Pacific St. (Tel. 372-7591), geöffnet Di – Sa 10.00 – 16.00, So 13.00 – 16.00.
Touristen-Information
Monterey Peninsula Visitors and Convention Bureau, 380 Alvarado St. (P.O. Box 1770), Monterey, CA 93942 (Tel. 649- 1770).

CARMEL
Unterkunft
LUXUSKLASSE: **Highlands Inn**, Hwy. 1 (P.O. Box 1700), 93921 (Tel. 624-3801, 800-538-9525); **The Inn at Spanish Bay**, 17-Mile Drive, Pebble Beach 93953 (Tel. 647-7500, 800-654-9300); **The Lodge at Pebble Beach**, 17-Mile Drive, Pebble Beach 93953 (Tel. 624-3811). *MITTELKLASSE:* **Carmel Mission Inn**, 3665 Rio Road, 93922 (Tel. 624-1841, 800-242-8627).
Sehenswürdigkeiten
Mission San Carlos Borromeo de Carmel, Rio Road. **Point Lobos State Reserve**, Route 1 (Tel. 624-4909) tägl. geöffnet; **17-Mile Drive**, Pacific Grove bis Pebble Beach; **Tor House**, Carmel Point (Tel. 824-1813), Führungen Fr und Sa 10.00 – 15.00, Voranmeldung erforderlich.
Touristen-Information
Carmel Valley Chamber of Commerce, 9 Del Fino Place, Suite 5 (P.O. Box 288), Carmel Valley, CA 93924 (Tel. 659-4000).

BIG SUR
Unterkunft
LUXUSKLASSE: **Ventana**, Hwy 1, 93920 (Tel. 667- 2331). *MITTELKLASSE:* **Big Sur Lodge**, Hwy 1 (P.O. Box 190), 93920 (Tel. 667-2171).
Sehenswürdigkeiten
Garapata State Park, Highway 1, ca 28,8 km nördlich (Tel. 667-2315).
Pfeiffer Big Sur State Park, Highway 1, 1,6 km südlich (Tel. 667-2315).
Touristen-Information
Big Sur Chamber of Commerce, P.O. Box 87, Big Sur, CA 93920 (Tel. 667-2100).

LOS ANGELES

STÄDTE IM SONNENLICHT

LOS ANGELES
ORANGE COUNTY
SAN DIEGO
CENTRAL COAST

LOS ANGELES

Für viele, die die Stadt noch nicht kennen, bedeutet Los Angeles vor allem zwei Dinge: Autobahnen und Smog. Die Asphaltpisten, auf denen sich zweimal täglich der Verkehr staut, sind berühmt-berüchtigt. Für Leute, die hier nicht regelmäßig fahren, birgt deshalb der Ruf, der L.A. vorausgeht, mehr Schrecken als Verlockung. Aber seine Autobahnen sind zugleich das Mittel, die weit verstreuten Schönheiten dieser lebendigen Megalopolis zu erreichen. Sie sind gut beschildert und bereiten auch dem Neuling keine Schwierigkeiten.

Was den Smog betrifft, so stimmt, daß in den Sommermonaten, wenn sich die Hitze staut und kein Wind sich regt, um die Abgase von Autos und Industrie aufs Meer zu blasen, und kein reinigender Regen fällt, das Gebiet in ein fahles, gelbliches Grau getaucht ist. Doch die meiste Zeit des Jahres strahlt ein blauer Himmel über Los Angeles.

So ist es nicht erstaunlich, daß das Fremdenverkehrsbüro mit dem Slogan „L.A.'s the Place" werben konnte. In Los Angeles ist in der Tat viel los. Da ist einmal seine Größe. Die Stadt Los Angeles

Vorherige Seiten: Ein für Los Angeles typisches Highway–Kleeblatt.

hat 3,4 Millionen Einwohner auf einer Fläche von 1202 qkm. Der gleichnamige Distrikt erstreckt sich über eine Fläche von 10575 qkm. Auf diesem Gebiet verteilt findet sich eine Vielzahl natürlicher oder von Menschen errichteter Attraktionen. Es gibt Berge, den Ozean und die Wüste; es gibt Museen, Theater und Vergnügungsparks; es gibt so viele Viertel und Gemeinden – jede mit ihren eigenen Sehenswürdigkeiten –, daß ihre Erkundung Jahre dauern würde.

Die Autobahnen sind durch Namen und Nummer gekennzeichnet. Der Name kann sich je nach Standort ändern. Holen Sie sich eine gute Straßenkarte. Das *Thomas Bros. Map Book*, in allen örtlichen Geschäften erhältlich, ist hervorragend. Auch die meisten Auto-Club-Karten sind gut, sowie die Stadtpläne, die Sie umsonst bei Autovermietungen erhalten.

Downtown L.A.

Viele Leute halten L.A. für eine extreme urbane Wucherung. Es entgeht vielen, daß die Stadt eine eigene Innenstadt besitzt. Das klingt überraschend, da das Rathaus von L.A., seine Geschäftshochhäuser, sein Musikzentrum und andere Enklaven der Kultur und Geschichte – das Herz von Los Angeles – direkt vom Hollywood Freeway aus zu sehen sind.

LOS ANGELES

Von der sich drehenden Dachterrasse der **City Hall**, das bekannteste Wahrzeichen der Stadt, hat man einen herrlichen Rundblick über die Stadt. (Das Rathaus war schon oft im Fernsehen zu sehen – als Büros des *Daily Planet Newspapers* in der *Superman*-Serie und als Polizeistation in *Dragnet).*

An das Rathaus grenzen Spring, Main, First und Temple Street. Man braucht zwei Fahrstühle, einen Expreßlift zum 22. Stock und einen weiteren bis in den Turm, um den luftigen Balkon zu erreichen. An klaren Tagen können Sie nicht nur das Stadtzentrum sehen, sondern haben einen Überblick über das gesamte Becken von Los Angeles. Im Erdgeschoß hängen in der marmorverkleideten Empfangshalle eine riesige Holographie von Bürgermeister Tom Bradley sowie moderne Gemälde und ein Shinto-Schrein – ein Geschenk aus Nagoya, einer Partnerstadt von Los Angeles.

Gegenüber dem Rathaus, an der Temple und Main Street, liegt der **Fletcher Bowron Square**. Hier steht das **Children's Museum**. In diesem Lernmuseum zum Anfassen gibt es auch den „Sticky Room", in dem jeder Gegenstand an Wänden oder Decke klebt, und „The Strobe Light Room", wo bewegliche Bilder von Kindern an den Wänden „eingefroren" werden können.

Ein paar Blocks nördlich des Rathauses an der Spring Street liegt der Pueblo de Los Angeles State Historic Park. Er schließt die erste Plaza aus dem Jahre 1781 ein. An dieser Stelle gründete der spanische Gouverneur Felipe de Neve El Pueblo de Nuestra Reina de Los Angeles. Heute können alle Besucher einen schmiedeeisernen Musikpavillon auf der Plaza sehen. Hier zelebriert die hiesige spanische Gemeinde ihre Feiertage zu den Trompetenklängen der Mariachi-Musik. Außerdem gibt es eine zierliche alte Kirche, das erste Zeughaus von Los Angeles und die **Olvera Street**, die letzte mit original spanischen Häusern bebaute Straße der Innenstadt. Olvera Street ist voll mit Souvenirläden und Restaurants.

Gleich neben dieser reizvollen Kostprobe vom frühen spanischen L. A. liegt **Chinatown** an Hill und Spring Street und dem Sunset Boulevard. Einkaufszentren wie das Mandarin Plaza, Chinatown Plaza und Bamboo Plaza bieten Waren wie seidene Anzüge und Kleider, exotische Kräuter und Getränke an. Die asiatische **Phoenix Bakery**, seit mehr als 50 Jahren eine Institution in Chinatown, lohnt einen Besuch; folgen Sie nur dem köstlichen Duft zum 969 N. Broadway. Probieren Sie am besten in der Mittags- oder Teepause eines der zahlreichen Restaurants mit kantonesischen und anderen chinesischen Gerichten aus.

Los Angeles ist kein kultureller Schmelztiegel, eher ein internationaler Eintopf, in dem jede kulturelle Zutat ihren eigenen Charakter behält und trotzdem fürs Ganze eine Bereicherung darstellt. Ein weitere solche Zutat ist **Little Tokyo**, zwischen First, Third, Los Angeles und Alameda Street gelegen. Dieses Viertel mit seinen Läden und Restaurants beherbergt auch das **Japanese American Cultural Center** mit dem James Irvine Garden, einem erholsamen Stück Grün mitten im Asphaltdschungel.

Die Zentren großer Städte bieten normalerweise gute Einkaufsmöglichkeiten. L. A. ist hier keine Ausnahme. Besonders interessant ist der **Jewelry District** am Broadway bei der Seventh Street, wo es Schnäppchen in Hülle und Fülle gibt; aber auch der **Grand Central Market,** am Broadway zwischen Third und Fourth Street, wo alles, von Spezialitäten aller Völker bis zu Cowboy-Stiefeln, erhältlich ist. Der **Garment District**, mit kleinen Discountläden für edle Klamotten, liegt zwischen Seventh und Eighth, Main und Los Angeles Street. Mehr als 2000 zusätzliche Kleidermanufakturen befinden sich auf den 278000 qm des **California Mart**, zwischen Eighth und Ninth, Main und Los Angeles Street.

Es gibt auch viele Läden in Gebäuden, die sowohl L. A.s Skyline als auch die Einkaufs- und Bummelgewohnheiten seiner Einwohner verändert haben. Die Wolkenkratzer im Gebiet zwischen Third und Eighth Street, Grand Avenue und dem Harbor Freeway sind Geschäftshäuser, keine Galerien oder Oasen, doch viele haben ihr ultra-modernes Aussehen mit Skulpturen und anderen Kunstwerken, Grünflächen, Brunnen, und zahlreichen Läden im Erdgeschoß und Tiefparterre gemildert.

Einige dieser Gebäude muß man unbedingt gesehen haben. Dazu gehören das **Wells Fargo Center** (333 S. Grand Ave.), das **ARCO Plaza** (zwischen der Figueroa und Flower, Fifth und Sixth Street), das **Citicorp Plaza** (Figueroa und Fifth Street), das **Security Pacific Plaza** (Third und Fourth, Hope und Flower Street) und der **Home Savings Tower** (Seventh und Flower Street). Diese Hochhäuser der Innenstadt signalisieren den Status von Los Angeles als internationalem Handels- und Finanzzentrum. Wäre L. A. ein eigener Staat, würde es mit seinem Bruttosozialprodukt pro Kopf auf Rang sechs in der Welt stehen.

Aber L. A. ist auch ein kulturelles Zentrum. Wenige Leute erkennen leider diesen Aspekt des modernen Los Angeles an. Im Zentrum des kulturellen Lebens steht das **Music Center**, 135 N. Grand Ave. Es enthält den **Dorothy Chandler Pavilion**, ein Saal mit 3000 Sitzplätzen, den meisten Fernsehzuschauern als Schauplatz der Annual Awards Ceremony bekannt. Der Pavillon beherbergt außerdem das Los Angeles Philharmonic Orchestra, den Los Angeles Master Chorale, die Los Angeles Civic Light Opera und das Joffrey Ballett. Zum Music Center gehört auch das **Ahmanson Theater** mit 2000 Sitzplätzen. Hier kann man internationale Premieren von Theaterstücken und Musicals erleben. Es gibt auch noch das heimelige **Mark Taper Forum** mit

Oben: Friedliche Stille in der University of Southern California. Rechts: Downtown L.A. Ganz rechts: Straßenleben in L.A.

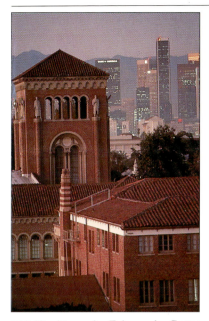 

700 Sitzplätzen, das Zuhause der Center Theater Group, bekannt für zeitgenössische Dramen.

Im Bezirk Los Angeles gibt es aber noch weitere kulturelle Möglichkeiten. Die Philharmoniker geben jeden Sommer Freiluftkonzerte in der **Hollywood Bowl**; ebenfalls in Hollywood steht das **Pantages Theater**. Das **Shubert Theater** ist in Century City beheimatet.

Das **Huntington Hartford Theater** und das **Wilshire Theater** zeigen eigene Produktionen sowie Wanderstücke vom Broadway. Es gibt auch kleinere Häuser, unter ihnen die **Gallery**, **L. A. Stage Company**, **Solari**, **Mayfair**, **Westwood Playhouse** und **Coronet**.

Auch die Museen der Stadt sind interessant. Tatsächlich besitzt Greater Los Angeles einige der reichsten Museen der Welt. Das **J. Paul Getty Museum** zum Beispiel hat eine Stiftung von über 750 Millionen Dollar zur Verfügung. Dieses und noch weitere wichtige Museen der Stadt werden später in einem eigenen Abschnitt behandelt.

Auch das **Gene Autry Western Heritage Museum** im Griffith Park lohnt einen Besuch. Es archiviert das kulturelle und historische Erbe des amerikanischen Westens vom 16. Jh. bis heute. Eine übergroße Statue des Filmcowboys Autry und seines „Wunderpferdes" *Champion* stehen am Eingang. Autry war der Initiator für die Einrichtung dieses Museums, und viele der 16000 Ausstellungsstücke stammen aus seiner eigenen Sammlung. Darunter sind Gemälde von Charles Russell und Frederic Remington, historische Feuerwaffen, einschließlich einer Flinte, die Teddy Roosevelt auf seiner Farm benutzte, und eine Sammlung von Waffen der Colt Industries, außerdem Kleidung, Spielzeug und Möbel der frühen Siedler.

Für die technisch Interessierten gibt es das **California Museum of Science and Industry** im Exposition Park. Es enthält eine Luft- und Raumfahrt-Abteilung mit Flugzeugen, Raketen und Sateliten; ein McDonalds-Computerchef gewährt den Besuchern einen Blick hinter die Kulissen der Fast-Food-Produktion; eine Aus-

METROPOLITAN LOS ANGELES

stellung zeigt die inneren Organe und Funktionen unseres Körpers sowie ein Gehege für Küken. Kinder mögen es genauso wie Erwachsene.

Im **Natural History Museum of Los Angeles County**, ebenfalls im Exposition Park, zeigen Dias und Ausstellungsstücke Naturgeschichte in Form von Edelsteinen und Mineralen, nordamerikanischen und afrikanischen Säugetieren, Handwerksarten und Kunst, die einen Einblick in das Leben verschiedener Kulturen gewähren. Das Gebäude ist genauso interessant wie sein Inhalt, besonders das spanische Renaissance-Hauptgebäude mit Bodenintarsien aus Marmor, Travertinsäulen, -wänden und -kuppeln.

Am besten geht man zu Fuß durch die ziemlich kleine Innenstadt von Los Angeles. Busse verkehren ständig. 1993 soll Metro Rail, ein U-Bahnnetz, in Betrieb genommen werden, das die Innenstadt mit den Vororten verbinden soll.

Hollywood und Beverly Hills

Wahrscheinlich fasziniert keine andere Stadt die Welt so sehr wie **Hollywood**, das geistige Zentrum, wenn auch nicht länger das tatsächliche Zentrum der Kinokunst. Hollywood ist leicht zu finden. Suchen Sie nur das große „Hollywood"-Schild auf dem Hügel über der Stadt, kilometerweit sichtbar. Früher stand dort „Hollywoodland". Das Schild war 1923 von einer Baufirma zur Werbung für Grundstücke aufgestellt worden; die letzten vier Buchstaben verlor es in den 40ern. Heute, nachdem die Firma längst vergessen ist, blicken die 17 m hohen Buchstaben wohlwollend vom Mount Lee auf die Stadt herab.

Das Zentrum von Hollywood in seiner Blütezeit – damals, als die führenden Filmstudios mit ihren Starlets und männlichen Helden Hollywood bevölkerten – lag an der Ecke Hollywood/Vine Street. Obwohl es heute ein eher schäbiger Flekken in einer eher schäbigen Stadt ist

(Hollywood wird gerade renoviert), ist es immer noch ein guter Orientierungspunkt für eine Besichtigung der örtlichen Sehenswürdigkeiten. Da wäre das Gebäude der **Capitol Records** gleich nördlich an der 1756 N. Vine Street. Es hat die Form eines Schallplattenständers – ein Vorschlag von Sänger Nat King Cole und dem Komponisten Johnny Mercer, beide Mitte der 50er bei Capitol unter Vertrag, als das Gebäude gebaut wurde; sein Schornstein erinnert an eine Plattennadel.

Zur Besichtigungstour gehört auch **Mann's** (früher Grauman's) **Chinese Theater**, 6925 Hollywood Blvd., um einen Blick auf das Foyer mit Unterschriften, manchmal auch Hand- oder Fußabdrücken, von Hollywoods Fimelite zu sehen. Bevor Sir Grauman sein chinesisches Theater baute, errichtete er einen reich verzierten Filmpalast, das **Egyptian Theater**, 6712 Hollywood Blvd. Sein Innenhof war in seiner Blütezeit von Palmen und Läden mit orientalischem Flair gesäumt, seine Bühne von Säulen und Sphinxen flankiert. Der Palast zeigt auch heute noch Filmpremieren unter der Schirmherrschaft von United Artists. Und obwohl er inzwischen etwas von seinem Glanz verloren hat, bleibt genug vom legendären Hollywood, das eine Besichtigung lohnt.

Doch es gibt nicht nur interessante Gebäude hier. Eine weitere beliebte Sehenswürdigkeit ist der **Walk of Fame**, ein Teil des Hollywood Boulevard zwischen Sycamore und Gower, und von Vine Street zwischen Sunset und Yucca Street. Mehr als 1500 Bronzesterne mit den Namen von Film-Berühmtheiten sind hier in die Bürgersteige eingelassen.

Ziehen Sie es vor, die Stars selber und nicht nur ihre Namen zu sehen? Versuchen Sie es doch in **Beverly Hills** – vielleicht im Beverly Hills Hotel, 9641 Sunset Bvld. Auch „Pink Palace" genannt, ist es ein beliebter Wohnort für Leute der Filmindustrie, die hier zu Gast sind. Die

Oben: Viele Filmstars haben vor Mann's Chinese Theater ihre Spuren hinterlassen.
Rechts: Die andere Seite der Medaille.

Polo Lounge des Hotels ist bei Film-Moguln besonders beliebt – und bei Leuten, die sie sehen wollen. Außerdem ist sie der beste Ort in Hollywood, um erfolgreich Geschäfte zu machen.

Ein weiterer Lungerplatz für Stars – oder besser eine Promenade – ist **Rodeo** (sprich Ro-dä-jo) **Drive** in Beverly Hills. Die zu den beliebtesten in den USA zählende Einkaufsstraße ist relativ kurz; drei Blocks weit erstrecken sich elegante und teure Designerboutiquen, Juweliere und Galerien. Wenn Sie nicht einkaufen wollen, kommen Sie trotzdem – beobachten Sie wenigstens andere Leute dabei.

Nicht so elegant, aber trotzdem eine gute Einkaufsgegend in Beverly Hills ist der **Farmer's Market**, Third und Fairfax Street. Einst ein offenes Feld, wo Farmer ihre Ernten verkauften, ist Farmer's Market heute ein großer Gemüse- und Obstmarkt mit mehr als 160 Läden und Ständen. Sie können herumwühlen oder Köstlichkeiten für einen Brunch oder ein Mittagessen finden. Beverly Hills wurde als reines Luxuswohnviertel erbaut, wie man an den ausladenden Villen mit ihren gutgeschnittenen Rasenflächen sieht. Das gleiche gilt für die nahen Gemeinden **Bel-Air**, **Trousdale Estates** und **Brentwood**. Viele Filmleute sind hier in L. A.s Westen daheim. Die organisierten Hollywood-Rundfahrten schließen diese Viertel in die Besichtigung ein.

Ebenfalls im Westen von Los Angeles liegt **Westwood**, Standort der University of California-Los Angeles (UCLA). Der Besuch des Skulpturengartens, der Bibliothek und des randvollen Studentencafés lohnen sich. Westwood Village hat viele interessante Geschäfte, darunter nicht nur Buchläden.

Strände und Badeorte

Santa Monica erstreckt sich entlang der Pazifikküste und war einst als „Gold Coast" bekannt. Viele von Hollywoods Allergrößten lebten hier. In den 30ern zum Beispiel wohnten Mary Pickford und Douglas Fairbanks Sr. in der Palisades Beach Road 705.

SANTA MONICA

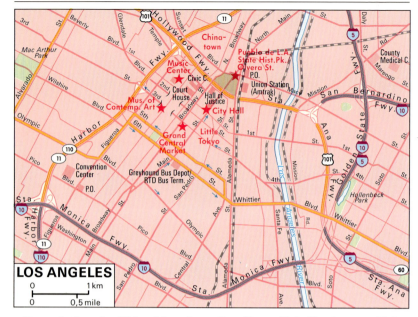

Das meist besuchte Wahrzeichen dieser Gegend ist das **Santa Monica Pier**, 1909 erbaut. Es ist bekannt für sein völlig restauriertes Jahrhundertwende-Karussell, das im Film *The Sting* zu sehen war. Das Pier diente auch in anderen Filmen und in Fernsehproduktionen als Kulisse. Es ist ein beliebter Angelort der Ortsansässigen, und viele kommen für einen angenehmen Spaziergang hierher oder vielleicht, um ein Essen mit Blick aufs Meer zu genießen. Es gibt einige gute Restaurants und Lokale, Autoscooter, Videospiele und Flipper – und einen Verrückten neben dem Karussell.

Santa Monica State Beach bildet die westliche Grenze der Stadt. Der Strand hat einen Spielplatz, Picknick- und Volleyballplätze – und herrliches Wasser. Andere beliebte Strände sind **Will Rogers State Beach**, am Fuße des Sunset Blvd. am Pacific Coast Highway, gut zum Schwimmen und Windsurfen; und

Rechts: Sich fit halten – eine der wichtigsten Tätigkeiten an den Stränden Kaliforniens.

Las Tunas State Beach, etwa 10 km nordwestlich von Santa Monica am Pacific Coast Highway, bestens geeignet fürs Tauchen und Speerfischen.

Vielleicht wegen der *Gidget*-Filme und Fernsehshows – und weil hier die Filmleute von heute spielen – repräsentiert **Malibu** L.A.s Strandleben. Obwohl ein Zaun die Elitevillen der **Malibu Colony** abgrenzt, ist es gleichermaßen beliebt, um Stars zu beobachten, wie um zu schwimmen oder zu surfen.

Südlich von Santa Monica liegt **Venice**. 1909 erstand Abbot Kinney hier 64 ha Marschland mit der Absicht, das italienische Venedig zu kopieren. Kinney importierte Gondeln, singende Gondolieri und gewölbte venezianische Brücken; doch immer noch zog seine Idee nicht richtig. Mit der wachsenden Beliebtheit des Autos, die schneller waren als Gondeln, wurden die Kanäle durch Straßen ersetzt.

1950 entdeckte die Beat-Generation die Gegend. Heute liegt das schicke Venice im Trend, mit Dutzenden von Boutiquen und Restaurants. Hier findet man

LONG BEACH

auch eine erlesene Ansammlung von „Beautiful People". Schlendern Sie entlang des Boardwalk und beobachten Sie, wie sie ihre Luxus-Körper auf dem Strand sonnen oder auf Rollschuhen vorbeiflitzen.

Südlich von Venice liegt **Marina del Rey**, der größte Yachthafen der Welt. Sie können hier eine schöne Hafenrundfahrt machen oder Souvenirs kaufen oder mit Blick auf den eindrucksvoll aus dem Wasser ragenden Wald von Schiffsmasten im **Fisherman's Village** dinieren.

Manhattan Beach, Redondo Beach und **Hermosa Beach** liegen noch weiter südlich und haben einen guten Ruf wegen der Seebrise, dem Sand und den Leuten. In **San Pedro**, dem Hafen von L. A., legen die Kreuzschiffe an. Sie können sie vom Ports O'Call Village, einem Einkaufszentrum für Seemannsbedarf mit verwitterten hölzernen Boutiquen und Imbissen mit einem Hauch von New England, sehen – und ihnen zuwinken.

Long Beach

Long Beach, der südlichste von L.A.'s Badeorten, wurde in den 20ern das „Coney Island of the West" genannt – nicht nur, weil es einen beliebten Vergnügungspark hatte, sondern weil die geschützten, langen Strände Sirenenlieder für riesige Horden von Angelenos sangen. Der Vergnügungspark existiert zwar nicht mehr, obwohl das **Shoreline Village**, ein Einkaufs- und Restaurantzentrum am Strand, ein Karussell hat, doch die Stadt bietet zahlreiche andere Attraktionen, von denen ein paar gewöhnlich nur mit Superlativen beschrieben werden.

Long Beach ist Heimat von Howard Hughes „Fliegendem Boot", der hölzernen **Spruce Goose**. Die Flügelspannweite des größten Flugzeugs der Welt ist gröer als ein Fußballfeld. Gleich daneben liegt die **Queen Mary**, eines der größten Ozeankreuzschiffe, das je gebaut wurde. Während der Jugendstil-Blütezeit des

frühen 20. Jh. fuhr jeder mit Rang und Namen mindestens einmal auf diesem Schiff. Fotos zeigen einige der berühmtesten Passagiere, einschließlich Winston Churchill und Spencer Tracy. Die *Queen Mary* und die *Spruce Goose* sind täglich für Besichtigungen geöffnet. Nebenan liegt **London Towne**, mit Reihen von Geschäften und Pubs, die den Besuchern einen Geschmack von „merrie old England" vermitteln. An Bord der *Queen Mary* ist eine Miniatur des berühmten Londoner Kaufhauses Harrods zu sehen.

Santa Catalina Island

Allein der Blick auf den sichelförmigen Hafen von **Avalon**, der Hauptstadt Santa Catilinas, lohnt die 90 Minuten dauernde Überfahrt. Diese 192 qkm große Insel, 42 km vor der Küste, kann von Long Beach oder San Pedro aus per Fähre (Catalina Express oder Catalina Cruises) oder per Hubschrauber (Helitrans oder Island Express) erreicht werden.

SANTA CATALINA

Santa Catalina war früher im Besitz des Kaugummi-Magnaten William Wrigley Jr. Er kaufte es 1919, und während seines Aufenthalts hier war es der Öffentlichkeit nicht zugänglich. Doch ab 1929, als die Hauptattraktion der Insel, das **Casino**, seine Tore öffnete, fanden viele Leute ihren Weg hierher, besonders leidenschaftliche Tänzer. Das Casino wurde im ganzen Staat für Radioübertragungen mit Benny Goodman und Kay Kyser berühmt. Auch heute ist es das Vergnügungszentrum der Insel. Tägliche Besichtigungstouren zeigen seine Geschichte und Architektur. Im Frühjahr, Sommer und Herbst finden sich viele Tänzer zu großartigen Vorstellungen ein.

In Avalon gibt es einen kleinen Strand, Geschäfte und Restaurants. Vom grünen Vergnügungspier in der Nähe der Fähren-Anlegestelle aus können Sie eine Fahrt in einem Boot mit gläsernem Boden machen, um das Meeresleben in diesem malerischen Hafen zu beobachten. Andere Fahrten führen Sie ins Inselinnere mit seinen Wildschweinen, Ziegen, Rotwild und Bisons. Die Landschaft ist so zerklüftet, daß man jederzeit einen reitenden Cowboy erwartet: Tatsächlich werden auf der Insel die Außenaufnahmen für viele Wildwestfilme gedreht.

San Fernando und San Gabriel

Das heutige „Hollywood" liegt weiter nördlich und mehr im Landesinneren, im **San Fernando Valley**. Die Filmindustrie baute diesen Teil von Los Angeles County. Der Filmpionier D. W. Griffith „entdeckte" das Tal Anfang des Jahrhunderts und drehte seinen berühmten Film *Custer's Last Stand* auf dem Gelände der San Fernando Mission. Heute haben hier viele Filmstudios ihren Sitz zwischen den Santa Monica Mountains und Los Angeles. NBC, Universal und Burbank Studios bieten Besichtigungen an (siehe das

Oben: Die Queen Mary Auge in Auge mit Howard Hughes' Spruce Goose in Long Beach. Rechts: In Venice Beach.

SAN FERNANDO VALLEY / PASADENA

Filmindustrie-Kapitel in diesem Führer); Columbia und Warner Bros. sind ebenfalls hier vertreten.

Es war Padre Fermin, der dieses Tal wirklich entdeckte. Er erbaute 1797 die **San Fernando Mission** an der Stelle, wo sich die heutige Stadt San Fernando befindet. Das zierliche Gebäude ist berühmt wegen seiner 21 Rundbögen und der 1,30m dicken Ziegelwände. Besucher können eine Rekonstruktion der ursprünglichen Kapelle sehen. Unter den Ausstellungsstücken des Museums befindet sich ein handgeschnitzter, mit Blattgold verzierter Altar aus dem 17. Jh.

Six Flags Magic Mountain, ein Familien-Vergnügungspark, liegt in der Talstadt **Valencia**. Es gibt mehr als 100 verschiedene Karussells, Shows und Attraktionen – darunter „Tidal Wave", ein Rutsch über einen 15 m hohen Wasserfall, und „Fall", wo Sie 30 m mit einer Geschwindigkeit von bis zu 80 km/h in die Tiefe fallen. Beide sind wahrlich atemberaubend. Es gibt auch zwei Achterbahnen: Die „Revolution", mit einem 360°-Looping, und „Ninja", die einzige schwebende Achterbahn im Westen.

Griffith Park, am Südostende des San Fernando Valley, ist ein 1600 ha großes Erholungsgebiet am Berghang. Es bietet Reit- und Wildnispfade, ein Planetarium, Picknickplätze, einen Miniaturzug, Mietwagen und den 32 ha großen **Los Angeles County Zoo**.

Östlich vom San Fernando Valley liegt das **San Gabriel Valley**. Seine bekannteste Stadt ist **Pasadena**, 18 km vor L. A., das sich an die San Gabriel Mountains schmiegt. In Pasadena steht die **Rose Bowl**, ein Footballstadion mit 104000 Sitzplätzen, wo jedes Neujahr das beste Universitätsteam der Westküste *(Pacific-10 Conference)* gegen den Champion der Region der Großen Seen *(Big-10 Conference)* antritt. Dieser Wettkampf, deren Gastgeber oft die University of Southern California in L. A. oder die University of California-L. A. ist, findet seit 1915 statt. Am Anfang der Festivitäten steht die *Tournament of Roses Parade*, vielleicht die bekannteste Parade Amerikas.

INFO: LOS ANGELES

LOS ANGELES
INNENSTADT UND HOLLYWOOD
(Die Telefonvorwahl für diese Region ist 310.)
Unterkunft
LUXUSKLASSE: **Century Plaza**, 2025 Ave. of the Stars, 90067 (Tel. 310-277-2000, 800-228-3000); **L'Ermitage**, 9291 Burton Way, Beverly Hills 90210 (Tel. 310-278-3344, 800-424-4443); **Westin Bonaventure**, 404 S. Figueroa St., 90071 (Tel. 624-1000, 800-228-3000). *MITTELKLASSE:* **Beverly Crest**, 125 S. Spalding Dr., Beverly Hills 90212 (Tel. 274-6801); **Plaza Suites**, 141 S. Clark (Tel. 310-278-9310), und 7940 Hollywood Blvd., 90046 (Tel. 656-4555, 800-421-0745). *EINFACH:* **Sunset Dunes Motel**, 5625 Sunset Blvd., Hollywood, 90028 (Tel. 310-467-5171, 800-443-8637).
Krankenhäuser
Cedar-Sinai, 8700 Beverly Blvd. (Tel. 310-8555-5000); **City of Hope**, 1500 E. Duarte Blvd. (Tel. 818-359-8111); **Hollywood Presbyteriand**, 1300 N. Vermont Ave. (Tel. 413-3000).
Museen und Galerien
California Museum of Science and Industry, Exposi tion Park (Tel. 744-7400), tägl. 10.00 – 17.00; **Gene Autry Western Heritage Museum**, Griffith Park (Tel. 667-2000), Di – So 10.00 – 17.00; **George C. Page Museum of La Brea Discoveries**, 5801 Wilshire Blvd. (Tel. 936-2230), Di – So 10.00 – 17.00; **Museum of Art**, 5905 Wilshire Blvd. (Tel. 857- 6222), Di – Fr 10.00 – 17.00; Sa, So 10.00 – 18.00; **Museum of Contemporary Art**, 250 S. Grand Ave. (Tel. 626-6222), Di/Mi 11.00 – 17.00, Fr – So 11.00 – 20.00; **Natural History Museum**, Exposition Park (Tel. 744-3466), Di – So 10.00 – 17.00; **Southwest Museum**, 234 Museum Dr. (Tel. 221-2163), Di – So 11.00 – 17.00.
Weitere Sehenswürdigkeiten
Chinatown, 900 block N. Broadway; **El Pueblo de Los Angeles Historic Monument**, 845 N. Alameda St. (Tel. 628-1274), Di – Sa 10.00 – 16.00; **Exposition Park**, 700 State Dr. am Harbor Fwy. (Tel. 744-7400); **Farmers Market**, 6333 W. Third St. (Tel. 933- 9211), tägl. 9.00 – 18.30; **Griffith Park**, Los Feliz Blvd. und Riverside Dr. (Tel. 665-5188), einschließlich Griffith Observatory und L.A. Zoo; **Hollywood Walk of Fame**, Hollywood Blvd. und Vine St.; **Mann's Chinese Theatre** 6925 Hollywood Blvd., Hollywood (Tel. 461-3311), täglich geöffnet.
Telekommunikation
Main Post Office, 7001 S. Central Ave. (586-1723)
Restaurants
AMERIKANISCH: **Intermezzo**, 6919 Melrose Ave., Hollywood; **Philippe the Original**, 1001 N. Alameda St. **Tribeca**, 242 N. Beverly Dr., Beverly Hills. *CHINESISCH:* **Mon Kee**, 679 N. Spring St. *KONTINENTAL:* **Chasen's**, 9039 Beverly Blvd.; **L.A. Rose Cafe**, 4749 Fountain Ave. *FRANZÖSISCH:* **Citrus**, 6703 Melrose Ave.; **L'Orangerie**, 903 N. La Cienega Blvd. *DEUTSCH:* **Veronika**, 8164 W. 3rd St. *ITALIENISCH:* **Palato**, 6840 Hollywood Blvd., Hollywood. *JAPANISCH:* **Asakuma**, 11701 Wilshire Blvd. *MEXIKANISCH:* **Tamayo**, 5300 E. Olympic Blvd., E. Los Angeles. *MEERESFRÜCHTE:* **Del Monico's**, 9320 W. Pico Blvd., W. Los Angeles; **Fisherman's Outlet**, 529 S. Central Ave.
Einkaufen
Kaum ein Besucher kann den exklusiven Geschäften des **Rodeo Drive** widerstehen. **Melrose Ave.**, zwischen Fairfax und Highland Ave. ist nach wie vor die Trend-Shop-Meile in L.A. In der Nähe des Stadtzentrums gibt es zwei Einkaufsbezirke: **Olvera Street** an der W. 17th St. (mexikanisch) und **Little Tokyo**, 1st und San Pedro (japanisch).
Touristen-Information
Los Angeles Convention and Visitors Bureau, 515 S. Figueroa St., 11. Stock, 90071 (Tel. 624-7300); **Visitor Information Center (Innenstadt)**, 695 S. Figueroa St. (Tel. 689- 8822); **Visitor Information Center (Hollywood)**, 6541 Hollywood Blvd. (Tel. 461-4213); **Beverly Hills Visitors Bureau**, 239 S. Beverly Drive, Beverly Hills, 90212 (Tel. 271-8174, 800-345- 2210).
Verkehrsmittel
Die Busgesellschaft **Southern California Rapid Transit District (RTD)** (Tel. 626-4455) bietet Blocks mit 10 Fahrscheinen für $ 9 an. Eine Fahrt kostet sonst $ 1.10. **RTD** bedient zu den gleichen Gebühren auch Zugstrecken.

STRANDORTE
(Die Telefonvorwahl für dieses Gebiet ist 310.)
Unterkunft
LUXUSKLASSE: **Portofino Inn**, 260 Portofino Way, Redondo Beach 90277 (Tel. 379-8481, 800-468-4292).
MITTELKLASSE: **Pacific Shore**, 1819 Ocean Ave., Santa Monica 90401 (Tel. 451-8711, 800-622-8771).
EINFACH: **Hacienda**, 525 N. Sepulveda Blvd., El Segundo 90245 (Tel. 615-0015).
Restaurants
AMERIKANISCH: **DC 3**, 2800 Donald Douglas Loop N., Santa Monica. *KONTINENTAL:* **Chaya Venice**, 110 Navy St., Venice. *MEERESFRÜCHTE:* **Tony's on the Pier**, 210 Fisherman's Wharf, Redondo Beach.

INFO: LOS ANGELES

Sehenswürdigkeiten
J. Paul Getty Museum, 17985 Pacific Coast Hwy., Malibu (Tel. 458-2003), Di – So 10.00 – 17.00; **Marina del Rey Harbor**, 4701 Admiralty Way (Tel. 305-9545), tägl. 900 – 17.00; **Wayfarers Chapel**, 5755 Palos Verdes Dr., Rancho Palos Verdes (Tel. 377-1650), Mo – Fr, 9.00 – 17.00, Sa 9.00 – 15.00; **Will Rogers State Historic Park**, 14253 Sunset Blvd., Pacific Palisades (Tel. 454- 8212), tägl. 8.00 – 18.00.

Touristen-Information
Santa Monica Convention and Visitors Bureau, 1400 Ocean Ave., Santa Monica, 90401; **Redondo Beach Marketing Council**, P.O. Box 270, Redondo Beach, 90277 (Tel. 318- 0630).

LONG BEACH AREA
(Die Telefonvorwahl für dieses Gebiet ist 310).

Unterkunft
LUXUSKLASSE: **Hyatt Regency**, 200 S. Pine Ave., 90802 (Tel.491-1234, 800-228-9000). *MITTELKLASSE:* **Ramada Inn**, 5325 E. Pacific Coast Hwy., 90804 (Tel. 597-1341). *EINFACH:* **Vegabond Inn**, 185 Atlantic Ave., 90802 (Tel. 435-3791, 800-522-1555).

Sehenswürdigkeiten
Cabrillo Marine Museum, 3720 Stephen White Dr., San Pedro (Tel. 548-7562), Di – Fr 12.00 – 17.00, Sa und So 10.00 – 17.00; **Queen Mary**, Pier J (Tel. 435- 3511), tägl. 10.00 – 18.00.

Touristen-Information
Long Beach Convention and Visitors Council, 1 World Trade Center, Suite 300, Long Beach, 90831 (Tel. 436-3645, 800- 234-3645).

Verkehrsmittel
Der **Catalina Express**, Berth 95, San Pedro (Tel. 519-1212), bietet eine 90-minütige Bootstour nach Avalon an, $29.20 Rundfahrt. Auch von Long Beach und Redondo Beach. **Catalina Cruises**, 320 Golden Shore Blvd., Long Beach (800-888-5939), zweistündige Bootstour nach Avalon, $28.50 die Rundfahrt.

SAN FERNANDO VALLEY
(Die Telefonvorwahl für diese Region ist 818).

Unterkunft
LUXUSKLASSE: **Sheraton Universal**, 333 Universal Terrace Pkwy., Universal City 91608 (Tel. 980-1212, 800-325-3535). *MITTELKLASSE:* **Burbank Airport Hilton**, 2500 Hollywood Way, Burbank 91505 (Tel. 843-6000). *EINFACH:* **Comfort Inn**, 2300 W. Colorado Blvd., Eagle Rock 90041 (Tel. 213-256-1199, 800-228-5150).

Restaurants
AMERIKANISCH: **Dr. Hogly Wogly's Tyler Texas BBQ**, 8136 N. Sepulveda Blvd., Van Nuys (Tel: 780-6701). *MEERESFRÜCHTE:* **Piero's**, 2825 W. Olive Ave., Burbank (Tel. 842-5150).

Sehenswürdigkeiten
Burbank Studios VIP Tour, 4000 Warner Blvd., Burbank (Tel. 954-1744), Mo – Fr Führungen 10.00 und 14.00; **Mission San Fernando Rey de Espana**, 15151 San Fernando Mission Blvd., Mission Hills (Tel. 361-0186), tägl. 9.00 – 16.00; **NBC Studios Tour**, 3000 W. Alameda Ave., Burbank (Tel. 840-3537), Mo – Fr 9.00 – 15.00, Sa 10.00 – 16.00, So 10.00 – 14.00; **Six Flags Magic Mountain**, 26101 Magic Mountain Pkwy., Valencia (Tel. 805-255-4111), im Sommer täglich ab 10.00, ansonsten an Wochenenden und Ferientagen geöffnet; **Universal Studios Hollywood**, 3900 Lankershim Blvd., Universal City (Tel. 508-9600), Kartenbüro tägl. 8.30 – 16.00; Studios tägl. 8.30 – 19.00, 4-7 stündige Tour.

Touristen-Information
Glendale Chamber of Commerce, 200 S. Louise St. (P.O. Box 112), Glendale, 91209; **San Fernando Chamber of Commerce**, 519 S. Brand Blvd., San Fernando, 91340 (Tel. 361-1184).

SAN GABRIEL VALLEY
(Die Telefonvorwahl für diese Region ist 818).

Unterkunft
LUXUS: **Industry Hills & Sheraton Resort**, 1 Ind. Hills Pkwy., City of Ind. 91744 (Tel. 965-0861, 800-325-3535). *MITTELKL:* **Embassy Suites**, 211 E. Huntington Dr., Arcadia 91006 (Tel. 445-8525, 800-362-2779). *EINFACH:* **Pasadena Inn Royale**, 3600 E. Colorado Blvd., Pasadena 91107 (Tel. 793-0950, 800-528-1234).

Restaurants
KONTINENTAL: **Xiomara**, 69 N. Raymond Ave., Pasadena. *MEERESFRÜCHTE:* **Cameron's**, 1978 E. Colorado Blvd., Pasadena (Tel. 793-3474).

Sehenswürdigkeiten
Huntington Library, Museum and Gardens, 1151 Oxford Rd., San Marino (Tel. 405-2100), Di-Fr 13.00-16.30, Sa/So 10.30 – 16.30. **Mission San Gabriel**, 537 W. Mission Dr., San Gabriel (Tel. 282- 5191), tägl. 9.30-16.30; **Norton Simon Museum of Art**, 411 W. Colorado Blvd., Pasadena (Tel. 449-3730), Do-So 12.00-18.00; **Pacific Asia Museum**, 46 N. Los Robles Ave., Pasadena (Tel. 449-2742), Mi – So 12.00 – 17.00.

Touristen-Information
Pasadena Convention and Visitors Bureau, 171 S. Los Robles Ave., Pasadena, CA 91101 (Tel. 818-795-9311).

ORANGE COUNTY

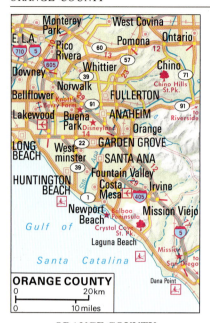

ORANGE COUNTY

Dieser Landesteil wird seinen Abbildungen auf Ansichtskarten wirklich gerecht. In dem vom Pazifik, den Counties Los Angeles, San Diego und Riverside begrenzten Orange County ist all das zu finden, wofür Kalifornien schlechthin bekannt ist: ewig blauer Himmel, Unterhaltung, Spaß und Vergnügen im Überfluß; und hier gibt es auch alles, was dieser Teil Kaliforniens auf Ansichtskarten anpreist, die begeisterte Touristen schon nach einem Besuchstag in den beliebten Theme Parks mit den bedauernden Worten „Ach, wenn Du doch nur hier wärst" an die Daheimgebliebenen schicken. Zu den beliebtesten Kartenmotiven gehören u. a. Mickey Mouse vor dem Sleeping Beauty's Castle in Disneyland, ein Beagle mit Riesennase, der vom für Kinder errichteten Camp Snoopy der Knott's Berry Farm winkt, aber auch ein Küstenstreifen mit Sand und Meer, irgendwo am 68 km langen Strand, mit der plakativen Aufschrift „Wow" – eine Anspielung auf die Wellenreitversuche der Besucher.

Natürlich hat das ca. 2000 qkm große Orange County außer Vergnügungsparks und Stränden auch Seebäder, Einkaufsmöglichkeiten und Kultur zu bieten – einfach alles, wodurch sich Urlauber unterhalten lassen wollen.

Südkalifornien präsentiert wohl sich in Orange County am vielseitigsten; hier erwartet den Touristen ein Angebot, das seinesgleichen sucht – morgens eine Wanderung in den Santa Ana Mountains, nachmittags Segeln oder Schwimmen im Pazifik an der Newport Beach, ein exzellentes Abendessen, ein romantischer Sonnenuntergang, und zum Abschluß Musik oder eine Theateraufführung im Orange County Performing Arts Center. Es ist daher nicht weiter überraschend, daß Orange County eine jährliche Besucherzahl von 35 Mio. zu verzeichnen hat. Doch nicht nur Urlauber kommen hierher. Auch wenn es zwanglos zugeht, so gehören die über zwei Millionen Einwohner mit einem Durchschnittseinkommen von mehr als 35000 Dollar pro Haushalt und Jahr dank der hiesigen Wirtschaftsstruktur dennoch zu den wohlhabendsten der Vereinigten Staaten. Geschäftshochhäuser und Industrieparks umgeben weiträumig die Städte Costa Mesa, Newport und Irvine in einem immer weiteren Umkreis. Durch sie wurde das eher ländliche Orange County zu einem Zentrum für Luft- und Raumfahrtindustrie, High-Tech und sonstige Industriezweige.

Die einstigen Farmer dieser Gegend würden über die Wolkenkratzer und die aus dem Boden schießenden Touristenattraktionen nicht schlecht staunen.

Anaheim und Buena Park

Anaheim, die bekannteste Stadt von Orange County, war einmal die kaliforni-

Rechts: Nur in Disneyland bei Anaheim findet man gotischen Baustil in Kalifornien.

sche Hauptstadt des Weines. Im späten 19. Jahrhundert faßte die Orangenindustrie hier Fuß, und obwohl es immer noch Orangenplantagen gibt, ist der Tourismus inzwischen Anaheims wichtigster Geschäftszweig geworden.

Die Attraktion Nummer Eins – wie könnte es auch anders sein – ist **Disneyland**. 1990 beging der 30 ha große Vergnügungspark mit einer ganzjährigen Party seinen 35. Geburtstag. Sieben verschiedene Theme Parks findet man hier – jeder in sich großartig. Besonderer Beliebtheit erfreuen sich ein dreidimensionaler, phantastischer Film mit Rockmusik-Star Michael Jackson in der Hauptrolle sowie „Star Tours", eine abenteuerliche Weltraumfahrt in Tomorrowland nach dem berühmten Film *Star Wars* des Hollywood-Regisseurs George Lucas.

Disneyland – das ist ausschließlich Spaß und Vernügen. In *Main Street* – der Wende zum 20. Jahrhundert gewidmet – wird Abraham Lincoln, der gerade seine Gettysburg-Rede hält, in Zeichentrick-Technik dargestellt, und in *Frontierland* (19. Jahrhundert) können Kinder, wie seinerzeit Mark Twain, zur *Tom Sawyer Island* übersetzen. *Adventureland* bietet ab New Orleans Square eine Fahrt zu den teuflischen Piraten und Bootsfahrten auf einem tropischen Fluß – vorbei an Nilpferden und Krokodilen mit weit aufgerissenen Mäulern.

Fantasyland ähnelt einem einzigen, großen Cartoon. Von hier nach *Tommorrowland*, das dem 21. Jahrhundert gewidmet ist, gibt es – gleichgültig welchen Weg man wählt – Fahrten durch das Spukschloß oder zum Matterhorn, Filme, die den Besucher in Bilder und Klänge der USA, Chinas und weit exotischerer Orte hüllen, Paraden mit bekannten Disneyfiguren wie Snow White, Donald Duck und vielen anderen. Zumindest einen langen Tag sollte man für Disneyland reservieren.

Walt Disney eröffnete seinen Park 1955 und verschaffte Anaheim damit einen festen Platz im Reiseplan der Touristen. Lange bevor er nach Orange County kam, hatte sich hier jedoch bereits

Knott's Berry Farm im nahegelegenen Buena Park etabliert.

Ihre Anfänge gehen auf eine echte Beerenfarm des Jahres 1920 zurück. Walter und Cordelia Knott eröffneten später im Wohnzimmer der Familie ein Restaurant, in dem sie ihren Gästen Brathuhn servierten, das so berühmt wurde, daß die Leute schließlich drei bis vier Stunden warten mußten, bis sie an die Reihe kamen. Um ihnen die Wartezeit zu vertreiben, errichtete Walter Knott auf seinem Grundstück eine Geisterstadt im Stil des Old West, heute immer noch ein Teil dieses 60 ha großen Parks. Bei den anderen Attraktionen handelt es sich um *Fiesta Village*, das *Roaring Twenties Airfield* und *Camp Snoopy*. Auch ein Theater mit Varietécharakter gibt es hier – das *Good Time Theater*. Im *Pacific Pavilion* werden Meerestiere gezeigt, und Delphine geben ihre Vorstellung. Natürlich findet man auf dem Gelände auch alle erdenklichen Fahrgeschäfte – von harmlosen Karussells bis hin zu Fallschirmen, an denen man vom Himmel fällt. Und ganz wie in alten Zeiten muß man sich in der Hühnerbraterei in einer langen Schlange anstellen.

Ähnlich wie in Disneyland sind auch in Knott's Berry Farm alle Fahrgeschäfte und Attraktionen (außer den Mahlzeiten) im Eintrittspreis enthalten. Für diesen Park benötigt man ebenfalls einen ganzen Tag. Ein Tip: Besuchen Sie nach Möglichkeit Disneyland und Knott's Berry Farm nicht unmittelbar nacheinander.

Anaheim und Buena Park haben jedoch auch noch anderes zu bieten: Im nur etwa eine Meile von Disneyland entfernten **Anaheim Stadium** tragen zwei Profimannschaften regelmäßig ihre Spiele aus – die Baseballmannschaft *California Angels* und die Footballmannschaft *Los Angeles Rams*. Im nahegelegenen **Anaheim Convention Center** finden Rock-Konzerte, Zirkusvorstellungen und Eislaufveranstaltungen statt.

Oben: Eine Live-Performance in Knott's Berry Farm. Rechts: Auf jeden Fall sehenswert – Crystal Cathedral in Anaheim.

Hollywood Stars wie Georges Burns, Clint Eastwood, Katherine Hepburn und Paul Newman sind im **Movieland Wax Museum** in Szenen aus ihren berühmten Filmen verewigt. Gleich gegenüber befindet sich das **Medieval Times**, ein ungewöhnliches Dinner-Theater, auf dessen Programm Zweikämpfe zu Pferde mit Lanzen stehen.

Südlich von Anaheim, in **Garden Grove**, spricht einer der bekanntesten Fernsehprediger Amerikas von der Kanzel der **Crystal Cathedral**, ganz in der Nähe der Interstate 5 (Chapman Avenue/Lewis Street). Rev. Robert Schuller, der 1955 mit der Verbreitung seiner Lehre „Possibility Thinking" in einem Autokino begann, baute von den Spenden seiner Anhänger eine zwölfstöckige Kirche aus Glas und Stahl und legte ein 13 ha großes Arboretum an.

Das Business Center

Der mittlere Abschnitt von Orange County war früher hauptsächlich für seine schönen Strände, sein Ackerland und die etwas über 42 ha große **Irvine Ranch** bekannt. Heute ist dieses Gebiet – nach dem Büroraum gerechnet – die drittgrößte Downtown Kaliforniens, nach Los Angeles und San Francisco.

Ein großer Teil der Geschäftstätigkeit der County spielt sich hier ab – in den Wolkenkratzern und Industrieparks, die überall rund um **John Wayne/Orange County Airport** zu finden sind. Doch auch die Kultur kommt nicht zu kurz: Im **Orange County Performing Arts Center**, 600 Town Center Drive, Costa Mesa – einer 65-Millonen-Dollar-Anlage – finden ständig erstklassige Musikdarbietungen und Theatervorstellungen statt.

Das Shopping Center ist eine weitere Attraktion. An der Einmündung der Bristol Street in den I-405 Freeway, in Costa Mesa, haben sich an der **South Coast Plaza** acht große Kaufhäuser und über 200 Spezialgeschäfte mit einem höheren Jahresumsatz als irgendwo sonst im ganzen Land etabliert, deren Besucherzahlen mit denen von Disneyland konkurrieren.

In **Fashion Island** am Pacific Coast Highway und am MacArthur Boulevard in Newport Beach findet man fünf führende Kaufhäuser und 120 Spezialgeschäfte – darunter auch Amen Wardy, der Designermode und -schmuck sowie Frisur und Make-Up nach dem Motto „Machen Sie das Beste aus Ihrem Typ" anbietet. Wardy schickt seine Limousinen auch zu Kunden in Beverly Hills – geradewegs durch das exklusive Shopping-Mekka dieser Stadt – den **Rodeo Drive**.

Newport Beach gilt als Beverly Hills von Orange County – eine attraktive, gepflegte Wohngegend. Anders als in Beverly Hills haben viele der Villen hier jedoch Meeresblick. Mittelpunkt des Lebens in Newport Beach ist das Meer. Der hiesige Sandstrand am Pazifik ist schon seit Anfang dieses Jahrhunderts bekannt. Zur damaligen Zeit brachten die roten Waggons der Pacific Electric Railroad die Menschen des Los Angeles County für einen erholsamen Tag in dieses Strandparadies.

Die Strände von Newport sind breit und erstrecken sich auf der als **Balboa Peninsula** bekannten Landzunge. Entlang der gesamten Küste finden die Freunde des Surfens hervorragende Bedingungen; besonders beliebt ist **Corona State Beach** – genauer Corona del Mar – ganz in der Nähe von Newport. Das umliegende Marschland bietet zudem Wasservögeln, die man im Naturschutzgebiet der **Upper Newport Bay** findet, einen idealen Lebensraum.

Die wahrscheinlich letzte Dory-Fischfangflotte an der kalifornischen Küste ist am **Newport Pier** zu Hause. Seit 1890 fangen die Fischer auf ihren Dory-Schiffen im Gewässer vor Newport Kabeljau, Lachsforellen, Makrelen und Klippenbarsche. Sie fahren bereits vor Sonnenaufgang aufs Meer hinaus und sind gegen zehn Uhr wieder zurück. Nachdem sie ihre bunten Holzboote auf den Sand gezogen haben, verkaufen sie ihren Fang

Oben: Am Newport Beach findet man ideale Bedingungen zum Surfen und Segeln. Rechts: Kunst und Kitsch in Strandnähe.

gleich vor Ort. Auch die Küchenchefs der vielen Restaurants am Ort zählen zu ihren Kunden; die auf den Speisekarten stehenden Fischgerichte sind überall garantiert frisch. **Balboa Pier** liegt ganz in der Nähe, ebenso **Newport Harbor**, einer der betriebsamsten, gleichzeitig jedoch malerischsten Yachthäfen der Welt. Eine besondere Attraktion bei Hafenrundfahrten sind die Villen ehemaliger Einwohner von Orange County, wie John Wayne und King Gillette (der Rasierklingenkönig).

Hafenrundfahrten finden mit der *Pavilion Queen* und dem *Showboat*, ab **Balboas Fun Zone** statt. Im nahegelegenen **Balboa Pavilion** sind das *Tale of the Whale-Restaurant* und *Davey's Locker* untergebracht; hier kann man eine Fahrt auf einem Sportfischerboot buchen. Die Vergnügungszone hat ein Karussell, ein Riesenrad, Souvenirläden und Videospiele zu bieten.

Balboa Island in der Newport Bay ist über den Pacific Coast Highway und mit der Fähre (Fahrzeit fünf Minuten) zu erreichen. Der parallel zum Strand verlaufende Betonweg wird von Einheimischen häufig als Rollschuhbahn benutzt.

Die kalifornische Riviera

Die California Riviera mit ihren Küstenorten erstreckt sich südlich von Newport. Sie verdankt ihren Namen der Steilküste und den auf den Klippen errichteten Villen, die an die französische Riviera erinnern.

Die erste Stadt südlich von Newport ist **Laguna Beach** – die Künstlerkolonie von Orange County. Unmengen von Kunstgalerien säumen den Pacific Coast Highway, liegen versteckt in den Arkaden der Uferstraße und auf den Klippen darüber. In Laguna kauft man günstig Kunsthandwerk, Antiquitäten, Bade- und Freizeitkleidung – beispielsweise in **The Pottery Shack, Laguna Mercado, The Collection**, **The Colonnade** und **Laguna Village**.

Alljährlich im Sommer findet in Laguna Beach ein siebenwöchiges Fest–das **Festival of the Arts and Pageant of the**

Masters – statt. Während dieser Zeit zeigen und verkaufen Hunderte von Künstlern und Kunsthandwerkern ihre Arbeiten. Bei „Pageant of the Masters" handelt es sich um eine Präsentation „lebender Kunstwerke": Einheimische stellen berühmte Gemälde vor einem gemaltem Hintergrund dar – in anscheinend atemloser Pose, begleitet von Orchestermusik und Erzählungen.

Im kürzlich umgestalteten **Museum of Art**, 307 Cliff Drive, sind wechselnde Ausstellungen amerikanischer Künstler zu sehen. Der Strand von Laguna, ein Paradies für Schwimmer, liegt – zur Überraschung der meisten – mitten in der Stadt.

Dana Point, südlich von Laguna, mit einer der herrlichsten Buchten Südkaliforniens ist das Mekka des Bootssportes. Der Segler und Schriftsteller Richard Henry Dana, der vor hundertfünfzig Jahren *Two Years Before the Mast* schrieb, schwärmte von dieser Bucht als dem romantischsten Ort der ganzen Küste Kaliforniens. Als in den zwanziger Jahren Erschließungsgesellschaften dieses Gebiet den Grundbesitzern zugänglich machten, wurde der frühere Name – Bahia Capistrano – zu Ehren Danas geändert.

Das Freizeitvergnügen in Dana Point konzentriert sich auf den Hafen. Ausgangspunkt zum Sportfischen, das Beobachten von Walen (im Winter) und Parasailing ist **Dana Wharf**. Das **Orange County Marine Institute** (Dana Point Harbor Drive und Del Obispo) vermittelt Einblicke in das Meeresleben durch Gezeitenpools, Ausstellungen und Vorträge. **Mariners Village** bietet Shopping und Dining ganz im nautischen Stil.

Für einen Ausblick auf das Meer fährt man am besten zum **Dana Point Resort** auf den Klippen oder zum Aussichtspunkt der **Street of the Blue Lantern**. Sechzig Meter darunter liegen die Stadt und die Pazifik-Küste. An der Südgrenze von Orange County ist **San Clemente** auszumachen und der Ort, an dem das

Oben: Strandleben in Laguna Beach. Rechts: Die Mission in San Juan de Capistrano, älteste Stadt im Orange County.

SAN JUAN CAPISTRANO

„Western White House" des früheren Präsidenten Richard Nixon (sein Amtssitz an der Westküste) liegt. Das Gebäude selbst versteckt sich hinter hohen Palmen und ist nur vom Municipal Pier in San Clemente aus zu sehen.

Mit einem Bummel am Pier kann man einen ganzen Nachmittag verbringen. Das 1925 von Ole Hansen gegründete San Clemente ist im spanischen Stil erbaut und geprägt von weißen Mauern und roten Ziegeldächern. Die üppige Vegetation läßt die Linien weich erscheinen.

San Juan Capistrano

Von San Clemente aus landeinwärts gelangt man zur ältesten Stadt von Orange County, nach **San Juan Capistrano**, mit seiner berühmten spanischen Mission (Ecke Ortega Highway/Camino Capistrano), die 1776 von Pater Junipero Serra gegründet wurde. Durch einen beliebten Song der vierziger Jahre über die aus Südamerika zurückkehrenden Zugvögel – *When the Swallows Come Back to Capistrano ...* – wurde die **Mission San Juan Capistrano** zu einer der bekanntesten Missionsstationen. Die Touristen kommen, um die Kirche aus dem 18. Jahrhundert zu besichtigen, die an der Stelle der 1812 durch ein Erdbeben zerstörten, ursprünglichen Great Stone Church steht, und wegen der noch älteren Anlagen, in denen die Lebensweise der einst hier wohnenden Priester, Soldaten und Indianer nachvollzogen werden kann: Wohnräume, Küchen und Arbeitsräume sind für Besucher zugänglich.

San Juan Capistrano gehört zu den modernen Städten von Orange County und wurde auch vom Bauboom, den eine stabile Wirtschaft mit sich bringt, nicht verschont. Neben der Mission gibt es noch einige historische Bauwerke zu besichtigen. Sonntags veranstalten Mitglieder der ortsansässigen historischen Gesellschaft Führungen zum **Montanez Adobe** aus dem Jahr 1790 sowie zum **O'Neill Museum** aus der viktorianischen Zeit, das Exponate aus der frühen Geschichte dieser Gegend zeigt.

INFO: ORANGE COUNTY

ANAHEIM
(Die Telefonvorwahl für diese Region ist 714.)
Unterkunft
LUXUSKLASSE: **Disneyland Hotel**, 1150 W. Cerritos Ave., 92802 (Tel. 635-8600, 800-642-5391); **Marriott**, 700 W. Convention Way, 96802 (Tel. 750-8000, 800-228-9290); **Pan Pacific**, 1717 S. West St., 92802 (Tel. 999-0990, 800-821-8976); **Residence Inn**, 1700 S. Clementine Ave., 92802 (Tel. 533-3555, 800-228-9290). *MITTELKLASSE:* **Grand**, 1 Hotel Way, 96802 (Tel. 772-7777, 800-421-6662); **Inn at the Park**, 1855 S. Harbor Blvd., 96802 (Tel. 750-1811, 800-421-6662); **Sheraton**, 1015 W. Ball Rd., 96802 (Tel. 778-1700, 800-325-3535). *EINFACH:* **Ascot Inn**, 2145 S. Harbor Blvd., 92802 (Tel. 971-5556); **Desert Inn**, 1600 S. Harbor Blvd., 96802 (Tel. 772-5050, 800-433-5270); **Motel 6**, 100 W. Freedman Way, 92802 (Tel. 520-9696, 800-982-4247) **Penny Sleeper Inn**, 1441 S. Manchester Ave., 96802 (Tel. 991-8100, 800-854-6118); **Raffles Inn**, 1331 E. Katella Ave., 96802 (Tel. 750-6100, 800-654-0196).

Restaurants
AMERIKANISCH: **The Original Cattleman's Wharf**, 1160 W. Ball Rd.;**Overland Stage**, 1855 S. Harbor Blvd. *KALIFORNISCH:* **Mr. Stox**, 1105 E. Katella Ave. *KONTINENTAL:* **The Cellar**, 305 N. Harbor Blvd., Fullerton.; **Lafayette Cafe**, 12532 Garden Grove Blvd., Garden Grove.; **Ruby Begonia's**, 1500 S. Raymond Ave., Fullerton. *FRANZÖSISCH:* **Chez Cary**, 571 S. Main St., Orange; **La Brasserie**, 202 S. Main St., Orange. *JAPANISCH:* **Benihana**, 2100 E. Ball Rd.. *MEXIKANISCH:* **Casa Gamino**, 5638 E. La Palma Ave. *VIETNAMESISCH:* **Dong Khanh**, 10451 Bolsa Ave., Westminster (Tel. 839-1014)

Sehenswürdigkeiten
Crystal Cathedral, 12141 Lewis St., Garden Grove (Tel. 971-4073), Führungen Mo – Sa 9.00 – 15.30, So 12.00 – 15.30; **Disneyland**, 1313 Harbor Blvd. (Tel. 999-4565), tägl. 9.00 – 24.00 Juni – Aug., Mo – Fr 10.00 – 18.00, Sa/So 9.00 – 24.00 Sept. – Mai. **Hobby City Doll and Toy Museum**, 1238 S. Beach Blvd. (Tel. 527- 2323), 10.00 – 18.00 tägl. außer an Ferientagen. **Richard Nixon Library and Birthplace**, 18001 Yorba Linda Blvd., Yorba Linda (Tel. 993-3393) Mo – Sa 10.00 – 17.00, So 11.00 – 17.00.

Touristen-Information
Anaheim Area Visitor and Conv. Bureau, 800 W. Katella Ave., Anaheim 92802 (Tel. 999-8999).

Verkehrsmittel
Orange County Transit District, Garden Grove (Tel. 636-RIDE).

STRANDORTE
Unterkunft
LUXUSKLASSE: **Meridien**, 4500 MacArthur Blvd., Newport Beach 92660 (Tel. 476-2001, 800-543-4300); **Newport Beach Marriott**, 900 Newport Center Dr., Newport Beach 92660 (Tel. 640-4000, 800-228- 9290); **Ritz-Carlton**, 33533 Ritz-Carlton Dr., Laguna Niguel 92677 (Tel. 240-2000); **Waterfront Hilton**, 21100 Pacific Coast Hwy., Huntington Beach 92648 (Tel. 960-7873, 800-445-8667). *MITTELKLASSE:* **Hotel Laguna**, 425 S. Coast Blvd., Laguna Beach 92651 (Tel. 494-1151). *EINFACH:* **Capistrano Inn**, 27174 Ortega Hwy., San Juan Capistrano 92675 (Tel. 493-5661, 800-528- 1234); **Huntington Shore Motel**, 21002 Pacific Coast Hwy., Huntington Beach 92648 (Tel. 800-554-6799). **Ramada Inn San Clemente**, 35 Calle de Industrias, 92672 (Tel. 714-498-8800, 800-272-6232)

Restaurants
AMERIKANISCH: **Tivoli Terrace**, 650 Laguna Canyon Rd., Laguna Beach. *KALIFORNISCH:* **California Pizza Kitchen**, 1151 Newport Center Dr., Newport Beach (759-5543). **The Ritz**, 880 Newport Center Dr., Newport Beach. *KONTINENTAL:* **Five Crowns**, 3801 E. Pacific Coast Hwy., Corona del Mar. *JAPANISCH:* **Koto**, 4300 Von Karman Ave., Newport Beach. *MEXIKANISCH:* **Las Brisas**, 361 Cliff Dr., Laguna Beach. **El Adobe de Capistrano**, 31891 Camino Capistrano, San Juan Capistrano. *MEERESFRÜCHTE:* **Ben Brown's**, 31106 Pacific Coast Hwy., South Laguna; **Newport Landing**, 503 E. Edgewater Rd., Newport Beach.

Sehenswürdigkeiten
Crystal Cove State Beach, Hwy 1 zwischen Corona del Mar und Laguna Beach (Tel. 494-3539). **Laguna Art Museum**, 307 Cliff Dr. Laguna Beach (Tel. 494-6531), Di – So 11.00 – 17.00.
Museum of Surfing, 411 Olive St., Huntington Beach, (Tel. 960-3483).
Mission San Juan Capistrano, Ortega Hwy. und Camino Capistrano, San Juan Capistrano (Tel. 493-1424), tägl. 8.30 – 17.00.
Newport Center Fashion Island, 1045 Newport Center Dr., Newport Beach (Tel. 721-2022), Mo – Fr 10.00 – 21.00, Sa 10.00 – 18.00, So 12.00 – 17.00.
Festival of Arts and Pageant of the Masters, Laguna Canyon (Tel. 494-1145), Anfang Juli bis Ende August.
Sherman Library and Gardens, 2647 E. Coast Hwy., Corona del Mar (Tel. 673-2261), tägl. 10.30 – 16.00.
Upper Newport Bay Ecological Reserve, Newport Beach, Back Bay Dr., (Tel. 640-6746).

INFO: ORANGE COUNTY

Touristen-Information
Huntington Beach Chamber of Commerce and Visitors Bureau, 2100 Main Street, Suite 190, Huntington Beach 92648 (Tel. 536- 8888).
Laguna Beach Chamber of Commerce, 357 Gleneyre St. (P.O. Box 396), Laguna Beach 92652 (Tel. 494-1018).
Newport Harbour Area Chamber of Commerce, 1470 Jamboree Rd., Newport Beach, 92660 (Tel. 729-4400).
San Juan Capistrano Chamber of Commerce, 31682 El Camino Real, San Juan Capistrano 92675 (Tel. 493-4700).

BUENA PARK
Unterkunft
LUXUSKLASSE: **Embassy Suites**, 7762 Beach Blvd., 90620 (Tel. 739-5600). *MITTELKLASSE:* **Buena Park**, 7675 Crescent Ave., 90620 (Tel. 995-1111, 800-854-8792); **Days Inn**, 3 Centerpointe Dr., 90623 (Tel. 670-1400, 800-325-2525); **Holiday Inn**, 7000 Beach Blvd., 90620 (Tel. 522-7000, 800-465-4329). *EINFACH:* **Farm de Ville Motel**, 7800 Crescent Ave., 90620 (Tel. 527-2201, 800-882-8846); **Hampton Inn**, 7828 Orangethorpe Ave., 90620 (Tel. 714-670-7200, 800-426-7866); **Travelers Inn**, 7121 Beach Blvd., 90620 (Tel. 670-9000, 800-633-8300).

Restaurants
AMERIKANISCH: **Mrs. Knott's Chicken Dinner Restaurant**, Knott's Berry Farm, 8039 Beach Blvd. *INDISCH:* **Dasaprakash**, 11321 E. 183rd St., Cerritos (Tel. 310-924-0879). *MEXIKANISCH:* **Spoons**, 7801 Beach Blvd., Buena Park (Tel. 523-1460)

Sehenswürdigkeiten
Knott's Berry Farm, 8039 Beach Blvd. (Tel. 220- 5200), Mo – Fr 10.00 – 18.00, Sa 10.00 – 22.00, So 10.00 – 19.00, längere Öffnungszeiten im Sommer.
Medieval Times, 7662 Beach Blvd.
Movieland Wax Museum, 7711 Beach Blvd. (Tel. 522-1154), täglich 10.00 – 18.00.
Museum of World Wars and Military History, 7884 E. La Palma Ave. (Tel. 952-1776), Mo – Sa 10.00 – 18.00, So 12.00 – 18.00.

Touristen-Information
Buena Park Convention and Visitors Office, 6280 Manchester Blvd., Suite 103, Buena Park 90621 (Tel. 994-1511).

COSTA MESA-SANTA ANA-IRVINE
Unterkunft
LUXUSKLASSE: **Hyatt Regency Irvine**, 17900 Jamboree Blvd., Irvine 92714 (Tel. 863-3111, 800-223-1324); **Radisson Plaza**, 18800 MacArthur Blvd., Irvine 92715 (Tel. 833-9999, 800-333-3333); **Westin South Coast Plaza**, 666 Anton Blvd., Costa Mesa 92626 (Tel. 540-2500, 800-228-3000). *MITTELKLASSE:* **Beverly Heritage**, 3350 Avenue of the Arts, Costa Mesa 92626 (Tel. 751-5100, 800-443-4455); **Country Side Inn**, 325 Bristol St., Costa Mesa 92626 (Tel. 549-0300, 800-332-9992); **Ramada**, 2726 S. Grand Ave., Santa Ana 92705 (Tel. 966-1955, 800- 888-5540). *EINFACHE HOTELS:* **Costa Mesa Inn**, 3205 Harbor Blvd., Costa Mesa 92626 (Tel. 557-8360, 800-522-1555); **California Lodge Suites**, 2909 S. Bristol Ave., Santa Ana 92704 (Tel. 540-2300); **La Quinta Inn**, 14972 Sand Canyon Ave., Irvine 92718 (Tel. 551-0909, 800-531-5900).

Restaurants
KALIFORNISCH: **Bistango**, 19100 Von Karman Ave., Irvine (Tel. 752-5222); **Bistro 201**, 18201 Von Karman Ave., Irvine (Tel. 553-9201).
KONTINENTAL: **Nieuport 17**, 1615 E. 17th St., Santa Ana; **Restaurant at Cameron Court**, 2 Hutton Centre Dr., Santa Ana.
FRANZÖSISCH: **Chanteclair**, 18921 MacArthur Blvd., Irvine (752-8001).
ITALIENISCH: **Scampi**, 1576 Newport Blvd., Costa Mesa (Tel. 645-8560).
MEXIKANISCH: **Hacienda**, 1725 College Ave., S. Ana. *MEERESFRÜCHTE:* **Monterey Bay Canners**, 15483 Culver Dr., Irvine.

Sehenswürdigkeiten
Bower's Museum, 2002 N. Main St., Santa Ana (Tel. 972-1900), geöffnet Di – So 10.00 – 17.00.
Orange County Performing Arts Center, 600 Town Center Dr., Costa Mesa (Tel. 556-2787);
Santa Ana Zoo, 1801 E. Chestnut St., Santa Ana (Tel. 836-4000), 10.00 – 17.00 tägl.
South Coast Plaza, San Diego Fwy. an der Bristol St., Costa Mesa (Tel. 241-1700).
Wild Rivers Waterpark, 8800 Irvine Center Dr., Laguna Hills (Tel. 768-9453), Mitte Mai bis September.

Touristen-Information
Costa Mesa Chamber of Commerce, 1835 Newport Blvd., Costa Mesa 92627 (Tel. 574-8780); **Irvine Chamber of Commerce**, 17200 Jamboree Rd., Irvine 92714 (Tel. 660-9112); **Santa Ana Chamber of Commerce**, 600 W. Santa Ana Blvd., Suite 202 (P.O. Box 205), Santa Ana, 92701 (Tel. 541-5353).

Verkehrsmittel
John Wayne Orange County Airport (SNA), 18741 Airport Way N., Santa Ana 92707 (Tel. 252-5252), wird von inländischen Fluggesellschaften im Pendelverkehr angeflogen.

DAS INLAND EMPIRE

Nur 45 Minuten östlich des Glanzes und Glitzerns der Metropole Los Angeles beginnt der „echte" Westen: Inland Empire. Hier haben die Menschen und das Land einen anderen – langsameren – Rhythmus. Inland Empire bietet ein Stück Geschichte, Cowboys, Indianer, die natürliche Schönheit des noch verbliebenen Old West – und vor allem Freiräume zum Atmen an Seen, in Parks und Erholungsgebieten.

Inland Empire umfaßt die Countys Riverside und San Bernardino, die aus mehr als 30 Gemeinden bestehen. Geographisch handelt es sich bei San Bernardino um das größte County der USA, mit einer größeren Fläche als die Staaten Rhode Island, Connecticut und Delaware zusammen. In den achtziger Jahren hatte dieses Gebiet aufgrund der äußerst günstigen Wohn-, Arbeits- und klimatischen Bedingungen das rascheste Wachstum der Vereinigten Staaten zu verzeichnen.

Inland Empire wurde Anfang der fünfziger Jahre von James Guthry und George Savage, beide vom *San Bernardino Sun Telegram*, konzipiert. Nach ihrer Meinung war es höchste Zeit, aus dem Schatten des großen Bruders, des Los Angeles County, herauszutreten. Sie wollten durch die Vereinigung aller Kräfte mit Riverside County und die Schaffung des „Inland Empire" das Potential der Region zum Ausbau von Wirtschaft und Gesellschaft stärken.

In beiden Counties haben sich mittlerweile zahlreiche Colleges und Universitäten, das weltberühmte Loma Linda Medical Center, der Ontario International Airport, viele Stützpunkte der Air Force, sonstige Militäranlagen und Wintersportorte etabliert.

Inland Empire besitzt malerische Berge und Seen, Wüsten, landwirtschaftliche Nutzflächen und Weinberge. Die Orte – von ebenso unterschiedlichem Charakter

Oben: In den San Bernardino Mountains suchen und finden viele Ruhe und Erholung.

SAN BERNARDINO / RIVERSIDE

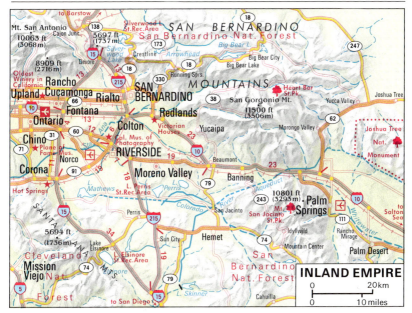

wie die Landschaft – waren ursprünglich meist Bestandteil der spanischen Ländereien, die dann im Laufe der Zeit verkauft wurden.

Die Stadtkette am Fuß der **San Bernardino Mountains** liegt in einer Meereshöhe von ca. 305 m. Tagsüber ist es hier warm, die Nächte sind kalt, und die jährliche Niederschlagsmenge – es regnet hauptsächlich zwischen November und März – liegt bei 380 mm. In den trockenen Sommern klettert das Thermometer häufig auf über 32 ˚C.

Das 1854 gegründete **San Bernardino**, 95 km östlich von Los Angeles, ist ein Verkehrsknotenpunkt, an dem vier Eisenbahn-Hauptverkehrslinien und mehrere Freeways zusammentreffen. Die Pfeilspitze im Stadtwappen geht auf die Indianer zurück, die eine wichtige Rolle in der frühen Stadtgeschichte spielten. In der Umgebung gibt es noch einige Reservate sowie Heimatmuseen mit Sammlungen indianischer Gebrauchsgegenstände.

Riverside, früher bekannt als das Santa Ana River Valley, war die Heimat der Chuilla- und Serrano-Indianer. Nach einem Besuch von Juan Bautista de Anza im Jahre 1774 wurde es 1838 Bestandteil der 13 000 ha umfassenden **Rancho Jurupa** des Juan Bandini. Das Zentrum erhielt den Namen Jurupa, der 1871 in Riverside geändert wurde. Mitten in der Stadt befindet sich das reizvolle, im spanischen Stil erbaute **Mission Inn Garden Hotel** – ein Nationaldenkmal und Wahrzeichen Amerikas. Das Missionsthema lebt in einer Nachbildung von Junipero Serras Glocke und Kreuz weiter.

Mit etwa 180 000 Einwohnern ist Riverside die größte Stadt zwischen Los Angeles und Phoenix/Arizona – mit vier Colleges und Universitäten, neun Golfplätzen, über 30 Parks, zwei großen Einkaufszentren und sieben Museen, darunter das **California Museum of Photography**, 3824 Main St., das **Riverside Municipal Museum** für Geschichte und Naturgeschichte, 3720 Orange St., und das **March Field Museum** in der nahegelegenen March Air Force Base. Hier werden Flugzeugveteranen und Erinne-

rungsstücke aus der Luftfahrt gezeigt. Im März jeden Jahres findet auf dem Stützpunkt eine eindrucksvolle Luftfahrtshow statt (eine weitere Sammlung von Flugzeugveteranen befindet sich im **Plane of Fame Museum** in **Chino**).

Das Millionengeschäft der kalifornischen Navelorangen-Industrie nahm in Riverside seinen Anfang. Der erste Navelorangenbaum Kaliforniens steht an der Ecke der Magnolia/Artington Streets. Er wurde 1873 aus Brasilien eingeführt und trägt immer noch Früchte!

Viele der Öffentlichkeit zugängliche Gebäude im viktorianischen Stil dieser Zeit säumen die Straßen der Stadt – so **Edwards Mansion**, 2064 Orange Tree Lane, **Morey Mansion**, 190 Terracina Blvd. und **Kimberly Crest House**, 1325 Prospect Drive. Ein Besuch des **San Bernardino County Museum**, 2024 Orange Tree Lane, und der nahegelegenen **University of Redlands** lohnen sich ebenfalls. Jeden Sommer findet in der Stadt das **Redlands Bowl Music Festival** statt.

Ontario kann nicht nur auf ein interessantes Erbe verweisen; aufgrund seiner Bindung an den Cucamonga Wine District gibt es dort auch hervorragende Weine. Kaliforniens ältestes Weinbaugebiet datiert bis ins Jahr 1839 zurück, als Tiburcio Tapia sein Adobeziegelhaus baute und Weinstöcke pflanzte. Die **San Antonio Winery**, 2801 Milliken St., und der **Cucamonga Vineyard**, 10013 8th St., im benachbarten Cucamonga setzen diese Tradition fort. Martini-Liebhaber sind vom **Graber Olive House**, 315 E. 4th St., Ontario, sicherlich fasziniert; hier werden seit 1894 Oliven verarbeitet und zum Versand gebracht.

Rancho California/Temecula, 90 km südlich von Ontario, ist für seine preisgekrönten Weine bekannt. Temecula mit seinen Antiquitäten- und Kunstgeschäften strahlt echte Westernatmosphäre aus. Die Altstadt besitzt noch ungepflasterte Straßen und Holzbürgersteige.

Der San Bernardino National Forest in den **San Bernardino Mountains** ist das ganze Jahr über ein Freizeitparadies. In den acht Skigebieten aller Schwierigkeitsgrade ist für jeden etwas dabei. Der größte Skizirkus, der vier Gipfel umfaßt und bis auf 2900 m führt, befindet sich am **Bear Mountain**. Im Sommer bieten die drei größten Bergseen – **Silverwood**, **Arrowhead** und **Big Bear** – viele Wassersportmöglichkeiten.

Etwa 88 km südöstlich von Riverside liegt das verschlafene **Idyllwild**. Die Stadt wird jeden Sommer vom künstlerischen Programm der University of Southern California mit Leben erfüllt.

Beaumont und **Yucaipa** sind Städte in der Hochwüste – nicht weit von San Bernardino und Riverside entfernt. Yucaipa gilt als Kaliforniens Hauptstadt der Äpfel – neben Oak Glen. Für einen Besuch bietet sich der Herbst an; kommt man im Juni, kann man das Kirschenfest in Beaumont miterleben.

Oben: Im Heißluftballon hoch über den San Bernardino Mountains.

INFO: INLAND EMPIRE

ONTARIO
(Die Telefonvorwahl für diese Region ist 714.)
Unterkunft
LUXUSKLASSE: **Red Lion Inn**, 222 N. Vineyard Ave., 91764 (Tel. 983-0909, 800-547-8010).
MITTELKLASSE: **Clarion**, 2220 E. Holt Blvd., 91764 (Tel. 986-8811, 800-252-7466); **Compri**, 429 N. Vineyard Ave., 91764 (Tel. 391-6411, 800-426-6774); **Griswold's Inn**, 555 W. Foothill Blvd., Claremont 91711 (Tel. 626-4211, 800-854-5733). *EINFACHE HOTELS:* **Lexington Suites**, 231 N. Vineyard Ave., 91764 (Tel. 983-8484, 800-527-1877); **Quality Inn**, 1818 E. Holt Blvd., 91764 (Tel. 988-8466, 800-228-5151); **Super 8 Lodge**, 514 N. Vineyard Ave., 91764 (Tel. 983- 2886, 800-843-1991).
Sehenswürdigkeiten
Graber Olive House, 315 E. 4th St. (Tel. 983-1761), tägl. **Kenneth G. Fisk Musical Instrument Museum**, 450 N. College Way, Claremont (Tel. 621-8307); **Museum of History and Art**, 225 S. Euclid Ave. (Tel. 983-3198), Do – So 12.00 – 16.00; **Plane of Fame Museum**, 7000 Merrill Ave., Chino Airport (Tel. 597-3722), tägl. 9.00 – 17.00; **Rancho Santa Ana Botanic Garden**, 1500 N. College Ave., Claremont (Tel. 626-1917), tägl. 8.00 – 17.00.
Touristen-Information
Greater Ontario Visitors and Convention Bureau, 421 N. Euclid Ave., Ontario 91762 (Tel. 984-2450); **Claremont Convention and Visitors Bureau**, 205 Yale Ave., Claremont 91711 (Tel. 621-9644).
Verkehrsmittel
Ontario International Airport (ONT) (Tel. 984-1207) wird von in- und ausländischen Fluglinien angeflogen.

RIVERSIDE
Unterkunft
MITTELKLASSE: **Sheraton**, 3400 Market St., 92501 (Tel. 784-8000, 800-325-3535).
EINFACHE HOTELS: **Hampton Inn**, 1590 University Ave., 92507 (Tel. 683-6000, 800-426-7866); **Holiday Inn**, 1200 University Ave., 92507 (Tel. 682-8000); **Howard Johnson's**, 1199 University Ave., 92507 (Tel. 682-9011, 800-654-2000).
Sehenswürdigkeiten
California Museum of Photography, 3824 Main St. (Tel. 787-4787), Di – Sa 10.00 – 17.00, So 12.00 – 17.00; **Glen Ivy Hot Springs**, 25000 Glen Ivy Rd., Corona (Tel. 737-4723); **Heritage House**, 8193 Magnolia Ave. (Tel. 689-1333), geöffnet Di und Do 12.00 – 15.30, So 12.00 – 15.30; **Jurupa Cultural Center**, 7621 Granite Hill Dr. (Tel. 685-5818), Di – Sa 9.00 – 17.00; **Lake Perris State Recreational Area**, 17801 Lake Perris Dr., Perris (Tel. 657-0676 or 657-9000); **March Field Museum**, March Air Force Base (Tel. 655-3725), Mo – Fr 10.00 – 16.00, Sa und So 12.00 – 16.00; **Orange Empire Railway Museum**, 2201 South A St., Perris (Tel. 657-2605), an Wochenenden und Ferientagen; **Riverside Art Museum**, 3425 7th St. (Tel. 684-7111); **Riverside Botanic Gardens**, University of California-Riverside (Tel. 787-4650), tägl 8.00 – 17.00; **Riverside Municipal Museum**, 3720 Orange St. (Tel. 782-5273), Di – Sa 9.00 – 17.00, So 13.00 – 17.00.
Touristen-Information
Riverside Visitors and Convention Bureau, 3443 Orange St., Riverside 92501 (Tel. 787-7950).

SAN BERNARDINO
Unterkunft
LUXUSKLASSE: **Arrowhead Hilton Lodge**, P.O. Box 1699, Lake Arrowhead Village 92352 (Tel. 336-1511, 800-223-3307).
MITTELKLASSE: **Big Bear Inn**, 42200 Moonridge Road, Big Bear Lake 92315 (Tel. 866-3471, 800-232-7466); **Inland Empire Hilton**, 285 E. Hospitality Lane, 92408 (Tel. 889-0133, 800-445-8667); **Maruko**, 295 North E St., 92401 (Tel. 381-6181, 800-472-3353).
EINFACH: **Econo Lodge**, 668 Fairway Dr., 92408 (Tel. 825-7750); **Thunder Cloud Inn**, 20498 Lakeview Dr., Big Bear Lake 92315 (Tel. 866-7594); **Villa Viejo Motel**, 777 W. 6th St., 92410 (Tel. 889-3561, 800-228-9669).
Restaurants
KONTINENTAL: **Cliffhanger**, 25187 Highway 18, Arrowhead Highlands; **Edwards Mansion**, 2064 Orange Tree Lane, Redlands.
ITALIENISCH: **Salvatore's**, 16689 Foothill Blvd., Fontana.
Sehenswürdigkeiten
Big Bear Lake, Fawnskin (Tel. 866-3437); **Kimberly Crest House and Gardens**, 1325 Prospect Dr., Redlands (Tel. 792- 2111), So und Do 13.00 – 16.00; **Lake Arrowhead Village**, Lake Arrowhead (Tel. 337-3715); **Morey Mansion**, 190 Terracina Blvd., Redlands (Tel. 793-7970); **San Bernardino County Museum**, 2024 Orange Tree Lane, Redlands (Tel. 825-4825), Di – Sa 9.00 – 17.00, So 13.00 – 17.00.
Touristen-Information
Inland Empire Tourism Council, P.O. Box 638, Skyforest 92385 (Tel. 336-3661); **San Bernardino Convention and Visitor Bureau**, 546 W. 6th St., San Bernardino 92402 (Tel. 889- 3980).

SAN DIEGO

Wie ein kostbares Juwel am südwestlichen Rand des American Sun Belt funkelt die City von **San Diego**, die sich an den in Sonnenlicht getauchten Hafen anschließt. Kreuzfahrtschiffe, die Schiffe der US-Navy, Fischer- und Segelboote gleiten über das blanke Wasser, und die Office Towers beherrschen die Skyline, in deren Schatten die niedrigeren Gebäude – das spanische Erbe der Stadt – nahezu winzig erscheinen.

Palmen, farbenprächtige Bougainvillea und Paradiesvögel gedeihen großartig im mediterranen Klima mit einer Durchschnittstemperatur von 21 °C und einer jährlichen Niederschlagsmenge von weniger als 250 mm. Die Sandstrände am Pazifik erstrecken sich außerhalb des Stadtzentrums über 112 km.

San Diego gilt bei Golfern und Surfern seit langem als einer der schönsten Orte Kaliforniens. In der Region gibt es – an der Bevölkerungszahl gemessen – mehr Golfplätze als anderswo, und die Surfbedingungen sind die mit Abstand besten östlich von Hawaii.

San Diego ist inzwischen auch ein Kunst- und Kulturzentrum, und somit mehr als „nur ein weiteres schönes Plätzchen". Die Stadt bietet eine Vielzahl anspruchsvoller Restaurants, Einkaufsmöglichkeiten und kultureller Veranstaltungen. San Diegos Theatern, Museen und Forschungsinstituten wird heutzutage fast ebensoviel Aufmerksamkeit wie seinem Weltklasse-Zoo geschenkt.

Das Gebiet von San Diego wirkt wie ein Magnet, der jedes Jahr über 30 Millionen Besucher anzieht (der Tourismus ist die drittgrößte Einnahmequelle der Region). Gleichzeitig ist die Einwohnerzahl in den letzten zehn Jahren um 25 % auf über eine Million angestiegen. San Diego ist heute die sechstgrößte Metropole der Vereinigten Staaten. In Kalifornien hat nur Los Angeles – 192 km weiter nördlich – mehr Einwohner.

Oben: Point Loma im San Diego County.
Rechts: Die Mission San Diego del Alcala.

SAN DIEGO

Die Spanier kommen

Bis zum Jahr 1542 lebten hier nur Indianer. Dann legte der portugiesische Entdecker Juan Rodriguez Cabrillo mit seinem Segelschiff im geschützten Hafen an und beanspruchte ihn für Spanien. Er segelte jedoch bald wieder weiter.

Bis zum Jahr 1602 blieben die Einheimischen unbehelligt. In diesem Jahr lief Sebastian Vizcaino mit drei Schiffen im Hafen ein. Der Spanier nannte die Bucht San Diego – nach einem Landsmann, einem Priester aus der Stadt Alcalá.

Das **Cabrillo National Monument**, eine parkähnliche Anlage auf einer Erhebung an der Spitze von Point Loma, erinnert an die Entdeckung durch Europäer und informiert Besucher über die frühe Geschichte dieser Gegend. Von hier aus hat man die beste Aussicht auf San Diego und das glitzernde, blaue Meer. In den Wintermonaten – von Dezember bis Februar – kann man von Point Loma aus die kalifornischen Grauwale beobachten. Die Meeresriesen kommen alljährlich um dieselbe Zeit auf ihrem Weg nach Baja California/Mexiko hier vorbei.

Im Cabrillo National Monument erfährt man, daß die Spanier die San Diego Bay bis etwa 1760 links liegen ließen, bis sie sich schließlich über Kolonisationsbestrebungen anderer Völker Sorgen zu machen begannen. Um ihre Interessen zu schützen, schickten sie eine Expedition über Land, die wiederum auf eine Gruppe stieß, die auf dem Seeweg eintraf. Zusammen errichteten sie eine Missionsstation. Deren Einweihung durch einen Priester namens Junipero Serra am 16. Juli 1769 war die offizielle Gründung der neuen Gemeinde. Pater Serra errichtete später entlang der Küste Kaliforniens auf einer Länge von 880 km eine Kette aus 21 Missionsstationen.

Neben der **Mission San Diego de Alcala** besitzt San Diego County noch ein zweites Heiligtum – die **Mission San Luis Rey de Francia**, 64 km weiter nördlich, in der Nähe der Stadt Oceanside. Beide Missionen sind immer noch aktive Pfarreien, und in jeder gibt es ein

SAN DIEGO

SAN DIEGO

Museum. Die Besucher sind immer besonders vom Baustil der Missionsstationen – anmutige Bögen, dicke Adobe-Ziegelwände, Glockentürme, schneeweiße Fassaden, rote Ziegeldächer – angetan.

Auf diese Epoche gehen in San Diego viele Namen zurück, so z. B. Mission Bay, Mission Beach, Friars Road, Junipero Serra Highway, Serra Museum und Spanish Landing, um nur ein paar zu nennen. Auch das Baseball-Profiteam der Stadt, die *San Diego Padres,* ehren mit ihrem Namen den bescheidenen Priester, der hier vor über zwei Jahrhunderten eine Mission aufbaute.

Old Town und New Town

Nach dem erfolgreichen Aufstand gegen die Spanier wurde San Diego 1822 mexikanisch. Die USA beanspruchten die Stadt, die mittlerweile mehrere hundert Einwohner hatte, im Jahre 1846.

Als amerikanische Gemeinde trat San Diego in den Seehandel mit anderen Ländern ein. Die Stadt wuchs schnell. Lagerhäuser, Hotels, Saloons, Pensionen und andere Gebäude wurden errichtet. Man hatte jedoch ein Problem: Die Altstadt lag zu weit vom Hafen entfernt.

In den Jahren um 1850 scheiterten zahlreiche Versuche, die New Town näher am Wasser anzusiedeln. Die US-Regierung errichtete einen Leuchtturm auf Point Loma. Das ursprüngliche *lighthouse* und sein Nachfolger sind heute Teil des Areals, auf dem sich das Cabrillo National Monument befindet.

Die Ankunft von Alonzo Horton im Jahre 1867 leitete eine neue Ära in der Geschichte der Stadt ein. Horton hatte während des kalifornischen Goldrausches von 1848-50 in San Francisco viel Geld gemacht. Nach seinem Willen sollte aus San Diego eine bedeutende Stadt werden. Er kaufte ein großes Areal am

Wasser, verkaufte davon einzelne Grundstücke und fing an zu bauen. Der Stadtrat zog 1871 in die New Town um. Durch den Anschluß an das Eisenbahnnetz im Jahre 1885 und durch die Goldfunde von 1869 im Hinterland von San Diego wurde das Wachstum der Stadt ebenfalls gefördert. 1888 betrug die Einwohnerzahl schon 40000, und bereits 1890 war die Old Town bedeutungslos geworden.

Heute ist die **Old Town** wieder mit Leben erfüllt. Viele der alten spanischen Gebäude wurden im Rahmen der Stadterneuerung in Geschäfte und Restaurants umgewandelt. 1967 erwarb der Staat Kalifornien sechs aus der Frühzeit San Diegos stammende Gebäude zur Schaffung des **Old Town State Historic Park**. Einige der Adobe-Bauten datieren bis ins Jahr 1821 zurück; die meisten entstanden jedoch im späten 19. Jahrhundert. Täglich geöffnete Lehrpfade erzählen die Geschichte der Region. Das Zentrum der Old Town ist der **Bazaar del Mundo**, von 16 spanischen Werkstätten und vier Restaurants gesäumt. **Casa de Bandini**

Oben: Horton Plaza, das größte Einkaufszentrum in der Innenstadt von San Diego.

SAN DIEGO

und **Casa de Pico** sind mexikanisch. Hier findet man Mariachis und gelegentlich Flamenco-Tänzerinnen.

Auch der weitblickende Alonzo Horton wäre heute vom 1985 eröffneten vielstöckigen Shopping-Komplex in seiner New Town überrascht. Die nach ihm benannte **Horton Plaza** umfaßt sechseinhalb Häuserblocks in der City, in denen 150 Läden und Restaurants sowie vier große Kaufhäuser untergebracht sind. Aufgrund ihres farbenfrohen, phantasievollen, pseudo-maurischen Baustils ist sie weithin bekannt. Ganz in der Nähe, im **Gaslamp Quarter**, wurden die schönen viktorianischen Gebäude renoviert, in denen heute Kunstgalerien, Antiquitätengeschäfte, Restaurants und zwei Theater untergebracht sind. Horton Plaza und Gaslamp Quarter beginnen an der Südseite des **Broadway**, San Diegos Hauptverkehrsader.

Oben: Viktorianische Fassaden im Gaslamp Quarter. Rechts: Ein Militär-Konzert im Balboa Park.

Navy Town

San Diego wuchs Ende des 19. und zu Beginn des 20. Jahrhunderts unaufhaltsam weiter. Der Hafen wurde ausgebaut. Im Ersten Weltkrieg festigte sich die Stellung der Stadt als Marinestützpunkt. 1910 eröffnete der heute weltberühmte Zoo, und die Panama California Exposition im Jahre 1915, mit der die Eröffnung des Panamakanals nachträglich begangen wurde, war äußerst erfolgreich. Einige der großartigen Bauten im spanischen Kolonialstil, die im Balboa Park anläßlich der Ausstellung errichtet wurden, werden heute als Museen genutzt.

In den Jahren um 1920 wurde San Diego als Luftfahrtzentrum bekannt. Charles Lindbergh beauftragte die in der Stadt ansässige Ryan Corporation mit dem Bau seiner *Spirit of St. Louis,* in der er dann seine historische Atlantiküberquerung im Alleinflug schaffte. 1928 erhielt der neue Flughafen San Diegos den Namen **Lindbergh Field**. Eine maßstabgetreue Nachbildung des berühmten Flugzeuges und

verschiedene persönliche Dinge von Lindbergh können im großartigen **San Diego Aerospace Museum** im Balboa Park besichtigt werden.

Die Bevölkerung der Stadt stieg nach Eintritt der USA in den Zweiten Weltkrieg sprunghaft an. Schon 1940 lebten hier 256000 Menschen. Bis 1950 hatte sich die Einwohnerzahl auf über 556000 mehr als verdoppelt. Die Navy, die ihre Stützpunkte ausweitete und neue baute, beherrschte diese Zeit. Der Zustrom von Militärs und deren Familien trug zu einer florierenden Wirtschaft bei. Nach Ende des Krieges nutzten die Navy und das Marine Corps die Stützpunkte weiter. Die militärischen Anlagen sind der Öffentlichkeit nicht zugänglich. An Wochenenden bringt die Navy jedoch eines ihrer Schiffe zur Besichtigung an den **Broadway Pier**.

Das heutige San Diego

Die einst für Konferenzen ungeeignete Stadt verfügt mittlerweile über ein hervorragendes **Convention Center** mit Blick über den Hafen. Zudem hat sie ihre wirtschaftliche Basis durch die Ansiedlung umweltfreundlicher High-Tech-Industrien und durch die Förderung von wissenschaftlichen und vor allem medizinischen Forschungsinstituten verbreitert. Drei große Univesitäten und mehrere Colleges gibt es heute in und um San Diego.

Eine elegante Brücke überspannt die Bucht und verbindet San Diego mit dem benachbarten Coronado. Aufgrund des modernen, kreuzungsfreien Straßennetzes ist das Leben in vielen Vororten zu einer attraktiven Alternative geworden. Eine freundliche, rote Bahn bringt Einheimische und Touristen durch viele Küstenstädtchen zur 32 km entfernten mexikanischen Grenze. Die Bevölkerung liegt heute bei über 1.1 Mio.

Es ist nicht schwer, sich rund um die Downtown von San Diego zurechtzufinden. Hier ein paar Tips: Die meisten von Norden nach Süden verlaufenden Straßen haben eine Nummer; Straßen von

SAN DIEGO

Osten nach Westen tragen Namen von Bäumen, und zwar in alphabetischer Reihenfolge: Ash, Beech, Cedar, Date etc. Meist beginnt man mit der Besichtigungstour am **Balboa Park**, dessen Zoo weltberühmt ist. Der 2600 ha große, aus fünf Gartenanlagen bestehende Park liegt etwas nordöstlich des Stadtzentrums, mit Haupteingängen an der 6th und Laurel Street. In ihm befinden sich vier Restaurants, eine Miniatureisenbahn, ein Puppentheater und zehn Museen – darunter das **Aerospace Museum**, das **Museum of San Diego History**, das **San Diego Natural History Museum**, das **Museum of Photographic Arts**, die Anlagen des **House of Pacific Relations**, das Sportmuseum **Hall of Champions** und das **Model Railroad Museum**.

Unbedingt sehenswert sind das **San Diego Museum of Art**, in dem die großen holländischen, flämischen, italienischen und spanischen Meister der Renaissance gezeigt werden; die **Timken Art Gallery**, mit den Werken europäischer Meister, amerikanischer Maler und mit russischen Ikonen; das **San Diego Museum of Man**, ein anthropologisches Museum mit Schwerpunkt auf der Eingeborenenkultur des Westens von Nord- und Südamerika und weltweiten Wanderausstellungen; das **San Diego Automotive Museum** mit einer hervorragenden Show von Oldtimern und Automodellen, die in die Geschichte des Autos eingegangen sind; und das **Reuben H. Fleet Space Theater and Science Center**, ein Planetarium mit einer Ausstellungshalle, in der man alles anfassen kann.

Das **Old Globe Theater** im Park, das mit dem Festival Theater und der Cassius Carter Center Stage das **Simon Edison Center** bildet, gilt als eines der besten Theater der County. Am Old Globe, dem schon viele Tony Awards verliehen wurden, werden jedes Jahr zwölf Stücke inszeniert – von Shakespeare bis zu Uraufführungen zeitgenössischer Werke.

Im über 40 ha großen, weltberühmten

Rechts: Schon fast ein Nationalheiligtum – das Del Coronado Hotel.

DIE KÜSTE

San Diego Zoo gibt es über 3400 exotische Tiere, die 800 verschiedenen Arten angehören. Die Koalas sind besonders beliebt, gefolgt von den Przewalski-Wildpferden aus der Mongolei, Malaienbären und den Schnepfenstraußen aus Neuseeland. Weitere Höhepunkte: Das Vogelhaus, ein künstlich angelegter Regenwald und Pfade, die aus den Canyons nach oben führen. Auf dem gartenähnlichen Areal sind unzählige Bäume und Sträucher zu finden; einige dienen den Tieren als Nahrung. Den besten Überblick erhält man auf einer Bustour mit Führer. Auch an einen **Children's Zoo** für die Kleinen hat man gedacht.

Während der Auslauf der Zootiere hier durch Gräben und andere unauffällige Grenzen eingeschränkt ist, leben ihre Artgenossen im 48 km nördlich der City gelegenen **San Diego Wild Animal Park** in freier Wildbahn. Flora und Fauna im 725 ha großen Naturschutzgebiet haben Ähnlichkeit mit afrikanischen und asiatischen Landschaften. Auf einer Fahrt mit der Monorail mit Führer lernt man den Park am besten kennen.

Meeresbewohner sind in San Diego in der 54 ha umfassenden **Sea World** an der Mission Bay, wenige Kilometer nordwestlich der Downtown, zu bestaunen. In diesem großen Park werden Lebewesen aller Weltmeere gezeigt. Die Pinguin- und Killerwal-Shows sind bei alt und jung besonders beliebt.

Der **Mission Bay Park**, in dem Sea World liegt, ist ein 1860 ha großes Areal, bestehend aus einem langen, ruhigen Wasserzulauf mit vielen Buchten, zwei Inseln und Sandstrand. Hier kann man Wasserski fahren, Segeln und Windsurfen oder auf den Grünflächen am Wasser picknicken. Hochsee-Fischerboote legen täglich am **Quivira Basin** ab.

Die Küste

Wer sich gerne am Strand aufhält, sollte nach **Ocean Beach, Mission Beach,**

Pacific Beach oder **La Jolla** – Vororte am Meer – fahren. Surfer bevorzugen die Windansea Beach von La Jolla, und Familien strömen nach La Jolla Shores.

The Cove befindet sich ebenfalls in La Jolla – ein Unterwasserparadies, in dem Taucher das Leben im Meer beobachten können. Das **Scripps Aquarium**, auf dem Gelände der Scripps Institution of Oceanography, dient ebenfalls der Beobachtung des Lebens im Meer. Gleich in der Nähe befindet sich der Campus der University of California-San Diego. Lohnenswert ist auch eine Wanderung durch das **Torrey Pines State Reserve**, ein Wanderparadies mit vielen Aussichtspunkten.

Die besten Nachtlokale gibt es ebenfalls in La Jolla. Das **Hard Rock Café**, mit Musik und im Stil der fünfziger und sechziger Jahre, ist der unbestrittene Mittelpunkt. Heiß geht es auch in der Prospect Street zu; dazwischen findet man immer wieder Restaurants, Geschäfte und Boutiquen. Auch die Villen in La Jolla werden immer mehr.

CORONADO

Unmittelbar nördlich von La Jolla liegen die schönen Strände von **Del Mar** sowie die **Del Mar Fair Grounds**. Ende Juni jeden Jahres wird auf dem hiesigen Messegelände die drittgrößte Messe Kaliforniens abgehalten, an das sich die gesamte County beteiligt. Sie endet mit dem Feuerwerk am 4. Juli. Von Ende Juli bis Mitte September veranstaltet der Del Mar Thoroughbred Club hier an sechs Tagen pro Woche Pferderennen. Im Oktober wird das Messegelände für den Del Mar Grand Prix – ein großes Rennereignis – umgestaltet. Weiter oben an der Küste, in **Carlsbad**, erinnert ein Fachwerkhaus an den böhmischen Ursprung des Namens der Stadt, den sie der Wassertherapie verdankt. Das **La Costa Hotel and Spa** ist die bekannte Fitness-Fabrik der Reichen und Berühmten. In der Hotel- und Kuranlage gibt es acht Restaurants, zwei Golf- und 23 Tennisplätze.

Oben: Strandmaler am Strand von La Jolla.
Rechts: Cholla im Anza Borrego Desert State Park.

Coronado und der Embarcadero

Coronado, von Downtown San Diego aus auf der anderen Seite des Hafens gelegen, ist ein touristisches Muß. Man erreicht den Ort über die elegante San Diego-Coronado Bay Bridge und mit der Fähre. Er ist der Bucht wie eine Insel vorgelagert und nur durch einen langen und schmalen Landstreifen namens **Silver Strand** mit dem Festland verbunden.

Höhepunkt der Fahrt nach Coronado ist ein Halt am **Hotel del Coronado**. Das 1888 erbaute Hotel gilt als National Historic Landmark, als nationales Wahrzeichen. Der anmutige Holzbau ist mit Türmen, kleinen Kuppeln, handgeschnitzten Holzsäulen und viktorianischem Filigran ausgeführt. Frank L. Baum wohnte in „The Del", als er *The Wizard of Oz* schrieb, und es ist ganz offensichtlich, daß dieses Hotel für das Schloß in Emerald City Pate stand.

Außer ihrer Bilderbuchatmosphäre hat die Nobelherberge erstklassige Unterkunftsmöglichkeiten in 700 Zimmern so-

wie zahlreiche Restaurants und Cafés zu bieten. Der Duke of Windsor, Thomas Edison und ein Dutzend US-Präsidenten sind nur ein paar Beispiele für die Prominenz, die hier bereits logierte. Auch Marilyn Monroe wohnte in „The Del" während der Dreharbeiten zu *Some Like it Hot*, um nur einen der vielen Filme und Fernseh-Shows zu nennen, die hier gedreht wurden.

In San Diego gehen die Fähren nach Coronado vom Broadway Pier am **Embarcadero** ab. Das hier herrschende bunte Treiben erkundet man am besten zu Fuß. Die *Star of India*, das älteste Handelsschiff mit einem Metallrumpf, ist am Westende der Ash Street vertäut. Sie wurde 1863 auf der Isle of Man gebaut und wird in der San Diego Bay zu besonderen Anlässen auch heute noch eingesetzt. Die *Star of India* und die *Medea*, ein schottischer Dampfer aus dem Jahre 1904, und die *Berkeley*, ein 1898 gebautes Fährschiff aus San Francisco, bilden das **Maritime Museum**, das man sich auf keinen Fall entgehen lassen sollte.

Ausflüge ins San Diego County

Das Hinterland von San Diego besitzt seinen eigenen Reiz. Viele lohnenswerte Ziele liegen im Umkreis von nur ein bis zwei Autostunden von der City entfernt.

Amerikas zweitgrößtes Teleskop befindet sich auf dem Gipfel des **Mount Palomar**, 106 km nördlich von San Diego. Die täglich geöffnete Sternwarte ist mit einem 508 cm-Hale-Teleskop ausgestattet, das eine optische Reichweite von etwa einer Milliarde Lichtjahren besitzt.

1869 fand man 60 Meilen nordöstlich von San Diego, in **Julian**, Gold. Heute ist das malerische Bergstädtchen jedoch wegen seiner köstlichen Äpfel bekannt.

Beim **Anza-Borrego Desert State Park**, 32 km von Julian entfernt, handelt es sich um den größten staatlichen Park der USA. Auf dem 242000 ha großen Areal findet man geologische Formationen, Pflanzen und Tiere, die es sonst nirgendwo auf der Erde gibt. Die beste Besuchszeit ist der Frühling – Februar bis April –, wenn alles blüht.

INFO: SAN DIEGO

SAN DIEGO
Unterkunft

Die Telefonvorwahl für diese Region ist 619; die Vorwahl 800 bezeichnet gebührenfreie Nummern.

LUXUSKLASSE: **Del Coronado**, 1500 Orange Ave., Coronado 92118 (Tel. 435-6611); **Embassy Suites**, 601 Pacific Hwy., 92101 (Tel. 239-2400, 800-362-2779); **La Valencia**, 1132 Prospect St., La Jolla 92037 (Tel. 454-0771, 800-451-0772); **Le Meridien**, 2000 Second St., Coronado 92118 (Tel. 435-3000, 800-543-4300); **Marriott Hotel & Marina**, 333 W. Harbor Dr., 92101 (Tel. 234-1500, 800-228-9290); **Omni**, 910 Broadway Circle, 92101 (Tel. 239-2200, 800-843-6664); **Princess Resort**, 1404 W. Vacation Rd., 92109 (Tel. 274-4630, 800-344-2626); **U.S. Grant**, 326 Broadway, 92101 (Tel. 232-3121, 800-237-5029).

MITTELKLASSE: **Balboa Park Inn**, 3402 Park Blvd., 92103 (Tel. 298-0823); **Dana Inn & Marina**, 1710 W. Mission Bay Dr., 92109 (Tel. 622-6440, 800-345-9995); **Horton Grand**, 311 Island Ave., 92101 (Tel. 544-1886, 800-544-1886); **Horton Park Plaza**, 901 Fifth Ave., 92101 (Tel. 232-9500, 800-443- 8012); **Ramada**, 660 K St., 92101 (Tel. 696-0234, 800-766-0234); **Sommerset Hillcrest**, 606 Washington St., 92103 (Tel. 692-5200, 800-962-9665); **Town & Country**, 500 Hotel Circle N., 92108 (Tel. 291-7131, 800-772-8527).

EINFACH: **Armed Services YMCA**, 500 W. Broadway, 92139 (Tel. 232-1133); **Budget Motels**, 3880 Greenwood Dr., 92110 (Tel. 543-9944, 800-624-1257); **Clarke's Lodge**, 1765 Union St., 92101 (Tel. 234-6787, 800-822-0133); **Comfort Suites**, 631 Camino del Rio S., 92108 (Tel. 294-3444, 800-222-2929); **Coronado Village Inn**, 1017 Park Place, Coronado 92118 (Tel. 435-9318).

Buchhandlungen und Bibliotheken

Doubleday Books, 407 Horton Plaza; **Le Travel Store** (Reisebücher), 295 Horton Plaza.
BIBLIOTHEK: **San Diego Public Library**, 820 E St. (Tel. 236-5800).

Museen und Galerien

Aerospace Historical Center, 2001 Pan American Plaza, Balboa Park (Tel. 234-8291), tägl 10.00 – 16.30; **Automotive Museum**, 2080 Pan American Plaza, Balboa Park (Tel. 231-2886), tägl 10.00 – 16.00; **Junipero Serra Museum**, 2727 Presidio Dr. (Tel. 297-3258), Di – Sa 10.00 – 16.30; **La Jolla Museum of Contemporary Art**, 700 Prospect St., La Jolla (Tel. 454-3541), Di – So 10.00 – 17.00; **Maritime Museum**, 1306 N. Harbor Dr. (Tel. 234-9153), tägl. 9.00 – 20.00; **Mingei International Museum of World Folk Art**, 4405 La Jolla Village Dr., La Jolla (Tel. 453-5300), Di – Sa 11.00 – 17.00, So 14.00 – 17.00; **Museum of Art**, 1450 El Prado, Balboa Park (Tel. 232-7931), Di – So 10.00 – 16.30; **Museum of Man**, 1350 El Prado, Balboa Park (Tel. 239-2001) tägl. 10.00 – 16.30; **Natural History Museum**, 1788 El Prado, Balboa Park (Tel. 232-3821), tägl. 10.00 – 16.30; **Reuben H. Fleet Space Theater/ Science Center**, 1875 El Prado, Balboa Park (Tel. 238-1233), tägl. 9.30 – 21.30; **Timken Art Gallery**, 1500 El Prado, Balboa Park, Di – Sa 10.00 – 16.30, So 13.30 – 16.30.

Weitere Sehenswürdigkeiten

Balboa Park, Park Blvd. (Tel. 239-0512); **Cabrillo National Monument**, Cabrillo Memorial Drive, Point Loma (Tel. 557-5450), 9.00 bis Sonnenuntergang; **Chula Vista Nature Interpretive Center**, 1000 Gunpowder Point Rd., Chula Vista (Tel. 422-2473), Di – So 10.00 – 17.00; **Gaslamp Quarter** (Tel. 233-5227), Führungen Sa 10.00 und 13.00, von der 410 Island Ave; **Heritage Park**, 2455 Heritage Park Row, Juan und Harney Streets (Tel. 565-5928); **Mission Basilica San Diego de Alcala**, 10818 San Diego Mission Rd. (Tel. 281-8449), tägl. 9.00 – 17.00; **Old Town State Historic Park**, 2645 San Diego Ave. (Tel. 237-6770), Wandertouren; **San Diego Zoo**, Zoo Drive, Balboa Park, tägl. 9.00 – 16.00; **Scripps Aquarium**, 8602 La Jolla Shores Dr., La Jolla (Tel. 534-6933), tägl. 9.00 – 17.00; **Sea World of California**, 1720 S. Shores Rd., Mission Bay (Tel. 222-6363), tägl. 9.00 – 17.30; **Simon Edison Centre for the Performing Arts**, Balboa Park (Tel. 239-2255).

Telekommunikation

Main Post Office, 2535 Midway Dr. (Tel. 574-0477), zwischen Old Town und Mission Bay; Post im Stadtzentrum an der E St. zwischen 8th und 9th Avenue.

Restaurants

AMERIKANISCH: **Bully's**, 5755 La Jolla Blvd.; **Hob Nob Hill**, 2271 First Ave.; **Fat City**, 2137 Pacific Hwy.
CHINESISCH: **North China**, 5043 N. Harbor Drive.
KONTINENTAL: **Dobson's**, 956 Broadway Circle.
ITALIENISCH: **Issimo**, 5634 La Jolla Blvd., La Jolla; **Old Spaghetti Factory**, 275 Fifth Ave.
JAPANISCH: **Yakitori II**, 3740 Sports Arena Blvd., Point Loma.
MEXIKANISCH: **Casa de Bandini**, 2660 Calhoun St., Old Town.
MEERESFRÜCHTE: **Anthony's Harborside**, 1360 N. Harbor Drive.

INFO: SAN DIEGO

Einkaufen
Das im Jahre 1985 fertiggestellte **Horton Plaza**, 1st Ave. bis 4th Ave., E St. und G St., Innenstadt (Tel. 239-8180), ist ein Gebäudekomplex mit einer Vielzahl von Geschäften, Restaurants und Unterhaltungsmöglichkeiten. In dem lebhaften, über mehrere Etagen verteilten Einkaufszentrum befinden sich 150 Läden und vier größere Kaufhäuser. An der San Diego Bay, in der Nähe der Innenstadt, erstreckt sich das **Seaport Village**, 849 W. Harbor Dr. (Tel. 235-4014), ein phantasievoll gestalteter Gebäudekomplex, der das San Diego des späten 19. Jhs. nachahmt. **Bazaar del Mundo**, Old Town (Tel. 296-3161), bietet neben 16 Läden auch vier Restaurants mit authentischer mexikanischer Küche und Kunsthandwerk.

Touristen-Information
San Diego Convention and Visitors Bureau, 1200 3rd Ave., Suite 824, San Diego 92101 (Tel. 232-3101).
International Visitor Info Center, 11 Horton Plaza, 1st Ave. und F St. (Tel. 236-1212), tägl. 8:30 – 17.00, Tonband-Information 239-9696.
Visitor Info Center, 2688 E. Mission Bay Dr. (Tel. 276-8200).

Verkehrsmittel
San Diego International Airport (Lindbergh Field), 3165 Pacific Hwy. (Tel. 231-5220) liegt 4,8 km westl. der Innenstadt. Das **Metropolitan Transit System**, 449 Broadway (Tel. 234-1060), umfaßt 90 Busrouten; ein Tagesticket kostet $3. Die Gesellschaft **San Diego Trolley**, 1255 Imperial Ave. (Tel. 231-1466), fährt von 5.00 bis 1.00 morgens von der Innenstadt bis in die Nähe des mexikanischen Grenzübergangs; Fahrpreise von 50 cents bis $1.50. Die **Molly Trolley** Touristenbusse befahren vier Routen zwischen den Hotels und verschiedenen Sehenswürdigkeiten, täglich 9.00 – 19.00; ein Tagesticket kostet $6.

STRÄNDE IM NORDEN
Unterkunft
LUXUSKLASSE: **La Costa Hotel & Spa**, Costa del Mar Rd., Carlsbad 92009 (Tel. 438-6111, 800-854-5000); **Tamarack Beach Resort**, 3200 Carlsbad Blvd., Carlsbad 92008 (Tel. 729-3500, 800-237-3812).
MITTELKLASSE: **Pea Soup Andersen's Inn**, 850 Palomar Airport Rd., Carlsbad 92008 (Tel. 438-7880, 800-874-1421); **Sanderling Place**, 85 Encinitas Blvd., Encinitas 92024 (Tel. 942-7455, 800-367-6467).
EINFACH: **Moonlight Beach**, 233 Second St., Encinitas 92024 (Tel. 753-0623); **Sandman Motel**, 1501 Carmelo Dr., Oceanside 92054 (Tel. 722-7661).

Restaurants
AMERIKANISCH: **Remington's**, 2010 Jimmy Durante Blvd., Del Mar (Tel. 755-5103).
KONTINENTAL: **Frederick's**, 128 S. Acacia St., Solana Beach (Tel. 755-2432).
FRANZÖSISCH: **La Bonne Bouffe**, 471 Encinitas Blvd., Encinitas (Tel. 436-3061).

Sehenswürdigkeiten
Antique Gas & Steam Engine Museum, 2040 N. Sante Fe Dr., Vista (Tel. 941-1791), tägl 10.00 – 16.00; **Mission San Luis Rey de Francia**, 4040 Mission Ave., Oceanside (Tel. 757-3651), Mo – Sa 10.00 – 16.00, So 12.00 – 16.00; **Torrey Pines State Reserve**, Del Mar (Tel. 755-2063).

Touristen-Information
Carlsbad Convention & Visitors Bureau, 5411 Avenida Encinas, Suite 100, Carlsbad 92008 (Tel. 729-1786).

ORTE IM LANDESINNEREN
Unterkunft
LUXUSKLASSE: **Rancho Bernardo Inn**, 17550 Bernardo Oaks Dr., San Diego 92128 (Tel. 487-1611, 800-854-1065). *MITTELKLASSE:* **Compri Hotel at Rancho Bernardo**, 11611 Bernardo Plaza Court, San Diego 92128 (Tel. 485-9520, 800-426-6774); **Inn at Rancho Santa Fe**, Paseo Delicias und Linea del Cielo, Rancho Santa Fe 92067 (Tel. 756-1131); **Lawrence Welk Resort**, 8860 Lawrence Welk Dr., Escondido 92026 (Tel. 749-3000, 800-932-9355). *EINFACH:* **Hacienda TraveLodge**, 588 N. Mollison Ave., El Cajon 92021 (Tel. 579-1144, 800-255-3050); **Pine Hills Lodge**, 2960 La Posada Way, Julian 92036 (Tel. 765-1100).

Restaurants
AMERIKANISCH: **Bread Basket**, 1347 Tavern Rd., Alpine. *KONTINENTAL:* **El Bizcocho**, Rancho Bernardo Inn, 17550 Bernardo Oaks Drive. *FRANZÖSISCH:* **Mille Fleurs**, 6009 Paseo Delicias, Rancho Sante Fe (Tel. 746-3085).

Sehenswürdigkeiten
Mission San Antonio de Pala, Pala (Tel. 742-3317), Di – So 10.00 – 15.00; **Mission Santa Ysabel**, Santa Ysabel (Tel. 765-0810), tägl. 7.00 – abends; **Palomar Observatory**, Palomar Mountain (Tel. 742-3476), tägl. 9.00 – 16.00, Eintritt frei; **Railroad Museum**, 916 Sheridan Rd., Campo (Tel. 478-9937), Sa – So 9.00 – 13.00, Eisenbahnfahrt; **San Diego Wild Animal Park**, 15500 San Pasqual Valley Rd., Escondido (Tel. 747-8702 or 231-1515), tägl. 9.00 – 16.00.

Touristen-Information
Escondido Convention & Visitors Bureau, 720 N. Broadway, Escondido 92025 (Tel. 745-4741); **Julian Chamber of Commerce** (Tel. 765-1857).

CENTRAL COAST

DIE CENTRAL COAST

Auch ohne ihr berühmtes Schloß wäre die 240 km lange, reizvolle Central Coast – mit ihren reizvollen Küstenorten, romantischen, alten Missionen und ihren Weinbergen – ein würdiger Sitz für einen König. Dieser Teil Kaliforniens ist eher von Antiquitätengeschäften, Meeresbrisen und Landstraßen geprägt als von Einkaufszentren, Smog und Autobahnen.

Trotz der Abgeschiedenheit dieser Gegend hatte der Medienkönig Randolph Hearst sehr wohl erkannt, daß ein Hügel mit Meeresblick in der Nähe von **San Simeon** eine durchaus majestätische Kulisse für seinen Palast im spanisch-maurischen Stil ist – mit Privatzoo und so vielen Kunstgegenständen, daß man ein Dutzend Museen damit füllen könnte. Hollywoodstars und Staatsoberhäupter waren hier in den dreißiger und vierziger Jahren häufig zu Gast. Sie nahmen die lange Bahn- oder Autofahrt entlang der Küste auf sich, um an den Parties, die Hearst und seine lebenslustige Geliebte Marion Davies gaben, teilzunehmen.

Besucher des **Hearst Castle**, das heute eine historische Gedenkstätte ist, müssen die verschiedenen Führungen, die am Fuß des Hügels beginnen, im voraus buchen. Wer zum ersten Mal hierher kommt, sollte sich für Tour One entscheiden, die auch die Gärten, Pools, ein Gästehaus und die Hauptetage des Castle einschließt.

Hearst soll angeblich ein Viertel aller Kunstgegenstände der ganzen Welt aufgekauft haben. Das Ergebnis seiner Sammelleidenschaft (gelegens mußten sogar alte Gebäude in Europa vollkommen abgetragen und nach Kalifornien geschafft werden): ein unglaubliches Durcheinander aus Mobiliar und Architektur, das irgendwie doch ein harmonisches Ganzes ergibt.

Links: Unverkennbar ein Replika der Antike – der Neptune Pool in Hearst Castle.

Der am meisten fotografierte Raum des Castle ist der Speisesaal, der mit flämischen Wandteppichen, einer sakralen Decke aus dem 16. und einem Chorgestühl aus dem 15. Jahrhundert ausgestattet ist. Trotz der Erhabenheit dieses Raumes ist der Tisch in der Mitte mit Papierservietten, Ketchup- und Senfflaschen gedeckt, die daran erinnern, daß dieser Palast für Hearst lediglich ein ländlicher Zufluchtsort vor dem Leben in der Großstadt war. Einen faszinierenden Anblick bietet der von weißen Marmorstatuen gesäumte Neptune Pool vor der griechisch-römischen Fassade. Ein zweiter Pool im Castle ist ein wahres Meisterwerk aus Mosaiken.

Im Gegensatz zum pompösen Hearst Castle sind die nahegelegenen Küstenorte von bescheidenerer Schönheit und Anmut: Galerien, in denen Töpferkunst zu besichtigen ist, Antiquitätenläden in viktorianischen Bauernhäusern, Picknickplätze am Meer. All das findet man in **Cambria**, wenn man vom Castle aus auf dem Highway 1 in südlicher Richtung weiterfährt.

Berühmt in Cambria ist die **Soldier Factory** in der Main Street, die ursprünglich auf Zinnsoldaten spezialisiert war, heute jedoch auch viele andere Figuren und Gegenstände aus Zinn herstellt – von mittelalterlichen Hofnarren bis zu Schachspielen, inspiriert von Tausendundeiner Nacht. In der **School House Gallery** sind die Werke einheimischer Künstler in einem aus nur einem Raum bestehenden Schulhaus aus dem Jahre 1881 ausgestellt. Ein wunderbarer Picknickplatz mit Meerblick ist der Felsvorsprung in **Lefingwell's Landing**.

Südlich von Cambria liegt das kleine Dorf **Harmony**, eine malerische Ansammlung alter Scheunen inmitten der weiten Farmlands. Randolph Hearst machte hier häufig Halt, um Butter und Käse einzukaufen. Heute stehen an der Stelle der Molkereien Kunstgewerbeläden und Töpferwerkstätten.

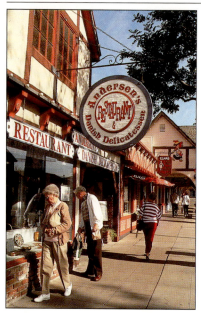

Voller Charme ist das weitläufige Küstenstädtchen **Cayucos** mit seinen breiten Stränden und einer Ladenstraße. Mittelpunkt ist der 286 m lange Fischerpier aus dem Jahre 1874. Mit gemieteten Booten kann man von hier aus zum Fischen hinausfahren.

Seit der portugiesische Seefahrer Juan Rodriguez Cabrillo 1542 die damals noch nicht auf Karten eingezeichnete Küste hinauffuhr, hat das ein paar Meilen weiter südlich gelegene **Morro Bay** immer wieder Forscher angezogen. Das eindrucksvolle Wahrzeichen dieses Ortes ist **Morro Rock**, der monolithische Überrest eines erloschenen Vulkankegels, der als Wächter am Nordende des Hafens steht. Auf dem heutigen National Monument sind Wanderfalken, braune Pelikane und Kormorane heimisch. Das Leben der Stadt konzentriert sich auf den **Embarcadero**, der von Gallerien und einem kleinen Aquarium gesäumt wird. Am Südende von Morro Bay liegt der **Morro Bay State Park** mit Campingplätzen, Wanderwegen und einem naturgeschichtlichen Museum.

Die Anfänge von **San Luis Obispo**, etwas landeinwärts, gehen bis auf das Jahr 1772 zurück – das Gründungsjahr der **Mission San Luis Obispo de Tolusa**. Obwohl sich eine belebte Downtown um die Mission herum entwickelt hat, ist sie der Mittelpunkt geblieben – ein schneeweißer Adobe-Bau mit einem kleinen Museum und einer Kirche, in der noch Gottesdienste abgehalten werden.

Unterhalb der Mission fließt der von Bäumen gesäumte San Luis Creek – überspannt von unzähligen Holzbrücken – durch den Downtown District.

Sehenswert ist das **San Luis Obispo County Historical Museum**, das in einem Sandsteingebäude aus dem Jahre 1905, das als Carnegy-Bibliothek errichtet wurde, untergebracht ist. Es beinhaltet auch einen viktorianischen Raum mit kostümierten Puppen und Gebrauchsgegenständen aus der frühen Geschichte der Stadt. Die ungewöhnlichste Attraktion von San Luis Obispo ist **Madonna Inn**, ein Hotel mit vielen bizarren architektonischen Besonderheiten: Pinkfarbene Türmchen und Giebel, Terrassengeländer aus Wagenrädern und einem Wasserfall in der Herrentoilette.

Etwa 30 kleine Weinkellereien werden mit dem Ertrag der nördlich und südlich von „SLO" gelegenen Weinberge beliefert. Einige laden zur Weinprobe ein, so die rustikale Weinkellerei **York Mountain** in einem Ziegelsteingebäude aus dem Jahr 1882, unweit von **Paso Robles**, und die **Maison Deutz**, die amerikanische Hauptniederlassung eines französischen Champagnerherstellers in der Nähe von **Arroyo Grande**.

Von den 21 kalifornischen Missionsstationen vermittelt wohl keine einen so nachhaltigen Eindruck vom Missionsleben des 18. Jahrhunderts wie **La Purisima Concepcion**, vier Meilen nordöstlich

Oben: Eine typische Häuserzeile in „Little Denmark", Solvang.

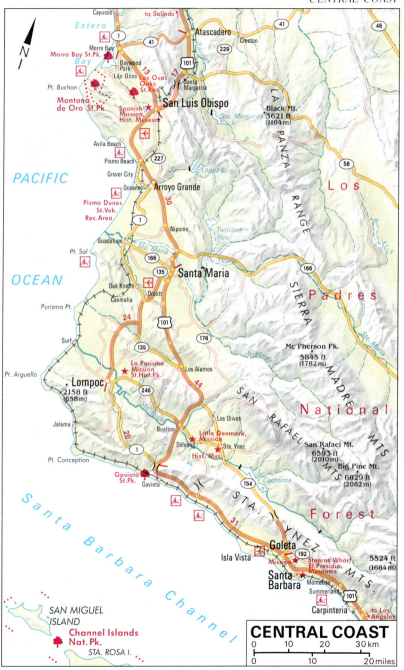

SOLVANG

von **Lompoc**. Heute ist sie Teil des **La Purisima Mission State Historic Parks** und gehört zu den langwierigsten Renovierungsprojekten Kaliforniens. Das Civilian Conservation Corps hatte bereits in den dreißiger Jahren mit den Arbeiten am von Erdbeben und Witterungseinflüssen zerstörten Gebäude begonnen. Die renovierte Kapelle, die Küche und die Schlafkammern geben Aufschluß über die frühen Tage der Missionsstation. An die Missionsvergangenheit erinnern auch Laiendarsteller, die sich während der im Sommer stattfindenden Mission Life Days als Padres, Soldaten und Konvertiten verkleiden.

In den Tälern westlich von Lompoc wird mehr Blumensamen als anderswo im Land geerntet. Das ganze Gebiet gleicht einer lebendigen Patchworkdecke aus Blumenfeldern, die von Juni bis Mitte Juli blühen. Am letzten Juniwochenende findet alljährlich das Flower Festival mit einer Parade zur Feier der Blütenpracht statt. Bei vielen Festbesuchern handelt es sich um Militärs aus der nahegelegenen **Vandenberg Air Force Base**.

Ein paar Minuten südöstlich von Lompoc trifft man auf **Solvang** – wegen seiner Architektur, Windmühlen und Gaslaternen auch „Little Denmark" genannt. Das Städtchen wurde 1910 von einer Gruppe Dänen aus dem Mittleren Westen gegründet und ist in den letzten zwanzig Jahren zu einer beliebten Touristenattraktion mit unzähligen kleinen Geschäften geworden. Hier gibt es keineswegs nur dänische Importwaren. Spezialität der vielen Bäckereien am Ort sind Blätterteig und Buttergebäck.

Solvang liegt im **Santa Ynez Valley**, einem grünen Landstrich mit kleinen Farmen und Obstgärten. In den Städtchen **Los Olivos** und **Santa Ynez** gibt es Antiquitätengeschäfte und Kunstgewerbegalerien. Im Tal wird auch Wein angebaut, den man in der **Ballad Winery** in Solvang probieren kann.

Oben: Poetischer Zauber im Ynez Valley. Rechts: Die umgrünte Mission in Santa Barbara.

SANTA BARBARA

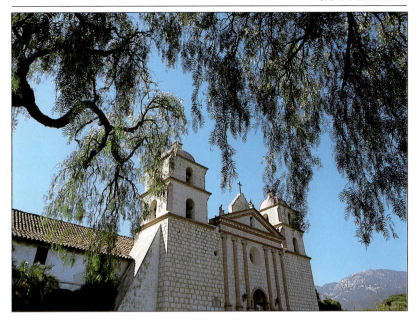

Selbst im schönen Kalifornien können es nur wenige Orte mit **Santa Barbara** aufnehmen – mit seinem Klima, seiner großartigen Lage der Stadt, und den hervorragenden Beispielen spanischer Architektur mit den üblichen roten Ziegeldächern. Santa Barbara, mit den Bergen als Kulisse im Osten und den palmengesäumten Stränden im Westen, verdankt sein heutiges Erscheinungsbild einem schweren Erdbeben, das 1925 viele seiner damaligen Gebäude zerstörte. Der Wiederaufbau der Stadt erfolgte vorschriftsgemäß im spanischen Kolonialstil – weiße Mauern, rote Ziegeldächer und subtropische Landschaftsarchitektur.

Die „Red Tile Walking Tour" hat viele der anmutigten Gebäude zum Ziel. Ausgangspunkt der Besichtigung ist das **Santa Barbara County Courthouse**, ein eindrucksvoller Bau mit handgemalten Decken und riesigen Mauern um einen tiefer liegenden Garten. Ganz oben auf dem 21 m hohen Turm hat man einen herrlichen Panoramablick über die ganze Stadt. Ein weiteres Juwel aus der Zeit nach dem großen Erdbeben ist **El Paseo**, die Shopping- Arkaden mit Läden, Galerien und Straßencafé.

In der dichtgedrängten Downtown von Santa Barbara liegen verschiedene Museen und historische Gebäude, so das **Santa Barbara Historical Museum** mit zwei Adobe-Häusern aus den Jahren 1817 und 1936. Noch ältere Bauten kann man im **El Presidio de Santa Barbara State Historic Park** besichtigen – eine Kapelle, ein Wächterhaus und verschiedene Gebäude des letzten spanischen Militäraußenpostens in Nordamerika.

Viele halten die **Mission Santa Barbara** nördlich des Downtown District für die reizvollste aller kalifornischen Missionsstationen. Die 1786 gegründete, in Pink und Weiß gehaltene Mission besitzt zwei Glockentürme und eine grandiose Kirche, deren Inneres in Nachahmung der europäischen Marmorkathedralen künstlerisch gestaltet wurde.

Die historische Sehenswürdigkeit Santa Barbaras am Wasser ist die **Stearns Wharf** aus dem Jahre 1872, der älteste

SANTA BARBARA

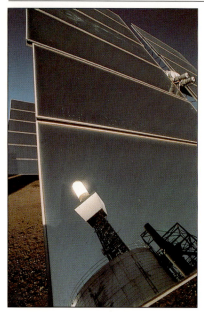

auch heute noch genutzte Kai an der West Coast – mit gemütlichen Weinprobierstuben und Fischverkaufsständen. Zum alten Kai kam kürzlich das dem **Santa Barbara Museum of Natural History** angeschlossene **Sea Center** hinzu, das die Besucher über das Leben im Meer informiert.

Im Hinterland von Santa Barbara liegt das Städtchen **Ojai**, dessen Name in der Sprache der Chumash-Indianer „Nest" bedeutet – eine Anspielung auf die Lage des Ortes, eingebettet in Bergen. Den „Pink Moment" bei Sonnenuntergang – wenn die Berge in Rosa-Violett getaucht sind – genießt man am besten im **Valley of Shangri-La Overlook**, den man auf der Ojai Avenue in östlicher Richtung erreicht. Der Blick über das Tal wurde als Shangri-La in Frank Capras Film *Lost Horizon* im Jahr 1937 festgehalten.

Die Downtown von Ojai liegt größtenteils geschützt in einem langen Arkadenbau im spanischen Stil an der Nordseite der Ojai Avenue. In **The Arcade** findet man Boutiquen, Geschäfte und Kunstgewerbegalerien wie die **Massarella Pottery**, wo man beim Töpfern zusehen kann. Im Osten der Stadt befindet sich das **Beatrice Wood Studio**, eine Verkaufsausstellung der Werke der Keramikkünstlerin, die in Museen auf der ganzen Welt gezeigt werden.

Eine weitere Attraktion der Central Coast liegt etwa 40 km vor der Küste. Der **Channel Islands National Park** besteht aus fünf Inseln: Anacapa, Santa Cruz, Santa Rosa, San Miguel und Santa Barbara.

Zwei der Inseln, Anacapa und Santa Cruz, kann man von einem Aussichtsturm beim Besucherzentrum des Parks aus sehen. Ein- und mehrtägige Ausflüge können bei Island Packers in Ventura und bei Channel Island Adventures in Camarillo gebucht werden. Die Channel Islands waren von Chumash-Indianern besiedelt, als 1542 Juan Cabrillo als erster Europäer hier vor Anker ging. Berge von Muscheln erinnern noch heute an die früheren Bewohner.

Die Inseln bieten zahlreichen Vogelarten und Säugetieren einen geschützten Lebensraum. Sechs Seemeilen rund um die Inseln wurden zum Channel Islands National Marine Sanctuary erklärt. Riesige Kelp-Wälder bedecken den Meeresboden und laden Taucher und Schnorchler ein, die farbenprächtige Unterwasserwelt zu erkunden.

Die beste Zeit für einen Besuch der Inseln ist Dezember und Januar, wenn die Grauwale auf ihrem Weg in den Süden hier vorbeiziehen, oder März und April, wenn sie wieder in die arktischen Gewässer zurückkehren. Mit etwas Glück kann man sogar Killerwale beobachten, außerdem einige Delphinarten, kalifornische Robben und Seelöwen.

Auf den Channel Islands gibt es keine Restaurants – also vergessen Sie nicht Ihr Lunchpaket.

Oben: Die Solar One–Sonnenenergiestation bei Daggett.

INFO: CENTRAL COAST

(Die Telefonvorwahl für diese Region ist 805.)

SAN LUIS OBISPO REGION
Unterkunft
LUXUSKLASSE: **San Luis Bay Inn,** Avila Road (P.O. Box 189), Avila Beach 93424 (Tel. 595-2333, 800-592-5928). *MITTELKLASSE:* **Apple Farm Inn,** 2015 Monterey St., San Luis Obispo 93401 (Tel. 544-2040, 800-255-2040). *EINFACH:* **Budget Motel,** 345 Marsh St., San Luis Obispo 93401 (Tel. 543- 6443, 800-458-8848).

Sehenswürdigkeiten
County Historical Museum, 696 Monterey St., San Luis Obispo (Tel. 543-0638), Mi – So 10.00 – 16.00.
Mission San Luis Obispo de Tolosa, 782 Monterey St., San Luis Obispo (Tel. 543-6850), tägl. 9.00 – 17.00.

Touristen-Information
San Luis Obispo County Visitors and Conference Bureau, 1041 Chorro St., Suite E, San Luis Obispo 93401 (Tel. 541-8000, 800-634-1414).

SAN SIMEON REGION
Unterkunft
LUXUSKLASSE: **Carriage Inn,** 9280 Castillo Dr., San Simeon 93452 (Tel. 927-8659, 800-556-0400). *MITTELKLASSE:* **Cambria Pines Lodge,** 2905 Burton Dr., Cambria 93428 (Tel. 927-4200). *EINFACH:* **San Simeon Lodge,** 9520 Castillo Drive, San Simeon 93452 (Tel. 927-4601).

Sehenswürdigkeiten
Hearst San Simeon Historical Monument, P.O. Box 8, San Simeon (Tel. 800-444-7275), tägl. außer in längeren Ferienzeiten. Führungen müssen vorher gebucht werden.

Touristen-Information
San Simeon Chamber of Commerce, 9190 Castillo St., San Simeon 93452 (Tel. 927-3500).

SANTA BARBARA REGION
Unterkunft
LUXUSKLASSE: **Four Seasons Biltmore,** 1260 Channel Dr., 93108 (Tel. 969-2261, 800-332-3442). *MITTELKLASSE:* **El Escorial,** 625 Por La Mar Circle, 93103 (Tel. 963-9302, 800-966-7414). *EINFACH:* **Goleta Valley Inn,** 6021 Hollister Ave., Goleta 93117 (Tel. 967-5591).

Sehenswürdigkeiten
County Courthouse, Anapamu/Anacapa Streets (Tel. 962-6464), tägl. 9.00 – 17.00.
El Presidio de Santa Barbara State Historic Park, 122 E. Canon Perdido St. (Tel. 966-9719), tägl. 10.30 – 16.00.
Historical Museum, 136 E. De la Guerra St. (Tel. 966-1601), Di – Sa 10.00 – 17.00, So 12.00 – 17.00; **Museum of Art,** 1130 State St. (Tel. 963-4364), Di – So 12.00 – 17.00.
Sea Center, 211 Stearns Wharf (Tel. 962-0885).

Touristen-Information
Santa Barbara Conference and Visitors Bureau, 222 E. Anapamu St., Santa Barbara (Tel. 966-9222).

SANTA YNEZ VALLEY
Unterkunft
LUXUSKLASSE: **Alisal Guest Ranch,** 1054 Alisal Rd., Solvang 93463 (Tel. 688-6411). *MITTELKLASSE:* **Sheraton Royal Scandinavian,** 400 Alisal Rd., Solvang 93463 (Tel. 688-8000, 800-325-3535). *EINFACH:* **Rodeway Inn,** 1621 N. H St., Lompoc 93436 (Tel. 735-8555).

Sehenswürdigkeiten
La Purisima Mission, 2295 Purisima Rd., Lompoc (Tel. 733-3713), tägl. 9.00 – 16.30; **Mission Santa Ines,** 1760 Mission Dr., Solvang (Tel. 688-4815), Mo – Sa 9.30 – 16.30, So 12.00 – 16.30; **Santa Ynez Valley Historical Museum,** Santa Ynez (Tel. 688-7889), Di – Do 10.00 – 16.00, Fr – So 13.00 – 16.00.

Touristen-Information
Solvang Visitors Bureau, 1571 Mission Dr., Solvang 93463 (Tel. 688-6144, 800-468-6765).

VENTURA-OXNARD REGION
Unterkunft
LUXUSKLASSE: **Ojai Valley Inn,** Country Club Rd., Ojai 93023 (Tel. 646-5511, 800-422-6524). *MITTELKLASSE:* **Casa Sirena,** 3605 Peninsula Rd., Oxnard 93035 (Tel. 985-6311). *EINFACH:* **La Quinta Inn,** U.S. Hwy. 101 an der Victoria St., Ventura 93001 (Tel. 800-531-5900).

Sehenswürdigkeiten
Channel Islands National Park, Visitor Center, 1901 Spinnaker Dr., Ventura (Tel. 644-8262), tägl. 8.00 – 17.00; **Mission San Buenaventura,** 211 E. Main St., Ventura (Tel. 643- 4318), Mo – Sa 10.00 – 17.00, So 10.00 – 16.00; **Ojai Valley Museum,** 109 S. Montgomery St., Ojai (Tel. 646-2290), Mi – Mo 13.00 – 17.00; **Ventura County Museum of History and Art,** 100 E. Main St., Ventura (Tel. 653-0323), Di – So 10.00 – 17.00.

Touristen-Information
Oxnard Convention and Visitors Bureau, 400 Esplanade Drive, Oxnard 93030 (Tel. 485-8833); **Ventura Visitors and Convention Bureau,** 89-C S. California St., Ventura 93001 (Tel. 648-2075).

DIE WÜSTE

PALM SPRINGS
LOW DESERT
DEATH VALLEY
HIGH DESERT

Kalifornien hat seinen Touristen gleich zwei ausgedehnte Wüsten zu bieten: Die Mojave und die Colorado Desert. Aufgrund ihrer geographischen Breite und Höhenlage gilt die Mojave als Hochwüste. Hier ist die Niederschlagsmenge relativ größer und die heiße Jahreszeit nicht ganz so unerträglich wie in niedriger gelegenen Wüstengebieten. Die Colorado Desert im äußersten Südosten Kaliforniens stellt nur einen kleinen Teil der großen Sonoran Desert dar, die eine Fläche von 310000 qkm des amerikanischen Südwestens bedeckt. Aufgrund ihrer geringeren Erhebungen und ihrer Höhenlage ist sie noch heißer und trockener als die Mojave.

In den zwanziger Jahren übte die Wüste eine weltweite Fasziantion aus – Kakteengärten waren groß in Mode. Man brachte die sich gut verkaufenden und für das Exportgeschäft sehr gefragten Wüstenpflanzen in Lastwagen nach Los Angeles. Der Mojave drohte die Ausrottung ihrer Kakteen, Yuccas und Ocatilla. Um diesem zerstörerischen Raubbau Einhalt zu gebieten, gründete die reiche Mrs. Minerva Hoyt die International Desert Conservation League. Dank ihrer Einflußnahme in Washington, D.C. entstand

Vorherige Seiten: Auf dem Weg zum Gipfel einer Sanddüne im Death Valley.

1936 das Joshua Tree National Monument. Heute scheint die Einsamkeit der Wüste die Menschen eher anzuziehen als fernzuhalten. Die Colorado Desert wirkt an einigen Orten viel zu zivilisiert. Teile dieses Gebietes werden durch umfassende Bewässerungsprojekte für landwirtschaftliche Zwecke genutzt. Mit Palm Springs entstand am einstigen „Ende der Welt" durch das künstlich herangeschaffte Wasser, Landspekulation und eifrige Erschließungsgesellschaften eine vielbesuchte Region.

PALM SPRINGS / LOW DESERT

Anfang dieses Jahrhunderts hieß dieser Ort „Desert Eden", „Our Araby" und „Garden in the Sun", während jetzt von „Desert Hollywood", „Fairway Living" und „Rodeo Drive East" die Rede ist.

Palm Springs war ursprünglich eine Siedlung der Cahuilla-Indianer, später dann eine Postkutschenstation und bis in die dreißiger Jahre ein Kurort für Rekonvaleszenten und Tuberkulose-Patienten. Nachdem Palm Springs und Los Angeles durch eine befestigte Straße verbunden worden waren, kamen Schauspieler und Regisseure zum Überwintern hierher.

Sechzig Jahre Wachstum haben den Ort völlig verändert. Er ist jedoch das beliebteste und bekannteste Wüstenfreizeitzentrum der Welt geblieben, in dem man lange Sonnentage genießen, Schwimmen, Golfen und Tennisspielen kann. Außerdem kann man natürlich einkaufen.

Nach Palm Springs und in die wohlhabenden „Vororte" **Indian Wells, Palm Desert** und **Rancho Mirage** kommen viele berühmte Leute. So sind nach den Entertainern Bob Hope und Frank Sinatra beispielsweise Straßen benannt. Die früheren Präsidenten Dwight Eisenhower und Gerald Ford setzten sich in Palm Springs zur Ruhe. Auch die Stars aus Los Angeles kommen immer wieder und fügen sich in das Bild ein: Der Popstar der sechziger Jahre, Sonny Bono, wurde hier 1988 zum Bürgermeister gewählt.

Moorton's Botanical Garden bietet nicht nur einen Ausflug in die Vergangenheit von Palm Springs, sondern auch in die botanische Vielfalt der Wüsten unserer Erde. Auf einer Besichtigungstour auf eigene Faust entdeckt man die Vegetation verschiedener Wüstengebiete: der Sonoran Desert, der Colorado-, Chihuahua- und Mojave-Wüste sowie der Wüsten Afrikas und Südamerikas. Weitere Attraktionen sind das erste Kakteenhaus der Welt, ein Treibhaus, in dem einmalige Kakteenarten blühen, die Tortoise Terrace, auf der sich Wüstenschildkröten in der Hitze aalen, und eine S-förmige, vor Jahren vom Blitz getroffene Palme. In der Baumschule kann man Wüstenpflanzen jeder Größe kaufen.

Der botanische Garten mit seinen über 3000 Kakteenarten ist ganz von der Persönlichkeit seiner Besitzerin, Patricia Moorton, geprägt, die ihn vor über 50 Jahren mit ihrem Mann Chester „Cactus Slim" Moorten anlegte. Sie ist eine belesene Botanikerin, die den Meinungsaustausch mit Kakteenliebhabern auf der ganzen Welt pflegt und ihren Garten häufig selbst inspiziert.

Etwa 6 km südwestlich von Palm Springs fährt die **Palm Springs Aerial Tramway** vom Canyon hinauf in die kühle, bewaldete **Mount San Jacinto State Wilderness Area**. Die in der Schweiz hergestellte Gondel überwindet einen der steilsten Berghänge der Welt mit Felsen, die nur ein Wüstenhornschaf überklettern kann. Man kann von der Gondel aus die verschiedensten Vegetationszonen erkennen. Alle paar Minuten ändern sich Flora und Fauna, die mit der Pflanzen- und Tierwelt in den unterschiedlichsten Landschaften verglichen werden können, die man auf einer Autofahrt von der Sahara bis zum Polarkreis durchquert.

Die Palm Springs umgebenden Hügel und Canyons weisen die größte Palmendichte in Nordamerika auf. Im **Palm Canyon**, etwa 6 km südlich der Stadt, in der **Agua Caliente Indian Reservation**, gibt es mehr Bäume als in irgendeiner anderen Wüstenoase. Wasserläufe und eine üppige, niedrige Vegetation ergänzen die über 3000 Palmen und sorgen an einigen Stellen für eine dschungelartige Atmosphäre. Etwas ganz Besonderes für Baumliebhaber sind die teilweise 2000 Jahre alten kalifornischen Fächerpalmen.

Der sich auf einer Länge von 24 km erstreckende Palm Canyon hat zwei Nebencanyons – den Andreas- und Murray-Canyon. In beiden gibt es Hunderte von Palmen, kristallklares Wasser und außer Gebüsch auch Erlen, Weiden, amerikanische Pappeln und Platanen.

The Living Desert, unweit der Stadt Palm Desert, ist eine Mischung aus Zoo, botanischem Garten und Wandergebiet. In den Gartenanlagen findet man die Vegetation der größten Wüsten der Welt – mit Schwerpunkt auf dem amerikanischen Südwesten. Wer sich für Tiere interessiert, kann Koyoten in ihrem Bau und Wüstenhornschafe auf einem Berggipfel beobachten. Das Vogelhaus ist ebenfalls zugänglich. In einem Teich lebt der seltene *desert pupfish*.

Zurück nach Palm Springs. Im **Palm Springs Desert Museum** informieren naturwissenschaftliche Exponate über die einzigartige ökologische Vielfalt von

JOSHUA TREE NATIONAL MONUMENT

Palm Springs und der sie umgebenden Colorado Desert. Auch die Ureinwohner des Gebietes werden für die Nachwelt dargestellt. Das Museum besitzt des weiteren eine beachtliche Sammlung moderner und zeitgenössischer Kunst.

Joshua Tree National Monument

Das 189000 ha große, östlich von Palm Springs gelegene **Joshua Tree National Monument** ist eine natürliche, unverfälschte Wüstenoase. Wegen seiner unglaublichen Granitblöcke, von denen die Kletterer begeistert sind, und seines Joshua-Baumbestandes zieht das Naturschutzgebiet mit seinem großen Freizeitangebot das ganze Jahr über zahlreiche Touristen an.

Der Joshua-Baum verdankt seinen biblischen Namen den ersten nach Westen ziehenden Mormonensiedlern. Die hohen Äste der Bäume und ihr „bärtiges" Aus-

sehen sollen sie an den alttestamentarischen Patriarchen Joshua, der sie ins Gelobte Land führte, erinnert haben. Trotz ihres robusten Erscheinungsbildes gehören die Bäume zur Gattung der Lilien.

Eine der faszinierendsten Attraktionen des National Monument ist das **Wonderland of Rocks**, ein 31qkm großes, granitübersätes Gebiet, mit Joshua-Baumbeständen, sauberen Wasserläufen und unberührten Tümpeln.

Beim größten staatlichen Park Kaliforniens handelt es sich um den 1975 qkm großen **Anza-Borrego Desert State Park** – benannt nach dem mexikanischen Forscher de Anza und dem Wüstenhornschaf. De Anza kam 1774 durch das Gebiet, und die Schafe gibt es heute immer noch. Der vielseitige Wüstenpark besteht aus über 20 Palmenhainen, das ganze Jahr über wasserführenden Creeks, großen Feigenkakteen- und Elefantenbaum-Beständen, schmalen Canyons und zerklüfteten Wüstenformationen. Auf Pfaden und Autostraßen können Touristen das Gebiet auf eigene Faust erkunden.

Oben: Wie der gleichnamige Patriarch reckt dieser Joshua Tree seine Äste gen Himmel.

INFO: PALM SPRINGS

(Die Telefonvorwahl für diese Region ist 619.)

COACHELLA VALLEY
Unterkunft
LUXUSKLASSE: **Hilton**, 400 E. Tahquitz Way, Palm Springs 92260 (Tel. 320-6868, 800-445-8667); **La Mancha Private Villas**, 444 Avenida Caballeros, Palm Springs 92262 (Tel. 323-1773, 800-854-1298); **Marriott's Rancho Las Palmas Resort**, 41000 Bob Hope Dr., Rancho Mirage 92270 (Tel. 568-2727, 800-228-9290); **Oasis Water Resort Villa**, 4190 E. Palm Canyon Dr.; **Ritz Carlton**, 68900 Frank Sinatra Dr., Rancho Mirage 92270 (Tel. 321-8282, 800-241-3333).

MITTELKLASSE: **Shadow Mountain Resort**, 45750 San Luis Rey, Palm Desert 92260 (Tel. 346-6123, 800-472-3713).

EINFACHE HOTELS: **Best Western Ponce de Leon Spa Hotel**, 11032 Palm Dr., Desert Hot Springs 92240 (Tel. 329-6484, 800-528-1234); **The Dunes**, 390 S. Indian Ave., Palm Springs 92262 (Tel. 325-1172); **Indian Palms Resort**, 48360 Monroe St., Indio 92201 (Tel. 347-0688).

Restaurants
AMERIKANISCH: **Conrad's**, 73101 Hwy 111, Palm Desert; **Cunard's Sandbar**, 78120 Calle Tampico, La Quinta; **Cafe St. James**, 254 N. Palm Canyon Dr., Palm Springs. *KONTINENTAL:* **Wally's Desert Turtle**, 71775 Hwy. 111, Rancho Mirage.
FRANZÖSISCH: **Cunard's**, 78045 Calle Cadiz, La Quinta.
ITALIENISCH: **Banducci's**, 1260 S. Palm Canyon Dr., Palm Springs. *JAPANISCH:* **Otani**, 1000 Tahquitz Way, Palm Springs.
MEXIKANISCH: **Las Casuelas Terraza**, 222 S. Palm Canyon Dr., Palm Springs.
MEERESFRÜCHTE: **Rusty Pelican**, 72191 Hwy. 111, Palm Desert.

Sehenswürdigkeiten
Agua Caliente Indian Canyons, South Palm Canyon Dr., Palm Springs (Tel. 325-5673), 8.30 – 16.30 Okt. – Mai; **Cabot's Old Indian Pueblo Museum**, 67-616 E. Desert View, Desert Hot Springs (Tel. 329-7610), Mi – Mo 9.30 – 16.30; **Joshua Tree National Monument**, 74485 National Monument Dr., Twentynine Palms 92277 (Tel. 367-7511); **Living Desert**, 47-900 Portola Ave., Palm Desert 92260 (Tel. 346-5694), 9.00 – 17.00, Sept – Mitte Juni; **Moorten's Botanical Garden**, 1701 S. Palm Canyon Dr., Palm Springs (Tel. 327-6555), tägl. 9.00 – 17.00 ; **Oasis Water Resort**, 1500 Gene Autry Trail, Palm Springs (Tel. 325-7873); **Palm Springs Aerial Tramway**, 1 Tramway Rd., Palm Springs (Tel. 325-1391), Mo – Fr ab 10.00, Sa und So ab 8.00; **Palm Springs Desert Museum**, 101 Museum Dr., Palm Springs (Tel. 325-7186), Di – Fr 10.00 – 16.00, Sa – So 10.00 – 17.00, im Sommer geschlossen; **Ruddy's General Store Museum**, 221 S. Palm Canyon Dr., Palm Springs (Tel. 327-2156), Do – So 10.00 – 16.00, Okt – Juni, Sa – So 12.00 – 18.00, Juli – Sept.

Touristen-Information
Palm Springs Desert Resorts Convention and Visitors Bureau, 255 N. El Cielo Rd., Suite 315, Palm Springs 92262 (Tel. 327-8411, 800-333-7232); **California Deserts Tourism Association**, 37-115 Palm View Dr. (P.O. Box 364), Rancho Mirage 92270 (Tel. 256-8617).

IMPERIAL VALLEY REGION
Unterkunft
MITTELKLASSE: **La Casa del Zorro Resort**, 3845 Yaqui Pass, Borrego Springs 92004 (Tel. 767-5323, 800-824-1884).

EINFACHE HOTELS: **Barbara Worth Country Club**, 2050 Country Club Dr., Holtville 92250 (Tel. 356-2806, 800-356-3806);**Vacation Inn**, 2000 Cottonwood Circle, El Centro 92243 (Tel. 352-9523, 800-328-6289).

Sehenswürdigkeiten
Anza-Borrego Desert State Park, Borrego Springs (Tel. 767-4684); **Imperial Sand Dunes**, in der Nähe von Glamis (Tel. 352-5842); **Imperial Wildlife Area**, 8 km nördlich von Niland auf dem Hwy. 111 (Tel. 348-0577); **Salton Sea**, zwischen den State Highways 86 und 111 südlich von Palm Springs (Tel. 393- 3052). Umfaßt ein staatl. Erholungsgebiet und einen Wildpark.

Touristen-Information
Borrego Springs Chamber of Commerce, 622 Palm Canyon Dr., Borrego Springs 92004 (Tel. 767-5555); **El Centro Chamber of Commerce**, 1100 Main St., El Centro 92244 (Tel. 352-3681).

COLORADO RIVER REGION
Unterkunft
EINFACHE HOTELS: **Best Western Tropics Motor Hotel**, 9274 E. Hobson Way, Blythe 92225 (Tel. 922-5101, 800-528-1234); **Rodeway Inn**, 401 E. Hobson Way, Blythe 92225 (Tel. 922-2184, 800-221-2222).

Sehenswürdigkeiten
Cibola National Wildlife Refuge, ca. 45 km südlich von Blythe am Colorado-Fluß; **Picacho State Recreation Area**, 40 km nördlich von Winterhaven am Colorado-Fluß.

Touristen-Information
Blythe Chamber of Commerce, 201 S. Broadway, Blythe 92225 (Tel. 922-8166, 800-443-5513).

DEATH VALLEY

DEATH VALLEY UND DIE HIGH DESERT

Wüsten – insbesondere jedoch diese – haben etwas an sich, das auf den ersten Blick in krassem Widerspruch zu all dem steht, was Anhänger der (amerikanischen) „Parks" so lieben – Schatten, Wasser und unbeschwerliche Naturpfade zur eigenständigen Erkundung des Gebietes. Das Death Valley setzt all diesen Bedürfnissen und Wünschen ein lautstarkes „Nein" entgegen.

Ein „Park" ist ein von Menschen kontrolliertes Gebiet. In diesem weiten Land voller Extreme hat dies jedoch keineswegs Gültigkeit. Wüstenhornschafe auf der Spitze von bilderbuchhaft anmutenden Felsen, Licht- und Schattenspiele auf dem salzhaltigen Boden, blaugraue Schotterlawinen, die sich durch enge Felsschluchten auf unter dem Meeresspiegel liegendes Land ergießen: Ein derartiges Territorium ist unbeherrschbar.

Die offizielle Bezeichnung dieses Gebietes lautet Death Valley National Monument. Wenn sich umweltbewußte Gesetzgeber durchsetzen, wird es ein National Park werden. Mit dem Status eines Naturschutzgebietes würde ihm mehr ökologischer Schutz zuteil. Im Death Valley treten die Urkräfte der Erde deutlich zu Tage. Geologisch gesehen handelt es sich bei diesem Landstrich um kein Tal, sondern vielmehr um einen Graben. Täler sind Flußeinschnitte; hier brach jedoch ein Teil der Erdkruste an ihren – im Vergleich zu den Gebirgswänden – schwachen Stellen ein. Die Einbruchstelle wurde ein See. Nach Verdampfung des Wassers blieb Borax, vor allem jedoch eine phantastische Landschaft zurück.

An der **Racetrack Playa**, einem ausgetrockneten See, wundert man sich über tonnenschwere Felsen, die sich auf ge-

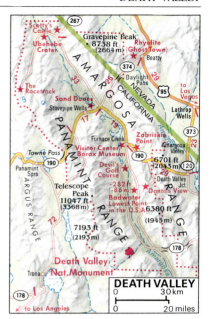

Links: Ein Blick hinab in den Schlund des Ubahebe-Kraters.

heimnisvolle Weise über den Schlammboden bewegen. Wissenschaftler glauben, daß der kräftige Wind und die heftigen Regenfälle die Felsen über den glitschigen Lehm schieben.

Mit 86 m unter dem Meeresspiegel ist **Badwater** der tiefste Punkt auf der westlichen Halbkugel und einer der heißesten Orte der Erde. Temperaturen über 45° C sind im Sommer nichts Ungewöhnliches. Die Bodentemperatur ist noch um 50 % höher, so daß man wirklich das berühmte Spiegelei auf der Erde braten kann! Von November bis März ist das Klima gemäßigt. Die Höchstwerte liegen dann zwischen 15–25° C, die Tiefstwerte zwischen 7–10° C. Obwohl es im Valley selbst sehr wenig regnet, kann die Schneeschmelze auf den höheren Erhebungen im Frühjahr zu plötzlichen Überschwemmungen führen.

Westlich von Badwater wird die Aufmerksamkeit auf einen Wasserlauf, der das Tal durchfließt, gelenkt. Bei diesem „Fluß" handelt es sich jedoch um eine Luftspiegelung. Durch die Licht- und

Schattenspiele auf dem Boden wird die Vorstellungskraft in den Farben gefangen und das Auge getäuscht. „Viele Unfälle werden durch Luftspiegelungen verursacht," berichtet der Highway Patrolman David Flegel. „Die Autofahrer starren gebannt auf die Fata Morgana und kommen von der Straße ab. In die meisten Unfälle ist nur ein einziges Fahrzeug verwickelt." Manchmal, so berichtet er weiter, halte er in seinem Streifenwagen an, um den Horizont zu betrachten. „Mushroom Rock, Zabriskie Point – ich kann mich einfach nicht sattsehen. Und Dante's View: Einfach hinreißend!"

Vom Kamm der Black Mountains bietet sich am **Dante's View** ein unvergeßlicher Panoramablick. Gegenüber dem Aussichtspunkt, auf der anderen Seite des Valley, sind der **Telescope Peak** und die schneebedeckten Gipfel der **Panamints** zu sehen, und ganz am Horizont, im Westen, ist der Granitwall der Sierra Nevada auszumachen. Im Norden und Süden von Dante's View erheben sich die **Funeral Mountains**. Goldsucher, die 1849 in die Berge Kaliforniens kamen, waren gezwungen, den heißen Sand zu durchqueren, um den schweren Schneestürmen der nahen Sierra Nevada zu entgehen. Viele Menschen und Tiere kamen unterwegs um. So erhielt dieser Landstrich seinen Namen – Death Valley, Tal des Todes. Viele Bezeichnungen topographischer Punkte im Death Valley sind Bilder aus der Vorstellungswelt der Hölle: **Funeral Mountains, Furnace Creek, Dante's View, Coffin Peak** und **Devil's Golf Course**, um nur ein paar zu nennen.

Eine beträchtliche Anzahl Lebewesen hat sich erstaunlicherweise an die harten Lebensbedingungen – wenig Wasser, extreme Hitze und starker Wind – angepaßt. Zwei Dutzend Pflanzenarten wachsen ausschließlich im Death Valley – und sonst an keinem anderen Ort der Erde.

Im Frühling fängt auch diese unwirtlichste aller Wüsten zu blühen an. Die tiefblauen, erbsenförmigen Blüten des Bastard-Indigobusches leuchten vom **Daylight Pass**. Lupinen, scharlachrote Kastillea und Panamint-Gänseblümchen wachsen auf den niedrigeren Hängen der Panamint Mountains, während Mojave-Wildrosen und Mariposa-Lilien die höher gelegenen Berghänge bedecken.

Zweihundert Vogelarten und viele andere Tiere leben im Death Valley. Die Känguruh-Ratte nutzt den Schutz der braunen, peitschenartigen Zweige des Kreosotbusches, ebenso wie die Wüstenschildkröte und das Backenhörnchen. Nachts sind Rotluchs, Fuchs und Koyote unterwegs, und kleine Herden Wüstenhornschafe bevölkern schwer zugängliche Berhänge und Gipfel. Drei Arten des *desert pupfish*, der seit der Eiszeit überlebt hat, findet man in den hiesigen Salzcreeks und Tümpeln.

Furnace Creek ist das Zentrum des National Monument, mit zwei Hotels –

Oben: Joshua Trees haben keine Probleme mit dem hiesigen Klima. Rechts: Death Valley von Zabriskie Point aus gesehen.

der Viersterne-Herberge Furnace Creek Inn und der älteren Furnace Creek Ranch – und drei Campingplätzen mit etwa 1300 Plätzen. Im interessanten **Borax Museum** in Furnace Creek ist Bergwerksgerät zu besichtigen. Hier erhält man auch Auskunft über die **Harmony Borax Works** – die Ruinen eines Boraxbetriebes aus dem späten 19. Jh. Der zweite Ort im Naturschutzgebiet ist **Stovepipe Wells** – benannt nach einem Wasserloch, das für die ersten Menschen, die durch dieses Gebiet kamen, lebenserhaltend war. Hier liegt auch **Stovepipe Wells Village** – ein Campingplatz mit 200 Plätzen und eine Ranger Station.

Eine der größten Attraktionen im Death Valley ist **Scotty's Castle** – ein spanisch-maurischer Palast am Nordrand des Parks, mit dessen Bau 1924 im Auftrag des Chicagoer Millionärs Albert Johnson begonnen wurde, und der nach seinem goldsuchenden Freund Walter Scott benannt ist.

Im gesamten National Monument trifft man auf Geisterstädte, die an den Bergbau von einst erinnern. Zu ihnen gehören **Ballarat** im Panamint Valley, das von 1890 bis 1915 mit Leben erfüllt war, **Chloride City**, das seine Blütezeit in den siebziger Jahren des letzten Jahrhunderts und noch einmal von 1905 – 1916 erlebte, **Greenwater**, das von 1905 – 1908 eine Bank, ein Postamt und zwei Zeitungen besaß und 1000 Einwohner zählte, sowie **Skidoo**, das zwischen 1906 und 1917 siebenhundert Einwohner hatte.

Das Death Valley ist voller Leben. Trotz der unerbittlichen Lebensbedingungen dieses Landstriches sehen es Insider in einem anderen Licht. Der Naturforscher Joseph Wood formulierte es so: „Die Strapazen sind reizvoll, der Mangel kommt gerade Recht, und die Totenstarre ist unerwartet schön."

Antelope Valley

Die Mohnblume blüht an manchem Berghang in Kalifornien, doch nur im Antelope Valley bedeckt der leuchtend orangerote Blütenteppich ganze Hügel.

EAST MOJAVE DESERT

Die schönsten Felder der zum Staatssymbol Kaliforniens gewordenen Mohnblume gibt es im **California State Poppy Reserve** in der Mojave, westlich von Lancaster (beste Zeit: März bis Mai).

Die Mohnblume galt schon immer als etwas Besonderes. Die ersten Einwohner Kaliforniens nannten sie *dormidera*, „die Schläfrige", da sich ihre Blüte nachts schließt. Sie stellten ein Haartonikum und ein Haarwuchsmittel aus in Olivenöl gebratenen Blütenblättern her, dem sie noch Parfumstoffe hinzufügten.

East Mojave Desert

Nur ein paar Autostunden von Los Angeles entfernt trifft man auf ein im wahrsten Sinne des Wortes unentdecktes Juwel der Wüste – auf das gelegentlich als „The Lonesome Triangle" (Das Einsame Dreieck) bezeichnete Gebiet.

Oben: Die Salt Flats in Death Valley National Monument liegen 61 m unter dem Meeresspiegel.

Bei dem 1,5 Mio. ha großen Gelände, das im Norden von der Interstate 15, im Süden von der Interstate 40, im Westen von Barstow und im Osten von Needles begrenzt wird, handelt es sich um das **East Mojave National Scenic Area** – einen abwechslungsreichen Landstrich, mit Hochebenen und Gebirgszügen, Sanddünen und erloschenen Vulkanen.

Wer sich mit der East Mojave befaßt, wird reich belohnt. Sie ist ein Paradies für Vogelfreunde und Mountainbikers, Photofreaks und Mineraliensammler, Amateurastronomen und Camper, denen die Einsamkeit dieses einzigartigen Wüstengebietes nichts ausmacht.

Die in einer Höhe von 275 bis 2400 m gelegene East Mojave ist durch zahlreiche unterschiedliche Formationen gekennzeichnet: Vulkanische Aschenkegel, ausgetrocknete Seen, Gebirgszüge und Hochebenen. Die großartigen, 213 m hohen **Kelso Dunes** liegen hier, und der größte Joshua-Baumbestand der Erde.

Eine erste Tour durch die East Mojave sollte zu den Hauptattraktionen führen. Dazu gehören **Kelso Depot**, eine im spanischen Stil 1924 erbaute Eisenbahnstation – das größte Bauwerk in diesem Teil der Wüste, die **Kelso Dunes**, eine 121 km große, bizarre Sanddünenformation, **Hole-in-the-Wall**, eine rote Vulkangesteinsformation, wo sich Gesetzesbrecher einst vor dem Sheriff und seiner Suchmannschaft versteckten. Interessant sind auch die **Mitchell Caverns** im **Providence Mountains State Recreation Area**. Ranger übernehmen die Führung in diesen Kalksteinhöhlen, die man jeden Tag besichtigen kann. Im Westen, in der Nähe von Baker, liegt **Soda Springs**, ein früherer Kurkomplex, in dem heute das California State University's Desert Studies Center untergebracht ist.

In den letzten Jahren machte die East Mojave im Streit um Bergbau und Fahrzeugeinsatz abseits der Pisten immer wieder Schlagzeilen. Naturschützer kämpfen für einen Mojave National Park.

INFO: WÜSTEN

DEATH VALLEY
(Die Telefonvorwahl für diese Region ist 619.)
Unterkunft
LUXUSKLASSE: **Furnace Creek Inn,** Highway 190 (P.O. Box 1), Death Valley 92328 (Tel. 786-2345, 800-528-6367). *MITTELKLASSE:* **Furnace Creek Ranch,** Highway 190 (P.O. Box 1), Death Valley 92328 (Tel. 786-2345, 800-528-6367). *EINFACH:* **Stove Pipe Wells Village,** Highway 190, Death Valley 92328 (Tel. 786-2387).
Sehenswürdigkeiten
Amargosa Opera House, Hwys 127 und 190, Death Valley Junction, ab 20.15 Fr, Sa und Mo, Okt-April; **Badwater,** 24 km südl. des Furnace Creek auf Badwater Rd.; **Ballarat Ghost Town,** 36,8 km nordöstl. von Trona über Trona-Wildrose Rd.; **Borax Museum,** Furnace Creek, tägl. 8.00 – 16.00, Nov – April; **Charcoal Kilns,** Mahogany Flat Rd, 57,6 km südl. von Stovepipe Wells; **Chloride City Ghost Town,** 40 km nordöstlich von Stovepipe Wells über Daylight Pass Rd.; **Dante's View,** 33,6 km südöstl. des Furnace Creek über Hwy. 190 und Furnace Creek Rd.; **Devil's Golf Course,** 17,6 km südl. des Furnace Creek über Badwater Rd.; **Emigrant Canyon,** 28,8 km südl. von Stovepipe Wells über Wildrose Rd.; **Keane Wonder Mine Ruins,** 32 km nördl. Furnace Creek über Daylight Pass Cutoff; **Racetrack Valley,** 53 km südl. Scotty's Castle über Racetrack Valley Rd.; **Rhyolite Ghost Town,** 50 km nordöstl. Stovepipe Wells über Hwy 374, in Nevada; **Saratoga Springs,** 123 km südöstl. des Furnace Creek über Badwater Rd.; **Scotty's Castle,** 82 km nördl. Furnace Creek über North Hwy, tägl. 9.00 – 17.00; **Skidoo Ghost Town,** 41,6 km südl. von Stovepipe Wells über Wildrose und Skidoo Rds.; **Tecopa Hot Springs Park,** Tecopa; **Ubehebe Crater,** 8 km westl. von Scotty's Castle über Racetrack Valley Rd.
Touristen-Information
Death Valley Nat. Monument Visitor Center Museum, Hway. 190, Furnace Creek (Tel. 786-2331), tägl. 8.00 – 17.00; **Grapevine Ranger Station,** Scotty's Castle (Tel. 786- 2313). **Stovepipe Wells Ranger Station** (Tel. 786-2342); **Death Valley Chamber of Commerce,** 2 Post Office Row, Tecopa, CA 92389 (Tel. 852-4524).

CHINA LAKE REGION
(Die Telefonvorwahl für diese Region ist 619)
Unterkunft
MITTELKLASSE: **Heritage Inn,** 1050 N. Norma St. (P.O. Box 640), Ridgecrest 93555 (Tel. 446-6543, 800-843-0693, 800-227-1822).
EINFACH: **Eldorado Motel,** 410 S. China Lake Blvd., Ridgecrest 93555 (Tel. 375-1354).

Sehenswürdigkeiten
Desert Tortoise Natural Area, Fremont Valley; P.O. Box 453, Ridgecrest 93555. **Maturango Museum,** Ridgecrest (375-6900), Di – So 10.00–17.00; **Pinnacles,** 32 km östl. von Ridgecrest auf der Trona Road; **Randsburg Ghost Town,** 46,4 km südl. von Ridgecrest auf dem U.S. Hwy. 395.
Touristen-Information
Ridgecrest Chamber of Commerce, P.O. Box 771, Ridgecrest (Tel. 375-8331).

ANTELOPE VALLEY
(Die Telefonvorwahl für diese Region ist 805)
Unterkunft
MITTELKLASSE: **Desert Inn Motor Hotel,** 44219 N. Sierra Hwy., Lancaster 93534 (Tel. 942-8401). *EINFACH:* **Antelope Valley Inn,** 44055 N. Sierra Hwy., Lancaster 93534 (Tel. 948-4651, 800-528-1234).
Sehenswürdigkeiten
Antelope Valley California Poppy Reserve, 24 km westlich von Lancaster auf Avenue 1 (Tel. 724-1180); **Antelope Valley Indian Museum,** Lancaster (Tel. 942-0622), geöffnet am zweiten Wochenende des Monats, Okt – Juni; **Red Rock Canyon State Park,** 40 km nordöstlich von Mojave auf dem Highway 14 (Tel. 942-0620).
Touristen-Information
Lancaster Chamber of Commerce, 44335 Lowtree St., Lancaster 93534 (Tel. 948-4518).

EAST MOJAVE REGION
(Die Telefon-Vorwahl für diese Region ist 619)
Unterkunft
MITTELKLASSE: **Barstow Holiday Inn,** 1511 E. Main St., Barstow 92311 (Tel. 256-5673, 800-843-1991); *EINFACH:* **Economy Inn,** 1590 Coolwater Lane, Barstow 92311 (Tel. 256-1737, 800-826-0778).
Sehenswürdigkeiten
Calico Early Man Archaeological Site, 24 km südl. Barstow über I-15 (Tel. 256-3591), Führungen Mi – So; **Calico Ghost Town,** 16 km nordöstl. Barstow über I-15 (Tel. 254-2122); **Mitchell Caverns Natural Preserve,** Providence Mountains State Recreation Area, 27 km nördl. der I-40 an der Essex Rd (Tel. 389-2281), tägl. Führungen von Mitte Sept – Mitte Juni; **Mojave River Valley Museum,** 270 E. Virginia Way, Barstow (Tel. 256-5452), tägl. 11.00 – 16.00.
Touristen-Information
California Desert Information Center, 831 Barstow Rd., Barstow 92311 (Tel. 256-8313); **East Mojave National Scenic Area,** Bureau of Land Management, P.O. Box 888, Needles 92363 (Tel. 326-3896).

SIERRA NEVADA

HIGH SIERRA
LAKE TAHOE
GOLD COUNTRY

HIGH SIERRA

Hier in der **High Sierra** beginnt der Tag bereits eine Stunde bevor die Sonne die Bergspitzen in goldrotes Licht taucht. In diesen frühen Morgenstunden legt der Himmel sein nächtliches Schwarz ab und färbt sich purpurfarben. Bizarre Gipfelumrisse werden sichtbar, und lavendelfarben leuchtende, schneegefleckte Abhänge spiegeln sich in schwarzen Bergseen und Flüssen. Die Geschichte der Sierra reicht 150 Mio. Jahre zurück. Vor ungefähr 10 Mio. Jahren bildete sich die 625 km lange Sierra Nevada aus, die von unheimlichen Kräften im Erdinnern nach oben gedrückt wurde. Während dieses Prozesses erhoben sich Granitgesteinstürme entlang einer Bruchstelle der Erdkruste an der Ostgrenze Kaliforniens; ihre Westflanke fiel sanft zum San Joaquin Valley ab. Vor zwei Millionen Jahren setzte sich eine Reihe von Gletschern in Bewegung; sie schoben die älteren Felsen zur Seite, legten Granittürme frei und versahen die Bergkette mit spitzen Gipfeln. Schmelzende Gletscher hinterließen Becken und U-förmige Täler.

Diese Erdbewegung ist noch nicht abgeschlossen. Kalifornien wird immer noch und immer weiter aus dem Meer gedrückt – die Sierra Nevada liefert den Beweis. Bei der längsten und höchsten Gebirgskette der kontinentalen Vereinigten Staaten handelt es sich um eines der am raschesten wachsenden Gebirge der Erde, das jedes Jahr 5 cm weiter aus dem Wasser ragt.

Die Überquerung der Berge

Die Sierra stellt ein so großes Hindernis dar, daß nur wenige Straßen gebaut wurden. Zwischen Route 88 (Carson Pass), südlich des Lake Tahoe, und Route 178 (Walker Pass), 225 km weiter südlich, gibt es lediglich drei Gebirgspässe, von denen im Winter kein einziger geöffnet ist.

Auf dem bis in 2660 m führenden **Ebbetts Highway** (Route 4) kommt man durch **Murphys**, einer einstmals quirligen Goldgräberstadt. Ganz in der Nähe liegt der **Calaveras Big Trees State Park** mit einem der schönsten Riesenmammutbaum-Bestände (*Sequoiadendron giganteum*) der High Sierra.

Der in 2993 m Höhe verlaufende **Sonora Pass** (Route 108) führt von Sonora im Gold Country nach Bridgeport an der US 395. Weiter südlich geht eine Piste nach **Bodie** ab, in den siebziger Jahren des letzten Jahrhunderts eine für ihre

Vorherige Seiten: Sonnenuntergang in der High Sierra. Im Yosemite National Park.

Brutalität bekannte Goldgräberstadt – heute Historic Park und Geisterstadt, die nach Schließung der letzten Mine nicht verändert wurde.

Der höchste, für Fahrzeuge zugelassene Pass in Kalifornien ist der **Tioga Pass** in 3031 m Höhe (Route 120), auf dem man durch den Yosemite National Park nach Lee Vining an der US 395 kommt. Entlang der Route liegen landschaftliche Kostbarkeiten wie **Tuolumne Meadows**, die größte subalpine Grünfläche in der Sierra Nevada, **Tena ya Lake** und die Riesenmammutbäume des **Tuolummne Grove** von Crane Flat.

National Parks

Das Herz der Sierra Nevada ist der Yosemite National Park, ein 3133 km großes Naturschutzgebiet mit spektalulärer Gebirgslandschaft, grandiosen Wasserfällen und einer farbenprächtigen, artenreichen Flora und Fauna.

Ansel Adams schöne Photos vom **Yosemite Valley** wie auch John Muirs poetische Beschreibung des Tales verblassen angesichts des überwältigenden Ausblickes vom **Discovery View** am Ostende des Wawona Tunnels (Route 41). Weder Bilder noch Worte werden ihm gerecht.

Der auffällige Gesteinsriese, **El Capitan**, ist mit seinen 1060 m fast dreimal so hoch wie das Empire State Building. Rechts davon stürzt der **Bridalveil Fall** in die Tiefe – ein endloses, weißes Spitzenband; am Rand des Tales erheben sich unzählige Granitblöcke, und ganz hinten blickt der **Half Dome** mit seiner glatten Granitfront in das Tal.

Das Yosemite Valley und sein Riesenmammutbaum-Bestand – der **Mariposa Grove** – wurden von Präsident Abraham Lincoln 1864 unter besonderen Schutz gestellt – die erste in der Geschichte verzeichnete Maßnahme einer Regierung zur Erhaltung einer Landschaft. 1890 wurde Yosemite zum National Park erklärt. Jedes Jahr besuchen heute über 3 Mio. Menschen den Park. Seine Beliebtheit, die begrenzten Unterkunftsmöglichkeiten und seine Nähe zu dichtbesiedelten Wohngebieten haben dazu geführt, daß Hotels und Campingplätze hoffnungslos ausgebucht sind. Hotelreservierungen – insbesondere im **Ahwahnee Hotel** – sind bis zu einem Jahr im voraus vorzunehmen, und auch den Campingplatz sollte man vorbestellen.

Die **Yosemite Falls**, fünfzehn Mal höher als die Niagarafälle, sind die höchsten Wasserfälle in Nordamerika. Nicht weit davon entfernt liegt **Yosemite Village** mit Visitor Center und Museum, Kunstgalerien, Geschäften und Restaurants. Das Visitor Center informiert über Geologie, Flora und Fauna. Auch eine Nachbildung eines **Miwok Indian Village**, eines Dorfes der Miwok-Indianer, befindet sich hier. Die Indianer nannten sich Uz-u-mati (Grizzlybär). Dieser indianische Name wurde von den ersten Besuchern als „Yosemite" fehlinterpretiert.

Unzählige Wanderwege nehmen im Yosemite Valley ihren Anfang, darunter der nicht allzu anstrengende **Mist Trail** zu den **Vernal Falls** und **Nevada Falls**. Kletterer können von Frühjahr bis Herbst den El Capitan besteigen. Auch Kletterunterricht wird angeboten. Im Winter sind Eislaufen, Skilanglauf, Abfahrtslauf und Skitouren beliebt.

Die beste Aussicht auf den Park hat man vom **Glacier Point**, 27 km von **Chinquapin** entfernt (Route 41). Von hier aus sind der 980 m tiefer gelegene Fußpunkt des Valley, die Yosemite Falls, der Half Dome und die High Sierra auszumachen. Unweit des Südeinganges zum Yosemite liegen **Wawona**, mit einem anmutigen Hotel aus dem 19. Jh., sowie das **Pioneer History Center**. 10 km weiter trifft man auf den großartigen **Mariposa Grove**.

Im 18. Jahrhundert wurden 3000 Jahre alte Riesenmammutbäume gefällt, um sie zu Zäunen und Pfählen für die Bauern des San Joaquin Valley zu verarbeiten.

HIGH SIERRA

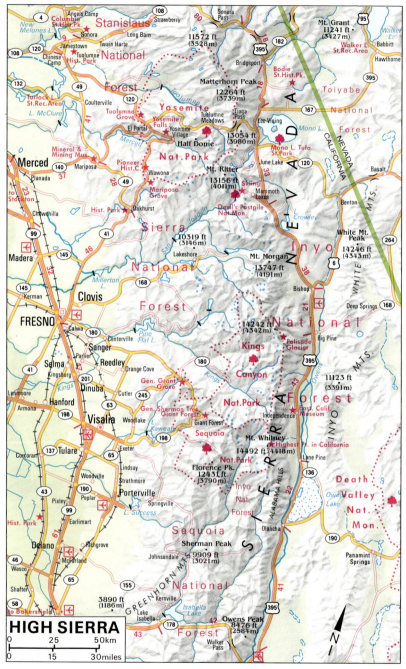

MOUNT WHITNEY

Dies rief Naturschützer auf den Plan, die gegen das Abholzen der großen Bäume kämpften. Wichtige Bestände wurden jedoch erst 1890 unter Naturschutz gestellt, als die National Parks Sequoia und Grant Grove gegründet wurden. Heute ist der **General Grant Grove** Teil des Kings Canyon National Park, südlich des Yosemite, 88 km östlich von Fresno, an der Route 180.

Die Straße führt von hier aus in unzähligen Serpentinen bergab in die endlosen Schluchten und Felsspalten des **Kings Canyon**. Man nennt ihn auch *The Grander Canyon*, und dieser Superlativ ist ohne Zweifel wohlverdient. Der Kings River hat sich in die Canyons 1200 bis 2400 m tief eingefressen.

Auf dem General's Highway, einer anderen Route ab Grant Grove, erreicht man nach 53 km Fahrt in südlicher Richtung den Sequoia National Park. Hauptattraktion dieses Parks ist der **General Sherman Tree** – angeblich die größte Pflanze der Erde. Der Stamm des Baumes würde eine dreispurige Autobahn blockieren – und er wächst immer noch in einem erstaunlichen Tempo.

Im Sequoia gibt es unglaubliche Dinge zu sehen: Hier sind es der **auto log** – ein einzelner, liegender Baumstamm, auf dem Autos fahren können, und der **tunnel log** – ein liegender Baumstamm, durch den die Autos hindurchfahren können, zu besichtigen; außerdem ein Granitfelsen, von Mammutbäumen gesäumte Wiesen, indianische Bilderschriftzeichen und noch mehr. Sequoia ist auch ein beliebtes Ziel für Skilangläufer.

Die östliche Sierra

An der Ostflanke der Sierra verläuft die US 395 zur Nordgrenze Kaliforniens. Am besten beginnt man mit der Erkundung im **Interagency Visitor Center**, südlich von **Lone Pine**. Hier gibt es kostenlose Informationen über die zugänglichen Orte im **Owens Valley**.

Lone Pine ist bekannt als das Tor zum **Mount Whitney**, dem mit 4418 m höchsten Berg der Vereinigten Staaten (ohne Alaska). Ein 17,2 km langer Pfad führt vom **Whitney Portal** auf den Gipfel; 21 km sind es vom Lone Pine aus. Der Anstieg ist strapaziös und nur von Mitte Juli bis Mitte Oktober möglich. Auf dem Weg zum Whitney Portal liegen die **Alabama Hills**. 1861 gab es hier Krieg zwischen Indianern und Siedlern. Später benutzten Filmemacher aus Hollywood die farbigen Konturen als Kulisse für ihre Filme *How the West Was Gone*, *Springfield Rifle* und *Gunga Din*.

Lone Pine ist nicht nur das Tor zum Mount Whitney, sondern berührt auch einen dunklen Punkt amerikanischer Geschichte – das Umsiedlungslager **Manzanar**. Während des 2. Weltkrieges wurden 10 000 japanische Einwohner der USA – darunter viele amerikanische Staatsbür-

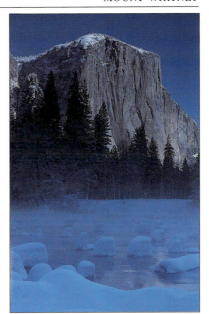

Rechts: Wie ein Wachtposten ragt das Felsmassiv des El Capitan im Yosemite Valley in den Himmel.

ger – hier festgehalten. Heute erinnert nur noch ein Denkmal daran.

Die Stadt **Big Pine** liegt zwischen zwei sehr unterschiedlichen Attraktionen: In den Bergen im Westen erstreckt sich der **Palisades Glacier**, der südlichste Gletscher der Vereinigten Staaten, und im Osten, in einer Höhe von 3000 m, an den trockenen Hängen der **White Mountains**, wachsen die alten *bristlecone pines*, eine Pinienart, die als älteste Pflanze der Erde gilt. Der Baum namens **Methuselah** soll 4600 Jahre alt sein. Die kühlen, schönen **Mammoth Lakes** sind seit langem ein Ferienparadies. Heute ist die Gegend der **Mammoth Mountains** das größte Skigebiet Amerikas – mit einer Besucherzahl von 4 Mio. Skifahrern jährlich. Im Sommer finden hier Radrennen, Angelwettbewerbe und Sightseeing aus der Luft statt. Man kann aber auch einfach im dampfenden **Hot Creek** ausspan-

nen. Von Mammoth aus führt der Weg zum **Devil's Postpile National Monument**, einer bizarren Formation aus Basaltsäulen, und zur **Minarets Wilderness**, einer sierraähnlichen Bergkette.

Auch **June Lake** ist eine Stadt, in der die Wintersportler zu Hause sind. Im Sommer stellt die gleichnamige June Lake Loop eine malerische Alternative zur US 395 dar. June Lake Village liegt inmitten von Pinien-, Pappel- und Espenwäldern am Fuß der Gipfel der Sierra. Im krassen Gegensatz hierzu stehen die verkümmerten Pinien um den trostlosen **Mono Lake**, einem der ältesten Binnengewässer Nordamerikas. Hier brüten etwa 90 % der kalifornischen Seemöwen. Am Ufer entlang ziehen sich bizarre Kalkformationen, die Tufa-Türme; die bemerkenswertesten sind im **South Tufa Reserve**, 6,5 km östlich der US 395, südlich von Lee Vining zu besichtigen.

Lee Vining ist die Ostzufahrt zum Tioga Pass Highway in Richtung Yosemite National Park. Der Pass ist vom ersten Schneefall bis Juni geschlossen.

Oben: Seine bizarren Kalkformationen verleihen dem Mono Lake ein fast außerirdisches Aussehen.

INFO: SIERRA NEVADA

YOSEMITE NATIONAL PARK
(Die Telefonvorwahl für diese Region ist 209.)
Unterkunft
LUXUSKLASSE: **The Ahwanee,** Yosemite Village; Anfragen schriftlich an die Curry Co., Adresse siehe unten. *MITTELKLASSE:* **Cedar Lodge,** P.O. Box C, El Portal 95318 (Tel. 379-2612, 800-321-5261); **Yosemite Lodge,** Fort Yosemite; Anfragen schriftlich an die Curry Co., Adresse siehe unten. *EINFACH:* **Wawona Lodge,** Mariposa Grove; Anfragen schriftlich an die Curry Co. *RESERVIERUNGEN:* **Yosemite Park and Curry Co.,** 5410 E. Home Ave., Fresno 93727 (Tel. 252-4848).
Restaurants
AMERIKANISCH: **Mountain Room,** Yosemite Lodge; **Yosemite Cafeteria,** Yosemite Lodge. **Four Seasons,** Yosemite Lodge; **The Loft,** Yosemite Village. *KONTINENTAL:* **The Ahwanee,** Yosemite Village (Tel. 372-1489).
Sehenswürdigkeiten
Badger Pass Ski Area, Glacier Point Rd, Yosemite Park (Tel. 372-1330); **Glacier Point,** 48 km von Valley über Glacier Point Rd.; **Mariposa Grove,** 58 km von Valley über Wawona Rd.; **Tuolumne Grove,** 27 km von Valley auf der Big Oak Flat Rd.; **Tuolumne Meadows,** 90 km von Valley über Tioga Pass Rd.; **Yosemite Mt. Sugar Pine Railroad,** 56001 Hwy 41, Fish Camp (Tel. 683-7273), tägl. Mitte April – Okt.; **Yosemite Museum and Indian Cultural Center,** Yosemite Village; **Yosemite Pioneer History Center,** Wawona.
Touristen-Information
Yosemite National Park, Nat. Park Service, Yosemite, CA 95389 (Tel. 372-0264).

KINGS CANYON SEQUOIA NATIONAL PARKS
(Telefonvorwahl für diese Region ist 209.)
Unterkunft
MITTELKLASSE: **Giant Forest Lodge,** Sequoia Park; Anfragen an Guest Services, Adresse siehe unten; **Montecito-Sequoia Lodge,** Generals Hwy., Kings Canyon Park; Anfragen an 1485G Redwood Dr., Los Altos 94022 (Tel. 415-967-8612, 800-227-9900).
EINFACH: **Grant Grove Lodge,** Kings Canyon Park; **Cedar Grove Lodge,** Sequoia Park; **Stony Creek Lodge,** Sequoia Park; schriftliche Anfragen an **Kings Canyon/Sequoia Guest Services Inc.,** P.O. Box 789, Three Rivers 93271 (Tel. 561-3314).
Restaurants
AMERIKANISCH: **Giant Forest Lodge,** Sequoia Park; **Lodgepole Deli** (Tel. 565-3301).

Sehenswürdigkeiten
Crystal Cave, Sequoia Park, 14 km vom Giant Forest, im Sommer tägl. Führungen 10.00 – 15.00; **General Grant Grove,** Route 180, Kings Canyon Park; **Giant Forest,** Route 180, Sequoia Park; **Mineral King,** Route 198, Sequoia Park, 80 km vom Giant Forest; **Sierra Summit Ski Area,** Route 168 (P.O. Box 236), Lake Shore.
Touristen-Information
Sequoia and Kings Canyon National Parks, Sequoia Park 93262 (Tel. 565-3341); **Gr. Grove Visitor Ctr,** Route 180, Kings Canyon Park (Tel. 335-2315); **Lodgepole Visitor Center,** Route 180, Sequoia Park (Tel. 565-3341).

DIE ÖSTLICHE SIERRA
(Telefonvorwahl für diese Region ist 619.)
Unterkunft
LUXUSKLASSE: **Mammoth Ski and Racquet Club,** P.O. Box 1847, Mammoth Lakes 93546 (Tel. 934-6891, 800-367-6684). *MITTELKLASSE:* **Mammoth Mountain Inn,** P.O. Box 353, Mammoth Lakes 93546 (Tel. 934-2581, 800-228-4947). *EINFACH:* **Bodie Victorian Hotel,** P.O. Box 496, Main St, Bridgeport 93517 (Tel. 932-7020); **Westerner Motel,** 150 E. Elm St., Bishop 93514 (Tel. 873-3564, 800-356-3221).
Sehenswürdigkeiten
Alabama Hills Recreation Area, office 126 S. Main St., Lone Pine (Tel. 876-4444); **Bodie State Hist. Park,** 21 km östl. des U.S. Hwy. 395 an der Bodie Rd, Nähe Bridgeport (Tel. 647-6445), im Winter geschlossen; **Devil's Postpile Nat. Monument,** Mammoth Lakes (Tel. 934-2289); **Eastern California Museum,** 155 N. Grant St., Independence (Tel. 878-2411); **Inyo Nat. Forest,** office 873 N. Main St., Bishop (Tel. 873-5841); **Mount Whitney,** Bristlecone Pine Forest Botanical Area; **June Mountain Ski Area,** P.O. Box 146, June Lake 93529 (Tel. 648-7733); **Laws Railroad Museum,** 8 km nordöstl. von Bishop, Abzweigung vom Hwy 6 (Tel. 873-5950); **Mono Lake and Tufa State Res.,** 8 km südöstl. von Lee Vining, Abzw. vom U.S. Hwy. 395 (Tel. 647-6331 oder 647-6525); **Mammoth Mountain Ski Area,** P.O. Box 24, Mammoth Lakes 93546; **Paiute Shoshone Indian Cultural Center Museum,** 2300 W. Line St., Bishop (Tel. 873-4478).
Touristen-Information
Eastern Sierra Interagency Visitors Center, U.S. Hwy. 395 und Route 190, Lone Pine (Tel. 876-4252); **Mammoth Lakes Resort Association,** P.O. Box 48, Mammoth Lakes 93546 (Tel. 934-2712, 800-367-6572); **Mono Lake Committee Visitor Center,** Hwy. 395 (P.O. Box 29), Lee Vining 93541 (Tel. 647-6386).

161

LAKE TAHOE

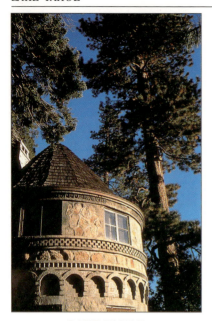

LAKE TAHOE

Hoch in der kalifornischen Sierra Nevada liegt ein Gewässer, von dem ein ganz besonderer Zauber ausgeht, eine Wasserinsel, umgeben von hoch aufragenden Bergspitzen. Der zu zwei Bundesstaaten – Kalifornien und Nevada – gehörende, saubere Lake Tahoe ist ein Naturwunder. Die größte Tiefe dieses 492 km^2 großen Sees beträgt 506 m.

Der Zauber des Tahoe liegt sowohl in der Stimmung, die von ihm ausgeht, als auch in seiner Größe. Im Sommer legt sich der Wind und seine Oberfläche wird spiegelglatt, während im Frühjahr der Nebel das Wasser mit den Bergen und dem Himmel zu vermischen scheint. Wenn die Februarstürme über die Bergspitzen hinwegfegen, verwandelt sich der See in ein tosendes Wellenmeer. Wind und Wolken verleihen ihm täglich ein anderes Aussehen.

Oben: Skandinavischer Baustil in Kalifornien – Vikingsholm, Emerald Bay.

Geschichte

Bei den Ureinwohnern dieses Gebietes handelte es sich um Indianer vom Stamm der Washoe und der Paiute, die um die Fisch- und Jagdgründe des „Big Water" kämpften. In den harten Wintern zogen sie sich dann in tiefer gelegene Regionen der nahen Wüsten von Nevada zurück.

Der erste Weiße, der den Tahoe sah, war Captain John Fremont mit seinem Führer Kit Carson. Der drohende Hungertod seiner Truppen hatte Fremont zu einer Durchquerung der Sierra im Winter gezwungen. Am 14. Februar 1844 erblickte er den See vom Gipfel eines Berges in der Nähe des Carson Passes.

Schon zwei Jahre später suchten Siedler auf dem Weg ins fruchtbare Central Valley einen neuen Weg durch die Sierra. Den unglücklichsten Versuch verzeichnet die Chronik im Jahre 1846. Die von Donner angeführte Pioniere erreichten die Sierra erst im Spätherbst. Nördlich des Tahoe wurden sie von einem schweren Schneesturm eingeschlossen. Nur 32 von 82 Pionieren überstanden den Winter, weil sie ihre toten Gefährten verspeisten.

Trotz grausamer Geschichten war der westwärts ziehende Menschenstrom ungebrochen. Nach Goldfunden bei Sutter's Mill am Fuß der Sierra im Jahre 1848 verwandelte sich der Strom in eine Flut.

In der ersten Zeit machten den Goldsuchern die harten Winter im Gebiet des Tahoe zu schaffen. Das änderte sich 1856 mit der Entdeckung einer der größten Silberminen der Geschichte – der Comstock Lode – am Fuß der Berge von Tahoe, in Virginia City/Nevada.

Die zu Tausenden eilig nach Nevada strömenden Bergleute benötigten Holz und Wasser. In Tahoe gab es alles. Siedlungen entstanden rund um den See, auf dem plötzlich große Schiffe verkehrten. Diese kleinen Außenposten wurden ursprünglich lediglich zur Versorgung der Minen geschaffen, doch entwickelten sie sich schon bald zu Touristenorten – der

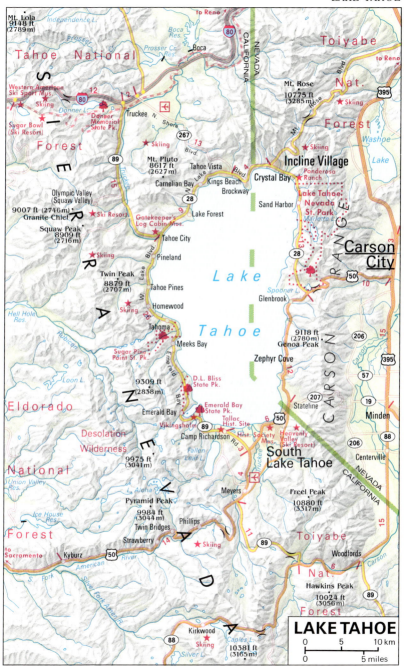

LAKE TAHOE

Anfang eines Wirtschaftszweiges, der zu Tahoes wichtigster Einnahmequelle werden sollte.

Mit Hilfe von 10 000 chinesischen Arbeitern wurde 1868 die erste transkontinentale Eisenbahn fertiggestellt. Für die Region begann damit eine neue Ära. Auf der Strecke vom Bahnhof bis Tahoe verkehrten Pferdekutschen, bis dann 1900 schließlich eine neue Eisenbahnlinie die Stadt Truckee mit Tahoe City verband. Von dort brachten Dampfschiffe die Passagiere in die am Ufer gelegenen Orte.

Bald wurde es unter den Reichen in San Francisco Mode, am Tahoe ein Sommerhaus zu haben. Viele dieser Residenzen sahen jedoch eher wie Schlösser aus – so zum Beispiel das gut erhaltene **Ehrman Mansion** oder **Vikingsholm** an der Westküste des Tahoe. Als in den dreißiger Jahren das Glücksspiel in Brockway am Nordufer Einzug hielt, kam mit ihm auch eine ganz neue Art Tourist. **Stateline**/Nevada an der Südküste ist heute das Gambling Center am Tahoe.

Das Freizeitparadies

Der Wintersport ist von Tahoe nicht mehr wegzudenken. 1860 wurden ganz in der Nähe die ersten Skiabfahrtsrennen der USA veranstaltet. Der Skiort **Sugar Bowl** veranstaltete 1939 ein Skirennen, mit den besten Skiläufern der damaligen Zeit. Allerdings geht Tahoes Ruf, ein Weltklasse-Wintersportgebiet zu sein, auf das Jahr 1960 zurück, als die Olympischen Winterspiele im 8 km von Tahoe City entfernten **Squaw Valley** ausgetragen wurden. Squaws Olympics sorgten nicht nur in dieser Region für Skibegeisterung, sondern auch in den gesamten USA.

Um den Lake Tahoe gibt es derzeit 20 Skigebiete mit 160 Skiliften – das größte Skigebiet in Amerika, zu dem auch **Heavenly Valley** am Südufer gehört. Skilanglauf, Skiwandern und Schlittenfahr-

Oben: Lake Tahoe, Freizeitparadies für viele Einwohner San Franciscos. Rechts: Urlaubsziel vieler Skifahrer – Heavenly Valley.

ten sind in Tahoe von Anfang November bis in den späten Mai hinein möglich.

Tahoe wird seinem Ruf als ganzjähriges Freizeitparadies durchaus gerecht. Trotz seiner hervorragenden Wintersportmöglichkeiten ist die Hauptsaison der Sommer. Ende April geht die Skisaison zu Ende. **Alpine Meadows** stellt den Wintersportbetrieb als letztes Skigebiet in der Regel Ende Mai ein.

Zu dieser Zeit ist das Ufer des Lake Tahoe längst schneefrei, und der Sommerbetrieb – Wasserski, Segeln, Fischen, Wandern, Klettern, Mountainbiking und ganz einfach Sonnenbaden – läuft bereits auf Hochtouren. Der See ist jedoch sehr kalt, so daß man bis Ende August einen Schutzanzug benötigt! Er erwärmt sich überhaupt nur an der Oberfläche, darunter bleibt seine Temperatur stets gleich. Dies ist auf das enorme Volumen des Sees zückzuführen, das dafür sorgt, daß er sich im Sommer nicht erwärmt und im Winter nicht zufriert. Die Hochsaison dauert bis September. Die durchschnittlichen Lufttemperaturen liegen bei 24 °C, und die Niederschlagsmenge ist gering. Mitte Oktober leuchten die Zitterpappeln bereits in ihrem gelben Herbstkleid, und bald darauf fällt der erste Schnee. Mitte November beginnt dann der Skibetrieb.

Wie in allen Freizeitzentren gibt es auch am Tahoe viele sportbegeisterte junge Leute, die hier campen. Die teuren Häuser am See gehören denen, die früher einmal viel Geld gemacht haben – ansonsten herrscht hier der Geist ihrer Söhne und Töchter. Viele arbeiten hart in der Sommersaison, um sich den Skipaß im Winter leisten zu können.

Die Städte am Tahoe

Nicht jeder ist jedoch Mitglied der sportbegeisterten jungen Freizeitgesellschaft. In den großen Städten South Lake Tahoe, Incline Village, King's Beach, Tahoe City und Truckee lebt und arbeitet eine große Anzahl Familien, und auch Ruheständler findet man hier.

Der Name der Stadt **Incline Village**/Nevada am Nordende des Sees geht auf

LAKE TAHOE

Gegenüber, am anderen Ende des Sees, liegt **South Lake Tahoe**, die wirkliche „Stadt" der Region. Taxis verkehren zwischen den Casinos Harrah's, Harvey's, Caesar's, der High Sierra, den Casinos im angrenzenden **Stateline** und unzähligen Hotels und Restaurants am ganzen See. Die meisten Touristen scheinen mehr am Nachtleben als am Tagesgeschehen von Tahoe interessiert zu sein. Bill Cosby und Frank Sinatra sind nur zwei von den bekannten amerikanischen Künstlern, die das ganze Jahr über in den hiesigen Casinos zu sehen sind.

Die Umgebung

Im Umkreis von nur ein paar Autostunden hat die Umgebung des Tahoe zahlreiche Attraktionen zu bieten. **Truckee**, die einstige Eisenbahnstation und Holzstadt, liegt nur 21 km nördlich von Tahoe City. Ein Monument bei **Donner Lake** erinnert an die unglücklichen Pioniere. Noch weiter nördlich, an den Routes 49 und 70, liegen mehrere kleine Städtchen; sie haben sich kaum verändert, seit 1949 die letzten Goldsucher fortgingen. Südlich des Tahoe werden die Berge größer und imposanter, die Ortschaften immer seltener. Hier, an der Route 4, liegt „Old West" **Markleeville**.

die fünfziger Jahre des letzten Jahrhunderts zurück. Zur damaligen Zeit schwemmte eine steil abfallende (*inclined*) Klamm Baumstämme, Äste und Geröll 425 m tief in den See. Die Holzverwertungsgesellschaft Boise Cascade Corporation erbaute die Stadt erst im Jahre 1968. Sie ist heute Wintersportort, und es gibt auch ein paar Golfplätze.

King's Beach liegt auf der anderen Seite der Grenze, in Kalifornien. Hier wohnen die Mitarbeiter der drei Casinos an der Grenze zu Nevada. In King's Beach am Nordufer findet man günstige Unterkünfte und Touristenläden.

Tahoe City, 8 km weiter westlich am Seeufer, ist das Zentrum für Shopping, Sport und Nachtleben im Norden des Tahoe. Europäer, die ursprünglich zu den Olympischen Spielen herkamen, blieben und führen inzwischen hervorragende deutsche und französische Fischrestaurants.

Ein Muß für jeden Touristen ist die 114 km lange Fahrt um den Lake Tahoe. Die unberührten Gebiete entlang der Ost- und Westküste sind wirklich beeindruckend, insbesondere die weißen Strände in der Nähe von **Sand Harbor** im Osten und die zum malerischen Zugang der **Emerald Bay** steil abfallenden Klippen im Westen.

Die Entwicklung des Gebietes um den Tahoe hat die Wasserqualität zwar etwas beeinträchtigt, doch wird die weitere Erschließung des Tahoe-Beckens durch Regierungsstellen stark eingeschränkt. Somit besteht die Hoffnung, daß sich die Tahoe-Region in Zukunft wohl kaum noch verändern wird.

Oben: Les jeux sont fait am Blackjack-Tisch in Harrah's Casino in Stateline.

INFO: LAKE TAHOE

LAKE TAHOE

(Wenn nicht anders vermerkt, ist die Telefonvorwahl für diese Region 916.)

NORTH LAKE TAHOE
Unterkunft
LUXUSKLASSE: **Club Tahoe,** P.O. Box 7440, Incline Village, NV 89452 (Tel. 702-831-5750, 800-527-5154). *MITTELKLASSE:* **Squaw Valley Inn,** 1920 Squaw Valley Rd., Tahoe City 95730 (Tel. 583-1576, 800-323-7666); **Tahoe Sands Resort,** 6610 N. Lake Blvd., Tahoe Vista 95732 (Tel. 546-2592). *EINFACH:* **Cedar Glen Lodge,** 6589 N. Lake Blvd., Tahoe Vista 95732 (Tel. 456-4281);**Truckee Tahoe Inn,** 11331 Hwy. 267, Truckee 95730 (Tel. 800-528-1234). *CASINO-HOTELS:* **Cal-Neva Lodge,** 5 Stateline Dr., Crystal Bay, NV 89402 (Tel. 702-832-4000); **Hyatt Lake Tahoe Resort,** Country Club Dr. und Lakeshore Blvd., Incline Village, NV 89450 (Tel. 702-832-1234, 800-553-3288).

Restaurants
AMERIKANISCH: **Col. Clair's,** 6873 N. Lake Blvd., Tahoe Vista; **Rosie's Cafe,** 571 N. Lake Blvd., Tahoe City. *KALIFORNISCH:* **Wolfdales,** 640 N. Lake Blvd., Tahoe City. *FRANZÖSISCH:* **Le Petit Pier,** 7252 N. Lake Blvd., Tahoe Vista. *MEERESFRÜCHTE:* **River Ranch,** Hwy. 89 an der Alpine Meadows Rd., Truckee.

Sehenswürdigkeiten
Gatekeeper's Log Cabin Museum, 130 W. Lake Blvd., Tahoe City (Tel. 583-1762), 11.00 – 17.00 15. Mai – 15. Okt., Eintritt frei. **North Tahoe Cruises,** Roundhouse Mall, Tahoe City (Tel. 583-0141), Mitte Mai – Okt; **Ponderosa Ranch,** Hwy. 28, Incline Village (Tel. 702-831-0691), 9.30 – 17.00 Mitte April – Okt. **Western American Ski Sport Museum,** Soda Springs (Tel. 426-3313), im Winter Di – So, 11.00 – 17.00, im Sommer Mi – So, 11.00 – 17.00.

Größere Skigebiete
Alpine Meadows, 17,6 km nördlich von Tahoe City (Tel. 583-4232); **Northstar-at-Tahoe,** 10 km nördl. von Tahoe Vista (Tel. 562-1010); **Squaw Valley,** 18 km nördl. von Tahoe City (Tel. 583-6985); **Sugar Bowl,** im Norden, 14 km westl. von Truckee (Tel. 426-3651).

Touristen-Information
Tahoe North Visitors and Conv. Bureau, 950 N. Lake Blvd. (P.O. Box 5578), Tahoe City 95730 (Tel. 583-3494, 800-824-6348); **Incline Village/Crystal Bay Visitor & Conv. Bureau,** 969 Tahoe Blvd., Incline Village, NV 89451 (Tel. 702-832-1606, 800-468-2463); **Truckee-Donner Visitors Ctr,** 10065 Donner Pass Rd., Truckee 95734 (Tel. 587-2757, 800-548- 8388).

SOUTH LAKE TAHOE
Unterkunft
LUXUS: **Tahoe Seasons Resort,** Heavenly Valley (P.O.Box 5656), S. L. Tahoe 95729 (Tel. 541-6700). *MITTELKLASSE:* **Sorensen's Resort,** Hope Valley 96120 (Tel. 694-2203); **Station House Inn,** 901 Park Ave., S. Lake Tahoe 95729 (Tel. 542-1101, 800-822-5953). *EINFACH:* **Tahoe Sands Inn,** 3600 Hwy. 50, S. Lake Tahoe 95705 (Tel. 544-3476, 800-237-8882); **Zephyr Cove Resort,** 760 Hwy. 50, Zephyr Cove, NV 89448 (Tel. 702-588-6644). *CASINO-HOTELS:* **Caesars Tahoe,** P.O. Box 5800, Stateline, NV 89449 (Tel. 702-588-3515, 800-648-3353); **Harrah's L. Tahoe Resort,** P.O. Box 8, Stateline, NV 89449 (Tel. 702-588-6611, 800-648-3773); **Harvey's Resort,** P.O. Box 128, Stateline, NV 89449 (Tel. 702-588-2411, 800-648-3361); **Horizon Casinos Resort,** P.O. Box C, Stateline, NV 89449 (Tel. 702-588-6211, 800-322-7723).

Restaurants
AMERIKANISCH: **Heidi's,** 3485 Hwy. 50, S. Lake Tahoe (Tel. 544-8113); **M.S. Dixie,** Zephyr Cove, NV (Tel. 702-588-3508 oder 882-0786). *KALIFORNISCH:* **The Beacon,** Hwy. 89 bei Camp Richardson, S. Lake Tahoe (Tel. 541-0630). *KONTINENTAL:* **Christiania Inn,** 3819 Saddle Rd., S. Lake Tahoe (Tel. 544-7337). *MEXIKANISCH:* **Carlos Murphy's,** 3678 Hwy. 50, S. Lake Tahoe (Tel. 542-1741). *MEERESFRÜCHTE:* **Dory's Oar,** 1041 Fremont St., S. Lake Tahoe (Tel. 541-6603).

Sehenswürdigkeiten
Emerald Bay State Park, Hwy. 89, S. Lake Tahoe (Tel. 525-7277), einschl. Burg Vikingsholm. **Grover Hot Springs State Park,** Hot Springs Rd., Markleeville (Tel. 694-2248); **Lake Tahoe Cruises,** S. Lake Tahoe (Tel. 541-3364, 800-238-2463); **Lake Tahoe Hist. Society Museum,** 3058 Hwy. 50, S. Lake Tahoe (Tel. 541-5458), 10.00 – 17.00, Memorial Day – Labor Day. **Tallac Hist. Site,** Hwy. 89 nahe Camp Richardson (Tel. 542-2787).

Größere Skigebiete
Heavenly Valley, S. Lake Tahoe (Tel.541-1330); **Kirkwood,** 58 km südl. S. Lake Tahoe (Tel. 258-6000); **Sierra Ski Ranch,** Twin Bridges, 30km südwestl. von S. Lake Tahoe (Tel. 659-7453).

Touristen-Information
Lake Tahoe Visitors Authority, 1156 Ski Run Blvd. (P.O. Box 16299), S. Lake Tahoe 95706 (Tel.544-5050, 800-288-2463); **Lake Tahoe Visitor Center,** Hwy. 89 im Norden von S. Lake Tahoe (Tel.573-2600 oder 573-2674), Juni – Okt; **Alpine County Chamber of Commerce,** P.O.Box 265, Markleeville 96120 (T. 694-2475).

GOLD COUNTRY

Nach den Goldfunden in den Ausläufern der Sierra Nevada im Januar 1848 schossen innerhalb weniger Monate 546 Minenstädte aus dem Boden. Heute gibt es noch ungefähr 250 Fundstellen. Viele sind noch wie zu der Zeit, als die „Mother Lode" (Mutterader) florierte. Die Staatsstraße 49, die sich von Oakhurst in der Nähe des Yosemite Parks in Richtung Norden bis nach Sierra City schlängelt, verbindet die wichtigsten Städte.

Oakhurst liegt am südlichen Ende einer Reihe von Städten der „Goldkette" und begann 1850 als kleines Goldgräberlager. Nur wenig vom ursprünglichen Charakter der Stadt blieb erhalten. Im südlich der Stadt gelegenen **Fresno Flats Historical Park** wird jedoch das vorige Jahrhundert wieder lebendig. Nicht weit nördlich davon liegt **Mariposa** mit dem **California State Mineral and Mining Museum** am Mariposa County Messegelände. Das Museum beherbergt eine umfangreiche Sammlung.

Kaufleute in Versorgungsstädten wie **Coulterville**, nördlich von Mariposa, wurden meist reicher als die Bergleute. Da eine Scheibe Brot $1, mit Butter sogar $2 kostete und eine Schaufel $50 des kärglichen Lohnes eines Minenarbeiters verschlang, war dies kein Wunder. Der Magnolia Saloon im Jeffery Hotel in Coulterville sieht noch genauso aus wie 1850. Im **Chinesischen Lager** wohnten 1856 5000 chinesische Minenarbeiter, die von Amerikanern vertrieben worden waren. Eine Postkutschenstation Wells Fargo und weitere Originalgebäude sind noch erhalten.

Als in Hollywood Gary Coopers *High Noon* gedreht wurde, fand man die ideale Westernkulisse dazu in **Jamestown**. Zweistöckige Häuser mit Balkonen und ein Park mit Gartenlaube tragen zum ländlichen Charme der Stadt bei. Der **Railtown 1897 State Historic Park**

Oben: Die Geisterstadt Bodie, obwohl nicht im Gold Country gelegen, symbolisiert den Gold Rush im 19. Jh.

GOLD COUNTRY

zeigt Eisenbahngebäude, Lokomotivschuppen und eine Drehscheibe, Waggons und Dampflokomotiven der alten Sierra Railway und wird oft von Filmgesellschaften benutzt.

Am Anfang des Goldrausches war **Sonara** die reichste und turbulenteste Stadt an der südlichen Mother Lode. Zahlreiche viktorianische Häuser und typische Gold Country-Architektur sieht man auf der Hauptstraße. 3 km nördlich von Sonora liegt der **Columbia State Historic Park** wo täglich das Leben um 1850 dargestellt wird. Columbia war mit 5000 Einwohnern, vier Banken, acht Hotels, zwei Feuerwehrstationen, drei Kirchen, einer Schule, drei Theatern, 53 Geschäften, 40 Saloons und 159 Spielhöllen die zweitgrößte Stadt Kaliforniens!

Angels Camp war eine der Städte, die Mark Twain und Bret Harte berühmt machten. Mark Twains *Der berühmte Springfrosch der Provinz Calaveras* lieferte den Hintergrund für das jährlich im Mai auf dem Messegelände der Provinz Calaveras stattfindende **Fest des Springfrosches**.

San Andreas war nicht nur als reiche Minenstadt bekannt. Es war auch Schauplatz von gewalttätigen Auseinandersetzungen zwischen amerikanischen und ausländischen Bergarbeitern in der nahegelegenen Chili-Schlucht und am French Hill, in der Nähe des **Mokelumne Hill**. **Jackson** wurde durch seine Lage in der Nähe des Wassers und später dann als Versorgungszentrum reicher als durch die beeindruckende Kennedy Mine.

Im **Indian Grinding Rock State Park** zwischen Pinienhainen und Vulkanen lebten die Miwok-Indianer. Ungefähr 1200 Vertiefungen, in denen sie Eicheln zu Mehl mahlten, sieht man auf den umliegenden Steinen. Wigwams und ein Kulturzentrum sind sehenswert.

Sutter Creek, 6,5 km nördlich von Jackson, hat eine der malerischsten Hauptstraßen des Gold Country. Ladenfronten aus Holz mit darüberliegenden

GOLD COUNTRY

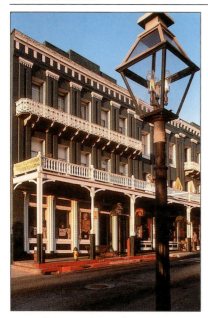

Balkonen und mit Holz verkleidete Häuser werden sorgfältig gepflegt. Die vielen Antiquitäten- und Kunsthandwerksgeschäfte und Veranstaltungen ziehen das ganze Jahr über Besucher an.

Placerville war ein wichtiger Verkehrsknotenpunkt in der Goldgräberzeit. Die Post, Planwagenzüge und der Pony Express kamen durch die Stadt. Heute legen hier die Reisenden auf dem U.S. Highway 50 eine Erfrischungspause ein. An die Geschichte erinnern mehrere Straßenfeste. Fast das gesamte **Coloma**, 14 km nördlich von Placerville liegt innerhalb des **Marshall Gold Discovery State Parks**. Dort findet man auch Sutter's Mill, ein Besucherzentrum, hervorragende Ausstellungsstücke und schattige Picknickplätze.

Auburn liegt wie Placerville an einer Hauptstraße zum Lake Tahoe und nach Reno (Interstate 80). Die Stadt ist zweigeteilt in eine neuere Oberstadt und eine ältere Unterstadt mit einem rot-weißen Feuerwehrhaus und der ältesten, noch benutzten Post des Staates, aus dem Jahre 1849. Das Museum ist eines der besten im Gold Country.

Im **Empire State Historic Park** in der Nähe von Grass Valley befindet sich die reichste Hard Rock Mine ($960 Millionen) in der Geschichte Kaliforniens. Im Park liegen Büros, Geschäfte und **Bourn Mansion**, ein feudales Sommerhaus des Minenbesitzers.

Lola Montez war eine berühmte Kurtisane. In ihrem Haus in **Grass Valley** ist heute ein Museum untergebracht. In der Nähe, im **North Star Powerhouse Mining Museum**, ist ein massives Pelton-Wasserrad ausgestellt, das einmal das größte der Welt war.

Wie viele andere Städte im Gold Country liegt **Nevada City** auf hügeligem Gelände, 6,5 km hinter Grass Valley. Viele Backsteingebäude mit Fensterläden aus der Zeit um 1850 stehen noch. Das National Hotel (1854) ist das älteste, durchgehend betriebene Hotel des Staates. Die Zimmer sind mit Antiquitäten aus jener Zeit eingerichtet.

26 km weiter nördlich liegt der **Malakoff Diggings State Historic Park**, wo einst die größte hydraulische Mine der Welt in Betrieb war. Von 1853 an wurde Wasser in die Berge geleitet und ein großer Schacht freigelegt. Weil es durch das Abwasser zunehmend Überschwemmungen gab und die Flüsse und das Sacramento Delta damit überfordert waren, wurde diese Art des Bergbaus in großem Stil 1884 verboten.

69 km hinter **Nevada City** liegt **Downieville** neben dem North Yuba River in einem hübschen bewaldeten Canyon. Die ländliche Schönheit verschleiert die harte Vergangenheit der Stadt.

Sierra City ist die nördlichste Stadt der Goldkette, mit einer Architektur aus der Goldgräberzeit vor dem Hintergrund einer großartigen Berglandschaft. Einer der hier gefundenen Nuggets wog 64 kg!

Oben: Seit 1854 existiert das National Hotel in Nevada City.

INFO: GOLD COUNTRY

NORTHERN GOLD COUNTRY
(Telefonvorwahl für diese Region ist 916).
Unterkunft
MITTELKLASSE: **Placerville Inn,** 6850 Greenleaf Dr., Placerville 95667 (Tel. 622-9100, 800-528-1234).
EINFACH: **Auburn Inn,** 1875 Auburn Ravine Rd., Auburn 95603 (Tel. 885-1800, 800-272-1444); **Gold Country Inn,** 11972 Sutton Way, Grass Valley 95945 (Tel. 273-1393, 800-528-1234); **National,** 211 Broad St., Nevada City 95959 (Tel. 265-4551).
Restaurants
AMERIKANISCH: **Dingus McGees,** 2121 S. Auburn St., Colfax; **The Empire House,** 535 Mill St., Grass Valley.
KALIFORNISCH: **Selaya's,** 320 Broad St., Nevada City.
KONTINENTAL: **Butterworth's,** 1522 Lincoln Way, Auburn; **Scheidel's,** 10140 Alta Sierra Dr. am Hwy. 49.
Sehenswürdigkeiten
Bernhard Museum, 291 Auburn-Folsom Rd., Auburn (Tel. 889-6500), Di – Fr 11.00 – 15.00, Sa – So 12.00 – 16.00; **El Dorado County Historical Museum,** 100 Placerville Dr., Placerville (Tel. 621-5865), Mi – Sa 10.00 – 16.00; **Empire Mine State Historic Park,** 10791 E. Empire St., Grass Valley (Tel. 273-8522); **Gold Country Museum,** 1273 High St., Auburn (Tel. 889-6500), Di – So 10.00 – 16.00. **Hangtown's Gold Bug Park,** 549 Main St., Placerville (Tel. 642-5232), Mai – Sept tägl. 10.00 – 16.00, im Frühling und Herbst an Wochenenden; **Loyalton Museum,** Loyalton City Park, Loyalton (Tel. 993-6754), Mi – Fr 9.00 – 14.00, Sa/So 11.00 – 16.00, Eintritt frei.; **Malakoff Diggins State Historic Park,** 23579 N. Bloomfield Rd., North Bloomfield (Tel. 265-2740); **Marshall Gold Discovery State Historic Park,** 310 Back St., Coloma (Tel. 622-3470), tägl. 10.00 – 17.00; **Sierra County Historical Park,** Hwy. 49, Sierra City (Tel. 862-1310), Mi – So 10.00 – 17.00, Mai – Sept.
Touristen-Information
Gold Chain Council of the Mother Lodge, 685 Placerville Dr., Placerville 95667 (Tel. 621-5885); **Auburn Area Visitor and Convention Bureau,** 521 Auburn Ravine Rd., Auburn 95603 (Tel. 916-885-5616, 800-427-6463); **El Dorado County Chamber of Commerce,** 542 Main St., Placerville 95667 (Tel. 916-621-5885); **Grass Valley and Nevada County Chamber of Commerce,** 248 Mill St., Grass Valley 95945 (Tel. 916-273-4667, 800-752-6222); **Sierra County Chamber of Commerce,** P.O. Box 222, Downieville, CA 95936.

SOUTHERN GOLD COUNTRY
(Telefonvorwahl für diese Region ist 209).
Unterkunft
MITTELKLASSE: **Shilo Inn,** 40644 Hwy. 41, Oakhurst 93644 (Tel. 683-3555, 800-222-2244); **Sonora Inn,** 160 S. Washington St., Sonora 95370 (Tel. 532-7468, 800-321- 5261); **Yosemite Gold Rush Inn,** 4994 Bullion St., Mariposa 95338 (Tel. 966-4344, 800-321-5261).
EINFACH: **Amador Inn,** 200 Hwy. 49 S., Jackson 95642 (Tel. 223-0211, 800-528-1234); **Sonora County Inn,** 18755 Charbroullian Lane, Sonora 95327 (Tel. 984-0315, 800-847-2211).
Restaurants
AMERIKANISCH: **Kelly's Kitchen,** Hwy. 108, Sugar Pine. *KONTINENTAL:* **The Balcony,** 76 Main St., Sutter Creek. *FRANZÖSISCH:* **City Hotel,** Main Street, Columbia.
Sehenswürdigkeiten
Amador County Museum, 225 Church St., Jackson (Tel. 223-6386), Mi – So, 10.00 – 16.00. **Calaveras Big Trees State Park,** 1170 E. Hwy. 4, Arnold (Tel. 795- 2334); **California State Mining and Mineral Museum,** Mariposa County Fairgrounds, Mariposa (Tel. 742-7625), Mi – So 10.00 – 18.00 Mai – Sept., 10.00 – 16.00 Oct. – Apr.; **Columbia State Hist. Park,** P.O. Box 151, Columbia (Tel. 532-4301); **Coulterville Hist. Center and Museum,** Hwys. 49 und 132, Coulterville (Tel. 878-3015), Di – Sa im Sommer 10.00 – 16.00, im Winter nur an Wochenenden; **Indian Grinding Rock State Hist. Park,** 14881 Pine Grove – Volcano Rd., Volcano (Tel. 296-7488); **Mariposa Museum,** 12th und Jessie St, Mariposa (Tel. 966-2924), April – Okt, tägl. 10.00 – 16.30, an Wochenenden im Wi 10.00 – 16.00; **Mercer Caverns,** Sheepranch Rd., Murphys (Tel. 728-2101), Juni – Sept tägl. 9.00 – 16.30, Okt – Mai Sa – So 11.00 – 15.30; **Moaning Cave,** Parrotts Ferry Rd., Vallecito (Tel. 736-2708), tägl.; **Railtown 1897 State Hist. Park,** Jamestown (Tel. 984-3953), April – Okt.; **Roaring Camp Mining Company,** Pine Grove (Tel. 296-4100), Mai – Sept; **Tuolumne County Museum,** 158 W. Bradford Ave., Sonora (Tel. 532-1317), Mo – Sa 10.00 – 15.30.
Touristen-Information
Amador County C. of C., P.O. Box 596, Jackson 95642 (Tel. 223-0350); **Calaveras County C. of C.,** P.O. Box 111, Angels Camp 95222 (Tel. 736-4444, 800-999-9039); **Mariposa County C. of C.,** 5158 Hwy. 140, Mariposa 95338 (Tel. 966-2456); **Southern Yosemite Visitors Bureau,** P.O. Box 1404, Oakhurst 93644 (Tel. 683-4636); **Tuolumne County Visitors Bureau,** P.O. Box 4020, Sonora 95370 (Tel. 533-4420).

SACRAMENTO

CENTRAL VALLEY

SACRAMENTO
SAN JOAQUIN VALLEY

SACRAMENTO

Diese wachsende Metropole, landwirtschaftliches Zentrum und Wiege der Geschichte Kaliforniens, ist die Zielscheibe von mehr schlechten Witzen als jede andere Goldgräberstadt. Taxifahrer nennen sie *Sack-a-tomatoes* (Tomatensack), für die Snobs von San Francisco ist sie tiefste Provinz. Aber ein genauerer Blick lohnt sich. Diese Weltstadt mit fast 400 000 Einwohnern tritt allmählich aus dem Schatten von San Francisco heraus. Als Hauptstadt Kaliforniens ist Sacramento das „Übungsgelände" für künftige U.S.-Präsidenten und Richter des Obersten Gerichtshofes sowie die „Brutstätte" innovativer Regierungspolitik.

Politik ist jedoch nicht der einzige Aspekt. Sacramento ist eine hübsche viktorianische Stadt mit alten Zedernbäumen und blühenden Kamelien. Es ist eine Stadt am Fluß, ein fruchtbares Tal, das die ganze Welt mit frischen Erzeugnissen versorgt. Ein Besuch in Sacramento ist eine Reise zurück in den Goldrausch des Jahres 1849 und zugleich ein Blick in die Zukunft des Staates im 21. Jh.

Die Stadt Sacramento liegt am Zusammenfluß des Sacramento und des American River. Im Osten erheben sich die Berge der Sierra Nevada, im Westen dehnt sich das Sacramento River Delta bis zur Bucht von San Francisco aus. Zwischen den Bergen und dem Ozean liegt das Central Valley mit einem der fruchtbarsten Böden der ganzen Welt.

Die Menschen und die Geschichte

Johann Augustus Sutter, ein Abenteurer aus der Schweiz, der vor seiner Frau und einem bankrotten Geschäft floh, gründete Sacramento 1839. Er baute ein Fort, um die 19 400 Hektar Land, die er von der spanischen Regierung erhalten hatte, zu schützen. Die Siedlung „New Helvetia" florierte, da sie ein Zufluchtsort für die Pioniere und die Leute in den Bergen war. Sie wurde allerdings zu einer Zeltstadt, als 1847 in Sutter's Mill Gold gefunden wurde.

Bis 1849 kamen 40 000 Goldsucher in das Gebiet. Obwohl das Gold auf seinem Land gefunden worden war, wurde Sutter durch eine Reihe von Landklagen und Betrügereien in den Bankrott getrieben. 1880 starb der Gründer von Sacramento einsam und mittellos. Sutter blieb zwar trotz der Goldfunde auf seinem Land arm, nicht jedoch seine Stadt. 1850 wichen die Zelte Ziegelsteinen, und 1854 wurde Sacramento zur Hauptstadt des 31.

Vorherige Seiten: Eine reiche Kürbisernte im Central Valley steht unmittelbar bevor.

Staates der Nation gewählt. 1860 wurde es westliches Hauptquartier des berühmten Pony Express, und 1863 wurden die ersten Schienen für die transkontinentale Eisenbahn in Sacramento gelegt.

Heute ist Sacramento durch vernünftige Lebenshaltungskosten, eine heimelige Atmosphäre und ruhige Straßen in der Innenstadt eine angenehme Stadt. Es ist der „Kaufmann der Nation" und besitzt eine Anzahl interessanter und historischer Sehenswürdigkeiten.

Die Altstadt

Mit den restaurierten Gebäuden, Fassaden im Western-Stil und der hölzernen Uferpromenade bietet das historische **Old Sacramento** eine gute Einführung in das Leben der Goldgräber. Es ist ein 11,3 Hektar großer historischer Park mit über 100 Gebäuden.

Das **B. F. Hastings House**, Second und J Street, wurde 1852 erbaut. Es beherbergt eine Post, ein Besucherzentrum und ein Pony Express Museum und ist ein guter Ausgangspunkt für eine Altstadttour. Das **Old Sacramento Schoolhouse** in der Nähe, Front und L Street, mit Antiquitäten aus dem 19. Jh. vermittelt die Atmosphäre einer Wildwest-Schule. Im **Sacramento History Center**, 101 und I Street, findet man eine gute Darstellung der Geschichte des Staates.

Das **Big Four Building**, I Street, zwischen Zweiter und Front, war früher die Zentrale der Pacific Railroad. Um die Ecke liegt das **California State Railroad Museum**, Front Street zwischen I und J, die Hauptsehenswürdigkeit der Altstadt. Es zeigt die Central Pacific Station von 1876, Dampfmaschinen, Personenzüge und ein Modell, das die Konstruktion der transkontinentalen Eisenbahn darstellt.

Die Geschichte der Dampfschiffahrt in Sacramento ist eng mit dem Hafenviertel verbunden. Zwei Raddampfer, die *Matthew McKinley* und die *River City Queen* bieten Fahrten auf dem Sacramento River an. Die *Delta King*, ein in ein Hotel umgewandeltes Dampfschiff, liegt ebenfalls in der Nähe des Hafens angetäut.

Die Gegend um das Kapitol

Blickt man den mit Bäumen gesäumten Capitol Mall Boulevard hinauf, ragt das **State Capitol** auf der 9th Street zwischen L und N Street hervor. Dieser schöne, 67 m hohe Bau dominiert die Skyline von Sacramento. Das 1860 nach dem Vorbild des Capitols in Washington, D.C., erbaute römisch-korinthische Gebäude reflektiert die große Vision, die die Kalifornier von sich selbst haben.

Das Innere des Capitols ist ebenfalls beeindruckend. Die Räume sind im eleganten Stil des 19. Jh. restauriert und der Öffentlichkeit zugänglich. Im zweiten Stock kann man von einer Besuchergalerie aus kalifornische Politik aus der Vogelperspektive beobachten.

Im 16 Hektar großen **Capitol Park** wachsen über 40000 Bäume, Büsche und Blumen aus allen Klimazonen und Kontinenten. Die berühmten Deodar-Zedernbäume entlang der Westseite des Kapitols sind über 100 Jahre alt und wurden 1870 aus dem Himalaya hierher gebracht. Im Park gibt es außerdem Forellenteiche und eine Gedenktafel für die Veteranen des Bürgerkrieges.

Mit 15 Zimmern, fünf Bädern, 4,3 m hohen Decken, offenen Kaminen aus italienischem Marmor, Ecktürmchen und wunderschönen Holzarbeiten wäre die **Governor's Mansion**, 16. und H Streets, eines Königs würdig. Seit 1967, als Ronald Reagan sich weigerte, hier einzuziehen, wohnte jedoch kein kalifornischer Gouverneur mehr dort. Heute sind die restaurierten Räume ein Museum, das das Leben seiner einstigen Bewohner zeigt.

Seit 1967 besitzen die Gouverneure Kaliforniens keinen öffentlichen Wohnsitz mehr. Reagan gab eine riesige Ranch in der Vorstadt in Auftrag, aber da sie erst nach seiner Regierungszeit fertiggestellt

SUTTER'S FORT

wurde, wohnte er nie dort. Der nächste Gouverneur, Jerry Brown, wollte nicht einziehen und dem Gouverneur George Deukmejian verweigerten die Gesetzgeber den Einzug.

Im **Crocker Art Museum**, 2. und O Street, sind Kunst und Architektur im ältesten Museum des Westens ausgestellt. Die Sammlung mit über 1700 Zeichnungen und Gemälden umfaßt zwar auch Werke von Rembrandt und Dürer, aber besonders sehenswert sind die vielfältigen Landschaftsbilder aus Kalifornien. Das Museumsgebäude, das früher ein Privathaus war, ist mit seinen handgearbeiteten Mahagoni-Kabinett, einem wunderschönen Ballsaal, Parkettböden und Wandfresken fast ein Kunstwerk.

Der Stadtrand von Sacramento

Sutter's Fort, 2701 L St., am Rande von Sacramento ist die wiederaufgebaute Siedlung, die John Sutter 1839 gründete. Das zweistöckige Lehmziegelgebäude ist eine Art Festung, die vor allem dem Schutz der Zivilisation in Nordkalifornien diente. Überlebende der berüchtigten Donner Party erholten sich in Sutter's Fort, und berühmte Pioniere wie Captain John Fremont und Kit Carson wohnten hier für einige Zeit.

Heute werden den Besuchern Walkmen mit anschaulichen Erklärungen auf Englisch, Deutsch, Spanisch und Japanisch zur Verfügung gestellt, die eine selbständige Besichtigung ermöglichen. Neben den Ausstellungsstücken, die das Leben im Jahre 1848 darstellen, findet sich auch die Werkstatt eines Zimmermanns und eines Hufschmieds.

Zum Fort gehört auch das **California State Indian Museum**. Das Museum stellt die Lebensweise der Miwok, der Hupa, der Pomo und mehrerer anderer Stämme dar, und es beherbergt eine der schönsten Korbsammlungen der Welt.

Zur Abwechslung nun ein wenig frische Luft und Landleben. Der **American River Parkway** ist Sacramentos Antwort auf den Golden Gate Park. Dieser 19 km lange Grüngürtel im Herzen Sacramentos zieht jährlich über 3 Millionen Besucher an und umfaßt über 20 Erholungsgebiete entlang des Sacramento River.

Außerhalb des Stadtgebietes locken noch viele Sehenswürdigkeiten des Central Valley. Das **Sacramento National Wildlife Refuge** wurde 1937 als Schutzgebiet für überwinternde Wasservögel an der pazifischen Vogelfluglinie angelegt. Die **Lake Oroville State Recreation Area** umfaßt eine 265 km lange Küstenstrecke, die bei Campern, Bootsfahrern und Anglern beliebt ist. Der **Oroville Chinese Temple** von 1856 vermittelt Besuchern einen kleinen Einblick in einen Bereich des Einwandererlebens zur Zeit des Goldrausches.

Viele Bauern in Sacramento erlauben Besuchern, ihre Felder und Obstplantagen zu besuchen. Das State Department of Food and Agriculture (gebührenfreies Tel: 800-952-5272) informiert darüber, wo Besucher willkommen sind.

SACRAMENTO CITY
(Telefonvorwahl für diese Region ist 916)
Unterkunft
LUXUSKLASSE: **Hyatt Regency,** 1209 L St., 95814 (Tel. 443-1234); **Delta King Riverboat,** 1000 Front St., 95814 (Tel. 444-5464); **Sterling,** 1300 H St., 95814 (Tel. 448-1300)
MITTELKLASSE: **Fountain Suites,** 321 Bercut Dr., 95814 (Tel. 441-1444, 800-767-1777); **Hilton,** 2200 Harvard St., 95815 (Tel. 922-4700, 800-344-4321); **Red Lion Inn,** 2001 Point West Way, 95815 (Tel. 929-8855, 800-547-8010); **Sheraton Sunrise,** 11211 Point East Dr., Rancho Cordova 95742 (Tel. 638-1100, 800-325-3535).
EINFACH: **Central Motel,** 818 16th St., 95814 (Tel. 446-6006); **Desert Sand Inn,** 623 16th St., 95814 (Tel. 444-7530); **Downtown TraveLodge,** 1111 H St. 95814 (Tel. 444-8880); **El Rancho,** 1029 W. Capitol Ave. 95691 (Tel. 371-6731).

Restaurants
AMERIKANISCH: **Fat City Bar & Cafe,** 1001 Front St.; **Harry's Bar & Grill,** 106 K St.; **California Fat's,** 1015 Front St.
CHINESISCH: **Hing's,** 5800 Madison Ave.
KONTINENTAL: **Aldo's,** 2914 Pasatiempo Lane, Town & Country Village. *ITALIENISCH:* **Old Spaghetti Factory,** 1910 J St.
MEXIKANISCH: **Mexico 70,** 6438 Elvas Ave.
MEERESFRÜCHTE: **Stroh's Neptune Table,** 5990 S. Land Park Dr.

Sehenswürdigkeiten
Blue Diamond Growers, 17th und C Streets (Tel. 446- 8409), kostenlose Führungen 10.00, 13.00 Mo – Fr, nach Anmeldung, Mandelplantage; **California State Archives,** 1020 O St. (Tel. 653-0066), Mo – Fr, 8.00 – 17.00; **California State Capitol,** 9th und L Streets (Tel. 324-0333), kostenl. Führungen tägl. 9.00 – 16.00; **California State Indian Museum,** 2618 K St. (Tel. 264-5423), tägl 10.00 – 17.00; **California State Railroad Museum,** 125 I St. (Tel. 448-4466), tägl. 10.00 – 17.00. Sa – So Fahrten mit der Dampflok, Mai – Labor Day; **California Vietnam Veterans Memorial,** 15th und L Streets; **Crocker Art Museum,** 216 O St. (Tel. 264-5423), Di – So 10.00 – 17.00; **Folsom Lake State Recreation Area,** 7806 Folsom- Auburn Rd., Folsom (Tel. 988-0205); **Gibson Ranch County Park,** Watt Ave. an der Elverta Rd. (Tel. 366-2061), tägl 7.00 – Dämmerung; **Old Governor's Mansion,** 1526 H St. (Tel. 445-4209), Führungen tägl 10.00 – 16.00; **River City Queen,** 1401 Garden Hwy. (Tel. 921-1111), vier Bootstouren tägl. **Sacramento History Museum,** 101 I St. (Tel. 264-7037), Di – So 10.00 – 16.30; **Sacramento Science Center,** 3615 Auburn Blvd. (Tel. 277-6181), Di – So 10.00–17.00; **Sacramento Zoo,** 3930 W. Land Park Dr. (Tel. 264-5885), tägl 10.00 – 16.00; **Silver Wings Aviation Museum and Planetarium,** Mather Air Force Base, Rancho Cordova (Tel. 364-2177), Di – Fr 10.00 – 16.00, Sa 12.00 – 16.00; **Stanford House,** 800 N St. (Tel. 324-0575); **Sutter's Fort State Hist. Park,** 2701 L St. (Tel. 445-4209), tägl 10.00 – 17.00; **Towe Ford Museum,** 2200 Front St. (Tel. 442-6802), tägl 10.00–18.00; **Waterworld USA,** 1600 Exposition Blvd. (Tel. 924-0555), tägl. Mai – Sept.

Touristen-Information
Sacramento Convention and Visitors Bureau, 1421 K St., Sacramento 95815 (Tel. 264-7777); **Old Sacramento Visitor's Center,** 1104 Front St. (Tel. 442-7644).

NORTHERN CENTRAL VALLEY
(Telefon-Vorwahl für diese Region ist 916)
Unterkunft
EINFACHE: **Bonanza Inn,** 1001 Clark Ave., Yuba City 95991 (Tel. 674-8824); **Golden Pheasant Inn,** 249 N. Humboldt Ave., Willows 95988 (Tel. 934-4603, 800-528-1234); **Heritage Inn,** 25 Heritage Lane, Chico 95926 (Tel. 894-8600, 800-446-4291); **Oxbow Motel,** 1078 N. Beale Rd., Marysville 95901 (Tel. 742-8238).

Restaurants
AMERIKANISCH: **The Depot,** 2191 High St., Oroville. **Al's Cafe American,** 1538 Poole Blvd., Suite W, Yuba City. *ITALIENISCH:* **Franco's,** 610 S. Tehama St., Willows.

Sehenswürdigkeiten
Bidwell Mansion State Hist. Park, 525 Esplanade, Chico (Tel. 895-6144), Führungen 10.00 – 16.00 tägl.; **Gold Nugget Museum,** 502 Pearson Rd., Paradise (Tel. 872-8722), Mi – So 12.00 – 16.00; **Gray Lodge Wildlife Area,** westlich von Live Oak (Tel. 846-3315); **Lake Oroville State Recreation Area,** 400 Glen Dr., Oroville (Tel. 538-2200); **Oroville Chinese Temple,** 1500 Broderick St., Oroville (Tel. 538-2496), Di – Mi 13.00 – 16.00, Do – Mo 11.00 – 16.30; **Sacramento Nat. Wildlife Ref.,** 11 km südl. von Willows auf der County Rd 99; **Sacramento Valley Museum,** 1491 E St., Willows (Tel. 473-2978), tägl., unterschiedliche Öffnungszeiten.

Touristen-Information
Davis Area C. of C., 226 B St., Davis 95616 (Tel. 756-5160); **Greater Chico C. of C.,** P.O. Box 3038, Chico 95927 (Tel. 891-5556); **Oroville Area C. of C.,** 1789 Montgomery St., Oroville 95965 (Tel. 533-2542); **Yuba-Sutter C. of C.,** P.O. Box 1429, Marysville (Tel. 743-6501).

FRESNO

SAN JOAQUIN VALLEY

Vom Flugzeug aus erkennt man die Farben des San Joaquin Valley (tschouwa-kiin ausgesprochen) am besten. Wie eine riesige Patchwork-Decke liegen Weiden, Felder, Obstgärten und Weinberge zwischen den Bergausläufern an der Küste und den westlichen Abhängen der Sierra Nevada; dazwischen glänzen silberne Wasserstraßen und tiefblaue Seen.

Im Laufe der vergangenen zwei Jahrhunderte verwandelten Generationen von Bauern das Marschland und die Wüste in einen der ertragreichsten Böden der Welt. Hier liegt das grüne Herz der USA. Drei der zehn führenden landwirtschaftlichen Counties der USA. liegen im San Joaquin Valley. Über 250 Getreidearten werden angebaut. Die Weite des Tales und seine Fruchtbarkeit regten einst John Steinbeck zu seinem Roman *Früchte des Zorns* an.

Oben: Rinderherden, so weit das Auge reicht, in der Nähe von Hanford.

San Joaquin ist die am schnellsten wachsende Region in Kalifornien. Küstenbewohner, die vor den hohen Grundstückspreisen fliehen und asiatische und lateinamerikanische Einwanderer, die ein neues Leben beginnen wollen, strömen ins Tal, das so zu einem großen kulturellen Schmelztiegel wurde. Der U.S. Highway 99 schlägt von Sacramento nach Los Angeles eine Schneise entlang der Städte Fresno, Visalia, Hanford und Bakersfield.

Fresno

Fresno ist die achtgrößte Stadt Kaliforniens und das Finanzzentrum des Agrobusiness im San Joaquin Valley. Seine Wurzeln sind fest im fruchtbaren Boden der Geschichte verwachsen, was einen interessanten Besuch verspricht.

Die ersten Siedler kamen um 1855 in das Gebiet von Fresno. Obwohl hier nur wenig Gold gefunden wurde, entdeckten die Siedler einen Reichtum anderer Art – einen fruchtbaren Boden und ausreichende Wasservorkommen.

Das aus dieser Zeit stammende **Fort Miller Block House**, das zum Schutz der Siedler und Goldsucher während des Mariposa-Indianerkrieges von 1851 erbaut wurde, versetzt den Besucher zurück in die Zeit der Pioniere. Die Ausstellungsstücke zeigen, wie aus den Wäldern und Sümpfen des 19. Jh. die goldenen Felder des 20. Jh. entstanden.

In West Fresno liegt das aus der Zeit um die Jahrhundertwende stammende **Kearney Mansion Museum**. Es berichtet über das Leben und die Zeit des Traubenkönigs Martin Kearny, der einer der landwirtschaftlichen Pioniere der Gegend war. Kearny, ein Junggeselle, machte sein Vermögen mit dem Wein der süßen Trauben, und sein Haus im Stil der französischen Renaissance zeigt, was mit gepreßten Früchten zu kaufen war.

Der historische **Tower District** ist ein restauriertes Viertel, das Fresno zur Zeit der zwanziger Jahre zeigt und heute das Einkaufs- und Vergnügungsviertel der Stadt ist. Ein angenehmes Ambiente im typischen Art Deco-Stil erfüllt den Tower District, der sich mit einigen der besten Restaurants und Kunstgalerien der Stadt schmücken kann. Fresno hat ein eigenes philharmonisches Orchester, ein **Community Theater** und das **Metropolitan Museum of Art, Science and History**. Im **Woodward Park** können Besucher im japanischen Garten die Kultur eines Staates auf der anderen Seite des Pazifiks kennenlernen. Noch bizarrer ist das Werk Baldasare Forestieres, der ein Labyrinth aus über 100 Zimmern und Höfen in seinen **Underground Gardens**, 5021 Shaw Avenue, schuf.

Fresnos neueste Einwanderergruppe stellt ihre Arbeit im **Hmong Art** aus, eine Sammlung von Kunst und Artefakten des Hmong-Stammes aus Laos. Die Arbeiten von etwa 300 Kunsthandwerkerinnen werden zum Verkauf angeboten.

Eingebettet zwischen den Ausläufern der Sierra Nevada liegen einige beliebte Ausflugsfiele. **Wander Valley Ranch Resort**, 24 km südöstlich von Fresno ist eine echte Ferienfarm. Der Legende nach benutzten die Dalton Brothers, berüchtigte Eisenbahnräuber, sie als Zufluchtsstätte. Das pittoreske **Shaver Lake**, im Sierra National Forest ist ein gastfreundlicher Bergort. **Visalia**, etwa 69 km südlich von Fresno, ist das selbsternannte „Tor zu den Sequoias" und mit über 70 Restaurants und 800 Hotelzimmern das Tourismuszentrum im San Joaquin Valley. Zahlreiche Touren zu den örtlichen Molkereien, Gärtnereien, Weinbergen und Baumwollfeldern von Visalia aus bieten sich an.

Im benachbarten Ort **Hanford** gewinnt man einen Einblick in die Vergangenheit einer der größten chinesischen Gemeinden um die Jahrhundertwende. Unter den zahlreichen restaurierten Gebäuden befindet sich ist auch der **Hanford Taoist Temple** im historischen China Alley District.

Bakersfield

Weiter südlich, am Anfang des San Joaquin Valley, liegt die geschäftige Stadt **Bakersfield**. Sie ist das Zentrum von Kern County, der führenden Provinz in der Ölproduktion der USA. Der Landstrich besitzt zudem eine blühende Landwirtschaft und rege Kulturszene.

Das **Kern County Museum and Pioneer Village** schließt das Herz des historischen Zentrums von Bakersfield mit ein. Mit 60 Gebäuden auf 6 Hektar erlangte Pioneer Village nationale Anerkennung für die Darstellungen der Architektur von 1860 bis 1930. Viele Musiker aus Bakersfield meinen, ihre Stadt hätte den Western in die Country- und Western Musik eingebracht. Sie haben vielleicht Recht. Mit der Verbreitung der Country- und Western-Schuppen gewann die Stadt ihren Ruf als zweite Heimat der Country-Musik nach Nashville, Tennessee. Ihre Anhänger planen derzeit ein **Bakersfield Country Music Museum** neben dem Kern County Museum.

Kultur in Bakersfield umfaßt aber weit mehr als die Musik. In der Stadt gibt es eine der größten baskischen Siedlungen außerhalb der spanischen Pyrenäen. Die baskische Kerngemeinde pflegt ihr kulturelles Erbe mit jährlich stattfindenden Festen und Veranstaltungen.

Am Eingang zur Mojave-Wüste und zum Sequoia National Forest gelegen, bietet Bakersfield auch verschiedene Ausflüge in die nähere Umgebung an. Das **California Living Museum** zeigt Wüstentiere in ihrer natürlichen Umgebung. Es liegt 10 km nordöstlich von Bakersfield am Alfred Harrell Highway. Etwa 24 km westlich von Bakersfield ersteckt sich das **Tule Elk State Reserve**. Es ist die Heimat der kleinsten und seltensten Elche. Nachdem sie nach der Ankunft der Goldsucher und Siedler fast ausgerottet wurden, leben sie jetzt geschützt auf diesem 384 Hektar großen Gelände. Die Herde mit 70 Tieren kann man von einer Aussichtsfläche aus beobachten, wo Picknicktische und Ausstellungsstücke aufgestellt sind.

In Western Kern County hat der aus Bulgarien stammende berühmte Avantgarde-Künstler Christo 1991 ein Projekt ausgeführt. Er verhüllte Pont Neuf in Paris mit champagnerfarbenem Stoff und drapierte Stoff entlang der Nordküste Kaliforniens. Hier hat Christo 1700 hellgelbe Regenschirme, von denen jeder einen Durchmesser von 10 m hatte, entlang der Interstate 4 in der Nähe von **Gorman** aufgestellt, und zwar zeitgleich mit einer ähnlichen Schirmausstellung in Japan.

Der Osten von Kern County öffnet sich in die Weite der Mojave-Wüste. Dort liegen mehrere Geisterstädte, unter anderen **Randsburg**, **Garlock** und **Goler**.

Die Gemeinde **Boron** mit der größten Boraxmine der Welt ist durchaus einen Besuch wert. Borax wird zur Herstellung von Putzmitteln verwendet. Die Twenty Mule Teams, die einst das Borax aus den Minen förderten, sind ebenfalls in Boron zu sehen.

Oben: Zur Skyline von Bakersfield gehören auch Tausende von Ölpumpen.

INFO: SAN JOAQUIN VALLEY

BAKERSFIELD REGION
(Telefonvorwahl für diese Region ist 805)

Unterkunft
MITTELKLASSE: **Red Lion Inn,** 3100 Camino Del Rio Ct., 93308 (Tel. 323-7111); **Sheraton Valley Inn,** 5101 California Ave., 93309 (Tel. 325-9700).

Sehenswürdigkeiten
Al Bussell Ranch, 19 km westlich, 26500 Stockdale Hwy. (Tel. 589-2677), 7.00 – 19.00 April – Okt; **California Living Museum,** 21 km östl., 14000 Old Alfred Harrell Hwy. 178 (Tel. 872-2256), Di – So, 10.00 – Sonnenuntergang; **Colonel Allensworth State Hist. Park,** 32 km nördl. von Wasco auf Hwy. 43 (Tel. 849-3433); **Fort Tejon State Hist. Park,** 64 km südl. auf der I-5, Lebec (Tel. 248-6692); **Isabella Lake,** 64 km östl. von Bakersfield (Tel. 861-2367); **Kern County Museum,** 3801 Chester Ave. (Tel. 323-8368), Mo – Fr 8.00 – 17.00, Sa – So 10.00 – 17.00; **Kern Nat. Wildlife Refuge,** 30 km westl. von Delano, Garces Hwy. und Corcoran Rd., tägl. Sonnenaufgang bis abends, von Mitte Jan – Mitte Okt, verkürzte Zeiten von Mitte Okt – Mitte Jan; **Kern Valley Museum,** Sierra Way und Kernville Rd., Kernville 49 Big Blue Rd., (Tel. 619-376-6683), Do – So 10.00–16.00.

Touristen-Information
Greater Bakersfield Visitors Bureau, 1033 Truxtun Ave. (P.O. Box 192), 93302 (Tel. 327-4421); **Kern County Board of Trade Visitors Ctr,** 2101 Oak St., 93302 (Tel. 861-2367).

FRESNO-VISALIA REGION
(Telefonvorwahl für diese Region ist 209)

Unterkunft
MITTELKLASSE: **Fresno Hilton,** 1055 Van Ness Ave., Fresno 93721 (Tel. 485-9000, 800-445-8667); **Holiday Inn Plaza Park,** 9000 W. Airport Dr., Visalia 93277 (Tel. 651-5000).
EINFACH: **Econo Lodge,** 1804 W. Olive Ave., Fresno 93728 (Tel. 442-1082, 800-424-4777).

Sehenswürdigkeiten
Duncan Water Gardens, 6901 E. McKenzie, Fresno (Tel. 252-1657), Mi – Sa 9.00 – 17.00, So 10.00 – 16.00; **Fort Miller Block House,** Olive Ave. und Hwy. 99, Fresno (Tel. 441-0862), Sa – So 13.00 – 16.00, Mai – Sept; **Fresno Art Museum,** 2233 N. First St., Fresno (Tel. 485-4810), Di – So 10.00 – 17.00; **Fresno Metropolitan Museum of Art, Hist. and Science,** 1555 Van Ness Ave., Fresno (Tel. 441-1444), Mi – So 11.00 – 17.00; **Fresno Zoo,** 894 W. Belmont Ave., Roeding Park, Fresno (Tel. 488-1111), tägl 10.00 – 17.00; **Hanford Courthouse Square,** 113 Court St. Hanford, tägl 10.00 – 17.00; **Hanford Taoist Temple,** 12 China Alley, Hanford (Tel. 584-3236), Führungen nach Vereinbarung; **Kearney Mansion,** 7160 W. Kearney Blvd., Kearney Park, Fresno (Tel. 441-0862), Fr – So 13.00 – 16.00; **Kingsburg Swedish Village,** California St., Kingsburg (Tel. 897-2925); **Mennonite Quilting Center,** 1010 G St., Reedley (Tel. 638-3560), Mo – Fr 9.30 – 16.30, Sa 10.00 – 14.00; **Pioneer Village,** 1880 Art Gonzales Pkwy., Selma (Tel. 896-3315); **Zalud House,** Morton und Hockett St., Porterville (Tel. 782-7548), Mi – Sa 10.00 – 16.00, So 14.00 – 16.00.

Touristen-Information
Central Valley Tourism Association/Fresno C. and Visitors Bureau, 808 M St. (P.O. Box 1792), Fresno 93717 (Tel. 233-0836, 800-728-0836); **Hanford Visitor Agency,** 432 W. 7th St., Suite A, Hanford 93230 (Tel. 582-0483); **Visalia C. and Visitors Bureau,** 720 W. Mineral King Ave., Visalia 93291 (Tel. 734-5876).

STOCKTON-MODESTO REGION
(Telefonvorwahl für diese Region ist 209)

Sehenswürdigkeiten
Bright's Pioneer Exhibit, 5246 S. Plainsburg Rd., LeGrand (Tel. 389-4511, Mo – Fr 8.00 – 16.00; **Castle Air Museum,** Castle Air Force Base, Atwater (Tel. 723-2178 oder 723-2177), tägl 10.00 – 16.00; **Great Valley Museum of Nat. Hist.,** 1100 Stoddard Ave., Modesto (Tel. 575-6196), Di – Fr 12.00 – 16.30, Sa 10.00 – 16.00; **Haggin Museum,** 1201 N. Pershing Ave., Stockton (Tel. 462-4116), Di – So 13.30 – 17.00; **Los Banos Wildlife Area,** nördl. von Los Banos (Tel. 826-0463); **McHenry Museum and Mansion,** 15th und I Streets, Modesto (Tel. 577-5366 oder 577-5344), Di – So 12.00 – 16.00; **Micke Grove Park and Zoo,** 11793 N. Micke Grove Rd., Lodi (Tel. 331-7400), tägl 10.00 – 17.00; **San Joaquin County Hist. Museum,** 11793 N. Micke Grove Rd., Lodi (Tel. 368-9154); **Yosemite Wildlife Museum,** 2040 Yosemite Pkwy., Merced (Tel. 383-1052), Mo – Sa 10.00 – 17.00.

Touristen-Information
Merced Convention and Visitors Bureau, 690 W 16th St. (P.O. Box 3107), Merced 95344 (Tel. 384-3333); **Modesto Convention and Visitors Bureau,** 1114 J St. (P.O. Box 844), Modesto 95353 (Tel. 577-5757); **Stockton-San Joaquin County C. and Visitors Bureau,** 46 W. Fremont St., Stockton 95202 (Tel. 943-1987).

DAS PARADIES IM NORDEN

SHASTA-CASCADE
DIE NORDKÜSTE

SHASTA-CASCADE

Das Shasta-Cascade County ist der Garten Eden Kaliforniens, ein wildwucherndes, immergrünes und nur dünn besiedeltes Paradies, das sich von Redding bis zur Grenze nach Oregon und von Nevada bis zur Küste erstreckt. Teile davon sind praktisch unberührt. Sechs Gebirgszüge – Cascade, Klamath, Marble, Saomon, Trinity und Warner – bilden eine Reihe von Gipfeln und Tälern mit glasklaren Seen und Flüssen, üppigen Wäldern und wildem Gelände. Shasta-Cascade ist so groß wie Ohio und wegen seiner sechs National-Wälder und acht Staats- und Nationalparks gehört es zu 65 Prozent dem Staat.

Der 4316 m hohe Mount Shasta erhebt sich an der nördlichen Kante des Central Valley und lenkt die Aufmerksamkeit auf seinen schneebedeckten Gipfel und sein graues Granitgesicht. Von dort aus sieht man auch den Shasta Lake – mit 12000 Hektar der größte See des Staates – und den 3187 m hohen Lassen Peak, der größte kuppelförmige Vulkan der Welt.

Vorherige Seiten: Abendsonne über dem Mount Shasta. Links: Bei Bumpass Hell im Lassen National Park brodelt die Erde.

Redding und die Trinity Alps

Redding mit seinen 45000 Einwohnern ist der ideale Ausgangspunkt für die Erkundung der Region. Nördlich von Redding verläuft der Highway 299 entlang des Trinity Rivers durch historische Städte wie **Shasta** und **French Gulch**. Während der glücklichen Jahre um 1850 wurde hier jede Woche für über $100 000 Gold geschürft. Der 5,3 Hektar große **Shasta State Historical Park** läßt den Besucher diese Zeit noch einmal erleben. In der charmanten Western-Stadt **Weaverville** erzählt der **Joss House State Historic Park** von der Goldfieberzeit aus der Sicht der chinesischen Minenarbeiter. Im Park steht ein aus dem 19. Jh. stammender Taoistentempel.

Weaverville liegt am Fuße zackiger, bis zu 2500 m hochragender Gipfel und bildet das Tor zur **Trinity Alps Wilderness Area**. Dieses 200 000 Hektar große Naturschutzgebiet mit Bergwiesen und Gletscherseen bewahrt vier verschiedene ökologische Zonen vor der Zerstörung.

Die Route 3 verläuft zwischen beeindruckenden Bergtälern und abgelegenen Dörfern nach **Yreka**, dem indianischen Wort für Mount Shasta. Neben ausgezeichneten Angelmöglichkeiten im **Klamath River** gibt es in diesem nördlichsten Punkt der Zivilisation im Shasta

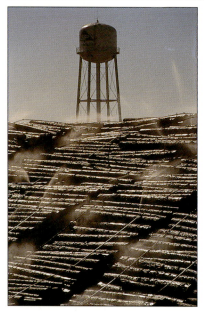

County die verwitterten Gebäude der **Miner Street** zu sehen, ein Gerichtshaus mit einer Ausstellung von Goldnuggets und das **Siskiyou County Museum** über Indianer und Einwanderer.

Shasta und Lassen

Auf der Interstate 5, nördlich von Redding, liegt der künstliche **Shasta Lake**, eine schöner Erholungsort und ein technisches Meisterwerk. Der 141 m hohe Damm staut das Wasser von drei Flüssen und schafft so einen See mit einer Uferlänge von 595 km und einer Tiefe von 157 m. Die Überlaufrinne des Damms ist dreimal so hoch wie die Niagarafälle.

Die **Shasta Caverns**, eine Reihe von Höhlen mit Tausenden von bis zu 6 m hohen Stalagmiten und Stalagtiten, liegen verborgen entlang der Uferlinie des Shasta Lakes. Sie sind so abgelegen, daß man nur mit der Fähre des Forest Service hin-

Oben: In diesem Sägewerk warten Baumstämme auf ihre Weiterverarbeitung.

kommt. Sie verkehrt das ganze Jahr über von **O'Brien** aus.

Etwa 40 km nördlich des Shasta Lakes liegt der **Castle Crags State Park** mit vom Gletscher geschliffenen Felsnasen, die über den Sacramento River ragen.

Jede Beschreibung der Region Shasta-Cascade beginnt und endet mit dem **Mount Shasta** und seinen beiden Vulkankegeln. Fünf Gletscher bedecken seine Abhänge, und heiße Quellen strömen aus seiner Tiefe. Seine Schönheit inspirierte Schriftsteller und Philosophen und war Stoff zu einer Reihe von Geschichten. Der Dichter Joaquin Miller schrieb, daß Shasta „einsam wie Gott und weiß wie der Wintermond" sei. Einheimische in **Mount Shasta City** behaupten, der Berg habe im Winter 1989 absichtlich einen störenden Skilift abgestoßen. Eine Straße windet sich bis auf 2072 m den Berg hinauf. Von dort aus lassen sich schöne Wanderungen unternehmen.

Südöstlich an der Route 89 liegt der **McArthur-Burney Falls Memorial State Park**. Wegen der verschleierten Regenbogen, die er auf den Himmel malt, wurde der 39 m hohe Burney Wasserfall von Theodore Roosevelt einmal als das achte Weltwunder bezeichnet.

Der Lassen Volcanic National Park zeigt die ehrfurchtgebietenden Wurzeln der Gegend. Der **Lassen Peak** brach zwischen 1914 und 1917 300mal aus und bedeckte die ganze Gegend mit Asche und Lava. Er hinterließ kochende Seen, blubbernde Schlammlöcher und tiefe Spalten, aus denen übelriechende Schwefeldämpfe aufsteigen. Der immer noch aktive Vulkan bildet das südliche Ende der Cascade Gebirgskette.

Eine 55 km lange Straße führt durch den Park und steigt auf 2590 m an. Wanderwege durch den 42 900 Hektar großen Park führen zu einigen beeindruckenden, vom Vulkan geschaffenen Plätzen, zum Beispiel zur **Bumpass Hell**, wo heißes Wasser und Gase von der Erdoberfläche aufsteigen.

INFO: SHASTA-CASCADE

SHASTA COUNTY
(Telefonvorwahl dieser Region ist 916)

Unterkunft
LUXUSKLASSE: **Drakesbad Guest Ranch,** Chester 96020 (Tel. Susanville Telefonamt, Drakesbad No. 2), 75 km südöstl. des Park HDQ, Abzw. von der Chester-Warner Valley Road. *MITTELKLASSE:* **Hilltop Inn,** 2300 Hilltop Dr., Redding 96002 (Tel. 221-6100, 800-528-1234); **Red Lion Motor Inn,** 1830 Hilltop Dr., Redding 96001 (Tel. 221-8700, 800-547-8010). *EINFACH:* **Bridge Bay Resort,** 10300 Bridge Bay Rd., Redding 96003 (Tel. 275-3021, 800-752-9669), am Lake Shasta. **Days Hotel,** 2180 Hilltop Dr., Redding 96002 (Tel. 221-8200).

Restaurants
AMERIKANISCH: **Andy's Cow Patty Palace,** 2105 Hilltop Dr., Redding; **Hatch Cover,** 202 Hemsted Dr., Redding. *ITALIENISCH:* **Nello's Place,** 3055 Barhelli Lane, Redding.

Sehenswürdigkeiten
Ahjumawi Lava Springs State Park, nur mit dem Boot zu erreichen (Tel. 335-2777); **Carter House Natural Science Museum,** Caldwell Park, Redding (Tel. 225-4125), Di – So 10.00 – 17.00; **Castle Crags State Park,** Castella, 10 km südl. von Dunsmuir, Abzweigung von der I-5 (Tel. 235-2684); **Fort Crook Museum,** Fall River Mills, 6 km südwestl. von McArthur auf dem Hwy. 299 (Tel. 336-5100), 12.00 – 16.00 Mai – Okt, Eintritt frei; **Lake Shasta Caverns,** O'Brien (Tel. 238-2341 oder 238-2386), stündl. Führungen ab 9.00 – April – Sept, Führungen dreimal tägl. ab 10.00 – Okt – April; **Lassen Volcanic National Park,** P.O. Box 100, Mineral (Tel. 595-4444); **McArthur-Burney Falls Memorial State Park,** 17,6 km nordöstl. von Burney, Abzweigung vom Hwy. 89 (Tel. 335-2777); **Old City Hall Gallery and Performing Arts Center,** 1313 Market Rd., Redding (Tel. 241-7320), Mo – Fr 9.00 – 16.00, Eintritt frei; **Redding Museum and Art Center,** Caldwell Park, 56 Quartz Hill Rd. und Rio Dr., Redding (Tel. 225-4155), Di – So 12.00 – 17.00; **Shasta Dam,** Besucher-Info, Redding (Tel. 275-4463); **Shasta State Hist. Park,** Shasta, 10 km westlich von Redding auf dem Hwy. 299 (Tel. 243-8194), Do – Mo 10.00 – 17.00; **Whiskeytown Lake,** Whiskeytown (Tel. 246-1225).

Touristen-Information
Redding Convention and Visitors Bureau, 777 Auditorium Dr., Redding 96001 (Tel. 225-4100); **Shasta Cascade Wonderland Association,** 1250 Parkview Ave., Redding 96001 (Tel. 243-2643).

SISKIYOU COUNTY

Unterkunft
MITTELKLASSE: **Tree House Motor Inn,** I-5 an der Ausfahrt Central Mt. Shasta (P.O. Box 236), Mount Shasta 96067 (Tel. 926-3101, 800-528-1234). *EINFACH:* **Cedar Lodge Motel,** 4201 Dunsmuir Ave., Dunsmuir 96025 (Tel. 235-4331); **Miner's Inn,** 122 E. Miner St., Yreka 96097 (Tel. 842-4355, 800-528-1234).

Sehenswürdigkeiten
Fort Jones Museum, 11913 Main St., Fort Jones (Tel. 486-2631), Mo – Sa 10.00 – 16.00, Ende Mai – 1. Okt; **Klamath Basin National Wildlife Refuge,** Tulelake (Tel. 667-2231); **Klamath National Forest Interpretive Museum,** 1312 Fairlane Rd., Yreka (Tel. 842-6131), Mo – Fr 8.00 – 16.30; **Lava Beds National Monument,** Tulelake (Tel. 667-2282); **Mount Shasta,** Ranger District Office, 204 W. Alma St., Mt. Shasta (Tel. 926-4511); **Siskiyou County Museum,** 910 S. Main St., Yreka (Tel. 842-3836), Mo – Sa 9.00 – 17.00, So 13.00 – 17.00, Juni – Aug; Di – Sa 9.00 – 17.00, Sept – Mai; Eintritt frei; **Sisson Hatchery Museum,** 1 Old Stage Rd., Mount Shasta (Tel. 926-5508 oder 926-4738), tägl. im Sommer 10.00 – 17.00, tägl. im Winter 12.00 – 16.00.

Touristen-Information
Mount Shasta Chamber of C., 300 Pine St., Mount Shasta 96067 (Tel. 926-4865); **Weed Chamber of C.,** P.O. Box 366, Weed 96094 (Tel. 938-4624); **Yreka Chamber of C.,** 117 Miner St., Yreka 96097 (Tel. 842-1649).

TRINITY COUNTY

Unterkunft
EINFACHE HOTELS: **Motel Trinity,** 1112 Main St. (P.O. Box 1179), Weaverville 96093 (Tel. 623-2129); **Weaverville Hotel,** 203 Main St., Weaverville 96093 (Tel. 623- 3121).

Sehenswürdigkeiten
Jake Jackson Memorial Museum – Trinity County Historical Park, Weaverville (Tel. 623-5211), 10.00 – 17.00 Mai – Okt, 12.00 – 16.00 April, Mai und Nov; **Scotts Museum,** Trinity Center (Tel. 266-3378) Di – Sa 13.00 – 17.00, 15. Mai – 15. Sept.; **Trinity Alps Wilderness,** Weaverville (Tel. 623-2121); **Weaverville Joss House State Hist. Park,** Main and Oregon Streets, Weaverville (Tel. 623-5284), tägl 10.00 – 17.00 März – Okt; Do – Mo von Nov – Feb; **Whiskeytown – Shasta – Trinity National Recreation Area,** Hwy. 3, nördl. von Weaverville.

Touristen-Information
Trinity County Ch. of C., 317 Main St. (P.O. Box 517), Weaverville 96093 (Tel. 623-6101).

NORDKÜSTE

DIE NORDKÜSTE

Die Nordküste Kaliforniens bildet mit ihren steilen Klippen und tosenden Wellen eine scharfe Grenze zwischen Land und Meer. Sie erstreckt sich über 320 km bis zur Grenze nach Oregon und wird vom Pazifik, den Redwood Wäldern und den Küstenbergen beherrscht.

In diesem Land verzaubert der Morgennebel die Städte, und die Sonne verglüht am Abend in lachsfarbenem Licht. Die Schönheit der Natur bildet eine atemberaubende Kulisse. Großstädter können hier tief durchatmen und entspannen.

Indianerstämme, darunter die Pomo und Towala, lebten früher an der Küste. Spanische und englische Entdecker kamen schon Mitte des 15. Jh. die Küste herauf. Doch erst 1828 erforschte Jedediah Smith die Wälder in der Nähe des Klamath Rivers. Weiter südlich in Mendocino kauften im Jahr 1852 Holzmagnaten auf der Suche nach Baumaterial für das expandierende San Francisco Anrechte auf die Redwoods und begründeten eine Industrie, die die Wirtschaft der Region über ein Jahrhundert lang bestimmte. Die Weite der Küstenlandschaft prägte ein unabhängiges, häufig auch kreatives Volk. Im Laufe der Geschichte wurden Schriftsteller, Maler, Philosophen und Fotografen von diesem Land inspiriert – vom Autor Bret Harte bis zu John Muir, dem Vater der amerikanischen Umweltbewegung.

Heute werden die Menschen von der Schönheit des Landes, der ländlichen Atmosphäre und den niedrigen Lebenshaltungskosten angezogen. In Humboldt County leben im Verhältnis die meisten Künstler Kaliforniens.

Hier ist man einfallsreich, wenn es darum geht, sich einen kümmerlichen Lebensunterhalt zu verdienen, da es mehr Arbeitslosigkeit und weniger wirtschaftliche Möglichkeiten als in anderen Teilen Kaliforniens gibt. In Eureka wurden zum Beispiel baufällige viktorianische Häuser

Oben: Highway 1 schlängelt sich die Küste entlang. Rechts: Rauhe See bei Fort Bragg.

HUMBOLDT COUNTY

restauriert und Frühstückspensionen geschaffen. Tief in den Wäldern im südlichen Humboldt County blüht der illegale Anbau von Marihuana.

Die Holzindustrie, immer noch der Hauptarbeitgeber, war weniger erfinderisch. In ihrer 130jährigen Geschichte schlug sie über 90 Prozent der Redwood-Bestände, ohne für eine Wiederaufforstung zu sorgen. Entlang der Küste verläuft die landschaftlich schöne Route 1 entlang der tosenden Brandung. Durch das Landesinnere fährt man auf dem Highway 101. Die beiden Straßen treffen sich in Leggett wieder.

Den Highway 1 entlang

Mendocino liegt auf einem Vorgebirge, ist von drei Seiten vom Ozean umspült und hat mit 1200 Einwohnern und den weichen, verblaßten Farben von gestern seinen eigenen Charakter. Die Häuser im New-England-Stil, die moosbedeckten Zäune und hölzernen Wassertürme werden sorgfältig erhalten.

Ein Besuch des **Mendocino Art Center and Gallery** auf der Little Lake Street zeigt, daß die Stadt zu Recht als Künstlerkolonie bezeichnet wird. Das Zentrum bietet Ausstellungen, Mal-, Töpfer- und Textilkurse sowie Sonntagskonzerte.

In **Fort Bragg** (5000 Einwohner) trifft man auf die **California Western Railroad**'s *Skunk Line*, die in Richtung Osten durch die Berge nach **Willits** verläuft. Neben dem Bahnhof liegt das **Guest House Museum**.

Nördlich von Fort Bragg erstreckt sich die rauhe **Lost Coast**, die von immergrünen Büschen und der King Range beherrscht wird. Wanderer genießen die abgelegenen Wege entlang der Klippen und Dünen.

Highway 101 nach Eureka

Fährt man von Humboldt County ins Landesinnere, verändert sich die Land-

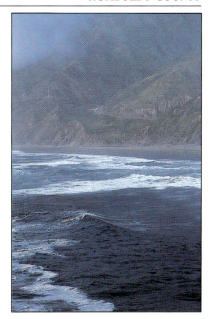

schaft. Der Ozean weicht den hochragenden Redwoods, die tosenden Wellen der Stille im Wald, und der Horizont verengt sich zu einem schmalen Streifen dunstigen Sonnenlichts durch einen Baldachin von Koniferen. Dies ist das Land der Redwoods, des *Sequoia sempervirens*, ein Baum der aus der Zeit der Dinosaurier stammt.

Auf der **Avenue of the Giants**, einem 53 km langen Teil des alten Highway 101, findet sich der Besucher inmitten eines Redwood-Waldes wieder. Die Straße beginnt in **Garbeville** und schlängelt sich durch den 20 600 Hektar großen **Humboldt Redwoods State Park**.

Sie führt durch kleine Städte wie Chimney Tree und Mystery Mountain, nördlich von **Klamath**. Dort stehen ein Baum, durch den man durchfahren kann und die **Trees of Mystery**. In diesem Park gibt es einen Wald mit seltsam geformten Bäumen, riesige Holzschnitzereien und eine 15 m hohe Gipsstatue des legendären amerikanischen Waldläufers Paul Bunyan.

Das 1856 gegründete **Eureka** ist mit 25 000 Einwohnern die größte Stadt und das Handelszentrum der Region.

Old Town an der Humboldt Bay ist ein restaurierter Distrikt mit guten Feinschmeckerlokalen, eleganten Bars, Antiquitätenläden und gemütlichen Gasthäusern. Das viktorianische **Carson Mansion** wurde 1880 von einem Holzhändler erbaut, leider kann es nicht besichtigt werden.

Das **Humboldt Cultural Center**, 422 First St., und die **Old Town Art Guild**, 233 F St., stellen beide einheimische Künstler aus. Aber auch fast jede freie Wand ist eine potentielle Galerie. Schauen Sie sich in Banken, Bars, Restaurants oder Hotels nach lokalen Talenten um.

Romano Gabriel's Wooden Sculpture Garden, 315 Second St., der aus Gemüsekisten aufgebaut wurde, ist ein klassisches Beispiel amerikanischer Volkskunst und Improvisation.

Oben: Dichte Nebelschleier hängen über dem Redwood National Park.

Redwood National Park

Der Redwood National Park ist mit seinen 42900 Hektar an altem Redwood-Bestand und einer einzigartigen Küstenlandschaft das Kronjuwel einer Reise entlang der Nordküste.

Zahlreiche Wanderwege führen tief in die feuchte, ursprüngliche Heimat der alten Redwood-Bäume, die teilweise älter als 2000 Jahre sind. **Tall Trees Grove** behauptet, mit 112,1 m Durchmesser den größten Baum der Welt zu haben. Im Fern Canyon Grove gibt es kilometerlange Wanderwege durch unberührten Wald.

Die Parkangestellten haben ein ehrgeiziges Projekt zur Stabilisierung und Aufforstung von abgeholztem Land im Nationalpark vor. Sie bemühen sich, die Waldschäden zu beheben, indem sie die Holzfällerstraßen wieder der natürlichen Umgebung anpassen. Außerdem pflanzen sie Tausende von Redwood-Setzlingen und verwandeln zusätzlich Steppenland wieder in seinen ursprünglichen Zustand.

INFO: NORDKÜSTE

DEL NORTE COUNTY
(Telefonvorwahl für diese Region ist 707)
Unterkunft
MITTELKLASSE: **Northwood Inn,** 655 Hwy. 101 S., Crescent City 95531 (Tel. 464-9771). *EINFACH:* **Crescent TraveLodge,** 725 Hwy. 101 N., Crescent City 95531 (Tel. 464-6106); **Motel Trees,** 15495 Hwy. 101, Klamath 95548 (Tel. 482-3152).
Restaurants
KONTINENTAL: **House of Rowland's,** 400 Hwy. 101 N., Crescent City.
MEERESFRÜCHTE: **Harbor View Grotto,** 155 Citizen's Dock Rd., Crescent City.
Sehenswürdigkeiten
Battery Point Lighthouse Museum, Crescent City (Tel. 464- 3089); **Del Norte Coast Redwoods State Park,** Hwy. 101, 11 km südl. von Crescent City (Tel. 445-6547 oder 458-3310); **Del Norte County Hist. Society Museum,** 577 H St., Crescent City (Tel. 464-3922), 10.00 – 16.00 Mai – Sept; **Jedediah Smith Redwoods State Park,** Hwy. 199, 14 km östlich von Crescent City (Tel. 464-9533 oder 458-3310); **Redwood National Park,** Büro 1111 Second St., Crescent City (Tel. 464-6101); **Trees of Mystery,** Hwy. 101 N., Klamath (Tel. 482-5613), tagsüber.
Touristen-Information
Del Norte County Chamber of C., P.O. Box 246, Crescent City 95531 (Tel. 464-3174).

HUMBOLDT COUNTY
Unterkunft
LUXUSKLASSE: **Eureka Inn,** 7th und F St., Eureka 95501 (Tel. 442-6441);
MITTELKLASSE: **Thunderbird Lodge,** 5th St. und Broadway, Eureka 95501 (Tel. 443-2234, 800-528-1234). *EINFACH:* **Miranda Gardens Resort,** 6766, Avenue of the Giants (P.O. Box 186), Miranda 95553 (Tel. 943-3011); **North Coast Inn,** 4975 Valley West Blvd., Arcata 95521 (Tel. 822-4861).
Sehenswürdigkeiten
Clarke Memorial Museum, 3rd und E Streets, Eureka (Tel. 443-1947), Di – Sa 12.00 – 16.00, Eintritt frei; **Ferndale State Historic Landmark,** Ferndale (Tel. 786-4477); **Ferndale Museum,** 3rd und Shaw Streets, Ferndale (Tel. 786-4466), Mi – Sa 11.00 – 16.00, So 13.00 – 16.00; **Fort Humboldt State Historic Park,** 3431 Fort Ave., Eureka (Tel. 445- 6567), 9.00 – 17.00, Eintritt frei; **Fortuna Depot Museum,** 4 Park St., Fortuna (Tel. 725-2495), tägl 12.00 – 17.00 Juni – Sept, Sa – Mi von Sept – Mai, Eintritt frei; **Humboldt Bay Maritime Museum,** 1410 Second St., Eureka (Tel. 444-9440), tägl 11.00 – 17.00, So 12.00 – 17.00; **Humboldt Cultural Center,** 422 First St., Eureka (Tel. 442-2611), Di – Sa 11.00 – 17.00, So. 12.00 – 17.00; **Humboldt Redwoods State Park,** Hwy. 101 und 254, Weott (Tel. 946-2311), Besucherzentrum tägl. 10.00 – 17.00 April – Sept., einschließlich Avenue of the Giants; **Prairie Creek Redwoods State Park,** Hwy. 101 nördl. von Orick (Tel. 488-2171); **Redwood Information Center,** Hwy. 101, Orick (Tel. 488-3461), tägl 9.00 – 17.00.
Touristen-Information
Eureka/Humboldt County Convention and Visitors Bureau, 1034 Second St., Eureka 95501 (Tel. 443-5097); **Redwood Empire Association,** 785 Market St., 15th Floor, San Francisco, CA 94103 (Tel. 415-543-8334).

MENDOCINO COUNTY
Unterkunft
LUXUSKLASSE: **Stanford Inn by the Sea,** Hwy. 1 & Comptche-Ukiah Rd. (P.O. Box 487), Mendocino 95460 (Tel. 937-5615, 800-331-8884). *MITTELKLASSE:* **MacCallum House,** 45020 Albion St., Mendocino 95460 (Tel. 937-0289); **Mendocino Hotel,** 45080 Main St., Mendocino 95460 (Tel. 937-0511). *EINFACH:* **Discovery Inn,** 1340 N. State St., Ukiah (Tel. 462-8873); **Tradewinds Lodge,** 400 S. Main St., Fort Bragg, 95437 (Tel. 964-4761, 800-524-2244).
Restaurants
KONTINENTAL: **Cafe Beaujolais,** 961 Ukiah St., Mendocino (Tel. 937-5614).
FRANZÖSISCH: **St. Orres,** 36601 S. Hwy. 1, Gualala (Tel. 884-3303).
Sehenswürdigkeiten
California Western Railroad's Skunk Trains, tägl. Fahrten von Fort Bragg nach Willits (Tel. 964-6371); **Grace Hudson Museum and Sun House,** 431 S. Main St., Ukiah (Tel. 462-3370), Di – Sa 10.00 – 16.30, So 12.00 – 16.30, 4. Juli – Labor Day; **Kelley House Museum,** 45007 Albion St., Mendocino (Tel. 937-5791); **Mendocino Art Center,** 45200 Little Lake St., Mendocino (Tel. 937-5818); **Mendocino Coast Botanical Gardens,** 18220 N. Hwy. 1, Fort Bragg (Tel. 965-4352), tägl. 9.00 – 16.00, $5; **Mendocino County Museum,** 400 E. Commercial St., Willits (Tel. 459-2736), Mi – So 10.00 – 16.30, Eintritt frei. **Mendocino National Forest,** Büro 420 E. Laurel St., Willows (Tel. 916-934-2350); **Point Arena Lighthouse,** Point Arena (Tel. 882-2777).
Touristen-Information
Fort Bragg-Mendocino Coast Ch. of C., P.O. Box 1141, Fort Bragg 95437 (Tel. 961-6300).

LAS VEGAS

ABSTECHER

LAS VEGAS
RENO
BAJA CALIFORNIA

LAS VEGAS UND RENO

Wer das Glücksspiel, Live-Unterhaltung und üppige Buffets liebt, der fährt nach **Las Vegas**, 450 km östlich von Los Angeles, oder nach **Reno**, nur 350 km östlich von San Francisco, zwei Städte im Bundesstaat Nevada.

Als der Staat Nevada 1931 das Glücksspiel legalisierte, erlebten Las Vegas und Reno einen gigantischen Aufschwung. Seit der Goldgräberzeit des 19. Jh. zog Nevada nicht mehr so viele Menschen mit dem Traum vom großen Geld an. Tatsächlich ist Las Vegas trotz seines Spitznamens „Lost Wages" (verlorener Lohn) als Welthauptstadt der Unterhaltung bekannt. 1989 ließen über 19 Millionen Besucher mehr als $3,7 Milliarden auf den Spieltischen in Las Vegas und anderen Städten im Clark County!

Über 70 000 Spielautomaten stehen allein in Las Vegas. Den Hebel eines „Einarmigen Banditen" herunterzudrücken, kostet zwischen 1 Cent und $500! Außerdem kann man in Las Vegas und Reno unter anderem Würfelspiele, Black Jack, Poker, Baccara und Roulette spielen.

Aber das Glücksspiel ist nicht die einzige Möglichkeit der Zerstreuung. Bekannt sind die Glitzershows mit spärlich bekleideten Showgirls und Aufführungen mit Topstars wie Frank Sinatra, Bill Cosby und The Pointer Sisters. Und im Hinterland gibt es noch viel mehr zu sehen – Museen, Parks und Minenstädte.

Las Vegas

Las Vegas liegt am südlichsten Zipfel Nevadas, bequem über die Interstate 15 von Los Angeles aus zu erreichen.

Spanische Eroberer kamen 1829 erstmals hierher. Sie nannten das Gebiet wegen der dürren Gräser um die artesische Quelle des Tales herum „die Weiden". Mormonen aus Utah kamen 1855 und versuchten eine Zeit lang das Land zu kultivieren, schließlich war es ihnen aber zu unwirtlich. Das Fort Baker der U.S.–Armee aus dem Jahre 1864 zog einige Siedler an. Die Fertigstellung der Eisenbahn zwischen Los Angeles und Salt Lake City, Utah, verhalf der Stadt 1905 zu größerem Wachstum; als 1930 der in der Nähe gelegene Hoover Damm am Colorado River gebaut wurde, expandierte sie weiter.

1931 legalisierte man dann das Glücksspiel in Nevada, und die Casinos schossen wie Pilze aus dem Boden. Ein erneuter Wachstumsschub kam nach dem Zweiten Weltkrieg, als der berühmte

Vorherige Seiten: Neonüberstrahlt – der Las Vegas Strip, auch „Glitter Gulch" genannt.

Strip mit dem Spitznamen „Glitzerschlucht" geschaffen wurde. Hotels wie Caesar's Palace, the Golden Nugget und MGM Grand (heute Bally's) wurden zu Synonymen für die Stadt.

Las Vegas wurde ein Hafen für die Reichen und Berühmten. Darunter war Howard Hughes, der in den fünfziger Jahren hierherkam und durch den Kauf mehrerer Hotels groß in den lokalen Immobilienmarkt investierte. Nach Hughes' Tod 1976 verkaufte seine Suma Corporation alles bis auf 8093 Hektar unbebautes Land, auf dem eine Wohnanlage entstehen soll.

Heute ist Las Vegas jedoch mehr als eine Touristenattraktion. Clark County verzeichnet mit 3500 neuen Einwohnern jeden Monat das größte Wachstum im Westen. In der Region leben fast 750 000 Menschen (262 000 allein in Las Vegas), und im Jahr 2000 sollen es 1 Million sein.

Auf die Besucher, die des Glücksspiels und Nachtlebens müde sind, warten noch andere Attraktionen. Die **Imperial Palace Auto Collection** im Imperial Palace Hotel stellt über 200 Automobile der Vorkriegszeit aus, darunter ein Mercedes-Benz Adolf Hitlers aus dem Jahr 1939 und das Lieblingsmotorrad des Schauspielers Steve McQueen.

Ein weiteres außergewöhnliches Museum ist das **Liberace Museum**, 1775 E. Tropicana Ave. Darin sind Erinnerungen an einen etwas extravaganten Künstler, eine Juwelensammlung, Klaviere und andere Besitztümer des kürzlich Verstorbenen ausgestellt. Im Four Queens Hotel im Zentrum befindet sich eine unglaubliche Ausstellung, **Ripley's Believe it or Not**, wo man über 1000 Stücke der Robert Ripley-Sammlung, Absonderlichkeiten und Launen der Natur, bewundern kann.

Das **Nevada State Museum**, 700 Twin Lakes Dr., enthüllt die kulturelle Seite von Las Vegas. Umgeben von einem Park mit von Quellen gespeisten Teichen liegt das Museum, das die Geschichte der Region zum Thema hat.

Im nahegelegenen **Henderson** können Schokoladenliebhaber einige der köstlichsten Süßigkeiten in der **Ethel M Chocolate Factory**, 2 Cactus Garden Drive, probieren. Die Fabrik gehört zur „Mars" Familie und kann besichtigt werden. Daneben liegt ein botanischer Garten mit einer Kakteenausstellung.

Ebenfalls in Henderson liegt das **Clark County Heritage Museum,** 1830 S. Boulder Highway. Dort kann man eine Eisenbahnerstadt aus der Zeit um die Jahrhundertwende sehen.

Etwa 24 km westlich von Las Vegas, in der Nähe des Highway 159, bietet die **Red Rock Recreation Area** Möglichkeiten zum Picknicken und Wandern und ein phantastisches Panorama. Im Park liegt **Old Nevada,** ein Modelldorf mit einem Wachsmuseum, einer Oper, inszenierten Schießereien und anderen Vergnügungen des Alten Westens.

Die größte Sehenswürdigkeit in Südnevada ist der **Hoover Damm,** 48 km südöstlich von Las Vegas, in der Nähe des Highway 93. Er besteht aus 70 Stockwerken und versorgt Nevada, Kalifornien und Arizona mit Energie. Der Damm ist das Tor zur **Lake Mead National Recreation Area**, wo es schöne Strände, Wasserski-, Segel- und Tauchmöglichkeiten gibt.

Der älteste Park Nevadas, das **Valley of Fire**, liegt am Nordende des Lake Mead in der Nähe des Highway 169. Er fasziniert vor allem durch leuchtend rote Sandsteinformationen und indianische Felsmalereien.

Reno

Reno liegt im Nordteil von Nevada, eine halbe Autostunde vom Lake Tahoe auf der Interstate 80. Gold und Silber lockten die ersten Siedler in den späten 50er Jahren des 19. Jh. in das benachbarte Virginia City, mehr als zehn Jahre nachdem John Fremont und Kit Carson in diese Gegend gekommen waren.

RENO

Die transkontinentale Union Pacific Railroad legte die ersten Grundsteine der Stadt, da sie dort ihr Depot hatte. Der Pony Express, auf dem Weg zum Depot in Carson City, kam 1860 und 1861 ebenfalls hier durch. Damals schrieb der junge Samuel Clemens unter dem Pseudonym Mark Twain Artikel für den Virginia City *Territorial Enterprise*.

Im 20. Jh. errichteten Bill Harrah und andere Unternehmer die Weltklassehotels und Casinos. Heute hat die Stadt Reno stolze 127 000 Einwohner und die Nachbarstadt Sparks über 55 000 Einwohner. Der Bergbau und die Landwirtschaft sind noch immer wichtige Industrien, aber der Tourismus und das Glücksspiel sind die größten Trümpfe.

Mehr als Casinos

Ein Höhepunkt eines jeden Besuches in Reno ist sicherlich das **William F.**

Oben: Das Glücksspiel ist die Haupteinnahmequelle der Stadt Reno.

Harrah Foundation National Automobile Museum, Ecke Lake und Mill Street im Zentrum. Über 200 Autos aus der Privatsammlung des kürzlich verstorbenen Magnaten sind hier ausgestellt. Darunter sind der 1949 Mercuri, den James Dean in *Denn sie wissen nicht, was sie tun* fuhr, und der 1907 Thomas Flyer, der 1908 das Rennen um die Welt gewann. Sogar die Architektur des Museums erinnert mit abgerundeten Ecken und waagerechten Chromstreifen an ein Auto der fünfziger Jahre.

Eine weitere originelle Sammlung ist die **Harold's Club Gun Collection** im zweiten Stock eines der ältesten Casinos in Reno, 250 N. Virginia St., nördlich des Zentrums. Die **Wilbur D. May Great Basin Adventure and Museum**, 1502 Washington St., stellen exotische Artefakte des Kaufhausmagnaten aus. Abenteuer erlebt man im Kinderpark mit einer Dinosaurierhöhle, einer originalgetreuen Maschine zur Zerkleinerung von Erz und einem Zoo mit Ponyreiten.

40 km südlich von Reno, in der Nähe des Highway 341, liegt **Virginia City**, eine der reichsten Städte des Westens im 19. Jh., als es als „Queen of the Comstock" bekannt war. Die Stadt hat sich seither kaum verändert. Die **V&T Railroad** bietet eine Fahrt nach Gold Hill vom Depot, Washington und F Street aus an, und die **Chollar Mine** am Ostende der Stadt an der South Street bietet Touren zu den Schächten einer der echten Goldminen der Stadt an.

Auch **Carson City**, die 56 km weiter südlich am Highway 395 gelegene Hauptstadt Nevadas, ist eine historische Stadt. Besucher können das **Nevada State Railroad Museum** mit funktionstüchtiger Eisenbahn besichtigen. Weitere Attraktionen sind die indianischen Artefakte des **Nevada State Museums**, der Nachbau einer Geisterstadt und eine unterirdische Tour durch die Mine. Im **State Capitol** hängen die Portraits aller Gouverneure von Nevada.

INFO: LAS VEGAS UND RENO

(Telefon-Vorwahl für diese Region ist 702.)
LAS VEGAS
Unterkunft
LUXUSKLASSE: **Alexis Park Resort,** 375 E. Harmon Ave., 89109 (Tel. 796-3300). **Caesar's Palace,** 3570 Las Vegas Blvd. S., 89109 (Tel. 731-7110).
MITTELKLASSE: **Bally's,** 3645 Las Vegas Blvd. S., 89109 (Tel. 739-4111). **Desert Inn,** 3145 Las Vegas Blvd. S., 89114 (Tel. 733-4444): **Golden Nugget,** 129 E. Fremont St., 89125 (Tel. 385-7111). **Las Vegas Hilton,** 3000 Paradise Rd., 89193 (Tel. 732-5111). **Sands,** 3355 Las Vegas Blvd. S., 89109 (Tel. 733-5000). *EINFACH:* **Circus Circus,** 2880 Las Vegas Blvd. S., 89109 (Tel. 734-0410). **Four Queens,** 202 E. Fremont St., 89101 (Tel. 385-4011). **Imperial Palace,** 3535 Las Vegas Blvd. S. (Tel. 731-3311), **Union Plaza,** 1 Main St., 89101 (Tel. 386-2110).
Restaurants
AMERIKANISCH: **Tony Roma's,** 620 E. Sahara Ave. (Tel. 733-9914). *KONTINENTAL:* **Alpine Village Inn,** 3003 Paradise Rd. (Tel. 734-6888). *ITALIENISCH:* **Philips Supper House,** 4545 W. Sahara Ave. (Tel. 873-5222).
JAPANISCH: **Benihana Village,** Las Vegas Hilton, 3000 Paradise Rd. (Tel. 732-5801).
Sehenswürdigkeiten
Bonnie Springs Old Nevada, 1 Gun Fighter Lane, Bonnie Springs (Tel. 875-4191), tägl. 10.30 – 17.00. **Clark County Heritage Museum,** 1830 S. Boulder Hwy., Henderson (Tel. 455-7955), tägl. 9.00 – 16.30. **Ethel M Chocolate Factory,** 2 Cactus Garden Dr., Henderson (Tel. 458-8864), tägl 9.30 – 17.30, Eintritt frei. **Hoover Dam,** Hwy. 93, Boulder City (Tel. 293-8367), tägl 9.00 – 16.30. **Imperial Palace Auto Collection,** Imperial Palace Hotel, 3535 S. Las Vegas Blvd. (Tel. 733-3311), tägl. 9.30 – 23.00. **Lake Mead National Recreation Area,** südöstl. von Las Vegas am Colorado. **Liberace Museum,** 1775 E. Tropicana Ave. (Tel. 798-5595), Mo – Sa 10.00 – 17.00, So 12.00 – 17.00. **Nevada State Museum,** 700 Twin Lakes Dr. (Tel. 486- 5205), Mo – Di 11.30 – 16.30, Mi – So 8.30 – 16.30. **Red Rock Recreation Area,** Spring Mountain Ranch State Park, Hwy. 159, 24 km westl. von Las Vegas (Tel. 363-1921). **Ripley's Believe It or Not!,** Four Queens Hotel, 202 E. Fremont St. (Tel. 385-4011), So – Do 10.00 – 24.00, Fr – Sa 9.00 – 1.00. **Valley of Fire State Park,** Hwy. 169, Overton (Tel. 397-2088).
Touristen-Information
Las Vegas Convention and Visitors Authority, 3150 Paradise Rd., Las Vegas, NV 89109 (Tel. 733-2323 or 733-2244).

RENO
Unterkunft
MITTELKLASSE: **Reno Hilton,** 2500 E. Second St., 89595 (Tel: 789-2000). **Fitzgerald's,** 255 N. Virginia St. 89501 (Tel: 786-3663). **Harrah's,** Center und Second St. 89520 (Tel: 786-3232). **Flamingo Hilton,** 255 N. Sierra St. 89501 (Tel: 322-1111).
EINFACH: **Airport Plaza,** 1981 Terminal Way, 89502 (Tel: 348- 6370). **Circus Circus,** 500 N. Sierra St. 89513 (Tel: 329-0711). **Eldorado,** 4th und Virginia St. 89505 (Tel: 786-5700).
Restaurants
AMERIKANISCH: **The Christmas Tree,** 20007 Mt. Rose Hwy 431, 14,4 km südwestl. von Reno (Tel: 849-0127).
KONTINENTAL: **Casanova's,** 1695 S. Virginia St. (Tel: 786-6619).
FRANZÖSISCH: **La Table Francaise,** 3065 W. Fourth St. (Tel: 323-3200).
ITALIENISCH: **Spaughi's,** 1573 S. Virginia St. (Tel: 323-5339). *MEXIKANISCH:* **Micasa Too,** 2205 W. Fourth St. (Tel: 323-6466).
Sehenswürdigkeiten
Fleischmann Planetarium, University of Nevada – Reno (Tel. 784-4812), 6 Vorführungen tägl. **Harold's Club Gun Collection,** Harold's Club, 250 N. Virginia St. (Tel. 329-0881), 24 Stunden, Eintritt frei. **William F. Harrah Foundation National Automobile Museum,** Mill und Lake Streets (Tel. 333-9300), tägl 9.30 – 17.30. **Great Basin Adventure,** 1502 Washington St. (Tel. 785-4319), Di – So 10.00 – 17.00, nur im Sommer. **Wilbur D. May Museum and Arboretum,** 1502 Washington St. (Tel. 785-5961), Di – So von Mai – Sept 10.00 – 17.00, Mi – So von Okt – Mai 10.00 – 17.00. **Nevada Museum of Art,** 160 W. Liberty St. (Tel. 329-3333), Di – Sa 10.00 – 16.00, So 12.00 – 16.00. **Nevada State Museum,** 600 N. Carson St., Carson City (Tel. 687-4810), tägl 8.30 – 16.30. **Nevada State Railroad Museum,** Hwy. 395 S., Carson City (Tel. 687-6953), Mi – So 8.30 – 16.30, Zugfahrten Juni – Sept Sa/So. **State Capitol,** Carson City (Tel. 687-5030). **Virginia City,** 40 km südl. von Reno auf dem Hwy. 341. Einschließlich V&T Railroad (Tel. 847-0380), 10.30 – 17.45 im Sommer; und die Chollar Mine (Tel. 847-0155), 12.00 – 17.00.
Touristen-Information
Nevada Commission on Tourism, Capitol Complex, Carson City, NV 89710 (Tel. 687-4322, 800-638-2328). **Reno/Sparks Convention and Visitors Authority,** Lake Mansion, 4590 S. Virginia St., Reno, NV 89502 (Tel. 827-7366 oder 800-367- 7366). **Reno Downtown Visitors Center,** 275 Virginia St. (Tel. 329-3558).

BAJA CALIFORNIA

Die mexikanische Halbinsel Baja California „Unterkalifornien" erstreckt sich über 1600 km von der südlichen Grenze Kaliforniens in Richtung Süden. Dieses vielseitige Wüstenland ist berühmt für seine empfindliche Flora und Fauna, zum Beispiel der seltsame Ciriokaktus oder die Elefantenbäume, die merkwürdige Schatten werfen. Rauhe Berge mit Gipfeln über 3050 m und fast 4000 km Fels- oder Sandküste umgeben die Halbinsel.

Geologen meinen. daß die Halbinsel einmal zum mexikanischen Festland gehörte. Im Verlauf von Millionen von Jahren enstand durch Erdbewegungen entlang des San Andreas-Grabens die Halbinsel.

Die Spanier glaubten, es gäbe hier große Gold- und Silbervorkommen und andere Reichtümer. Hernan Cortez, der Er-

oberer Mexikos, kam 1535 mit seinen Truppen – aber das rauhe Klima und die niederen Erträge des Landes zwangen ihn nach nur zwei Jahren zum Rückzug.

Eineinhalb Jahrhunderte später unternahmen Dominikaner und Jesuiten einen erneuten Versuch der Besiedlung. 1697 wurde am Golf von Kalifornien in **Loreto** eine Mission gegründet. Die Siedlung wurde die erste Hauptstadt des spanischen Kaliforniens. Am südlichen Ende, in Land's End, im heutigen Gebiet von **Los Cabos**, suchten Piraten Unterschlupf in kleinen Buchten, um von dort aus die mit Schätze beladenen spanischen Schiffe zu überfallen.

Anfang des 19. Jh. erforschten Abenteurer die weißen Flecken auf der Landkarte, und Ende der 40er Jahre inspirierten die Perlentaucher von **La Paz** Schriftsteller wie John Steinbeck. Baja California blieb von der mexikanischen Revolution von 1910 praktisch unberührt und entwickelte nie eine Industrie außerhalb von Tijuana und Mexicali im Norden und La Paz im Süden.

Oben: Kaktuspflanzen in Baja California.
Rechts: Eine Rast abseits des Highway.

Baja entwuchs erst 1973 durch die Öffnung des Transpeninsular Highway 1 den Kinderschuhen. Diese Kurvenstraße verläuft 1695 km von Tijuana, an der Grenze gegenüber von San Diego, nach **Cabo San Lucas**. Die zweispurige Autobahn war nicht nur eine wirtschaftliche Unterstützung für die beiden unterentwickelten mexikanischen Staaten Baja California Nord und Süd, sie brachte auch eine Flut von Touristen, deren Geld die Grundlage für das weitere Wachstum der Region darstellte.

Unterwegs in Baja

Kalifornienbesucher, die ein paar Tage Zeit übrig haben, können am Pazifik entlang in Richtung Süden nach Ensenada, dann durch die Berge der Sierra San Pedro Martir nach San Felipe fahren. Bei der Rundfahrt an der Mündung des Colorado Rivers vorbei überquert man die mexikanische Grenze in Mexicali.

Einige Autoverleiher erlauben die Fahrt nach Baja California, wenn der Mieter eine mexikanische Autoversicherung abschließt. Weiter als bis Ensenada kann man mit einem Mietwagen nur ausnahmsweise nach Mexiko fahren.

Tijuana ist *die* Grenzstadt südlich von San Diego. Ihr schlechter Ruf als eine Stadt von Bordellen, Bars und Schlägereien mag vielleicht vor dem Zweiten Weltkrieg gerechtfertigt gewesen sein, heute steht hier jedoch eine blühende Stadt mit 700 000 Einwohnern, die sich auf den Tourismus und die High-Tech-Industrie umgestellt hat.

Eine Tagesfahrt von San Diego mit dem San Diego Trolley Bus zur Grenze nach **San Ysidro** ist unproblematisch. Auf der mexikanischen Seite warten Taxis. Es gibt Einkaufsmöglichkeiten auf den Hauptgeschäftsstraßen, Pferderennen auf dem **Agua Caliente Race Track** in einem Vorort der Stadt und Jai Alai – Spiele nachts im **Fronton** (Stadion) im Zentrum. Während der Saison kommen Einheimische und Touristen am Sonntag am **Tijuana Bull Ring** zusammen, um einige der herausragenden Stierkämpfer

BAJA CALIFORNIA

Ensenada und San Felipe

Die Fahrt auf einer vierspurigen, gebührenpflichtigen Straße 105 km in Richtung Süden nach **Ensenada** ist malerisch. Die Landschaft mit Klippen, von denen aus man auf die wechselnden Blautöne des Pazifiks hinunterblickt, erinnert an die Küste von Big Sur. Ensenada war früher wegen des Thunfischfangs als die „gelbschwänzige Hauptstadt der Welt" bekannt. Aber die Fischerei nimmt heute nur den zweiten Platz hinter dem Tourismus ein. Fast täglich legen Schiffe von Los Angeles und San Diego im Hafen an. Die Passagiere haben hier einige Stunden Aufenthalt, um einzukaufen oder die Stadt zu besichtigen.

Etwa 225 km südöstlich liegt das kleine Fischerdorf **San Felipe**, wo fast immer die Sonne scheint. Das Besondere hier sind die wogenden Gezeiten und die Grunion-Fische. Wegen der Lage an der Innenseite des von Land umgebenen Golfes von Kalifornien sind die Gezeiten hier ähnlich wie in der Bay of Fundy. Zusammen mit der Flut kommen die Grunions, kleine Fische, die sich tagsüber im Golf paaren. Nur nachts kann man sie am Pazifikufer beobachten.

201 km Fahrt Richtung Norden bietet Vogelliebhabern die Gelegenheit, seltene Vogelarten entlang des **Rio Hardy** zu beobachten. Die Industrie- und Grenzstadt **Mexicali** ist die Verwaltungshauptstadt von Baja California Nord.

Mexikos und Spaniens mit „Ole"-Rufen anzufeuern.

In der Nähe der Grenze eröffnete die mexikanische Regierung 1982 das **Centro Cultural Tijuana**, um den amerikanischen Besuchern einen Überblick über ganz Mexiko zu präsentieren. Ein Museum mit Ausstellungen zur mexikanischen Geschichte und zum traditionellen Leben in Mexiko sowie ein Omnimax-Theater, wo es sehenswerte Kunstausstellungen, Theatervorführungen, ein Restaurant und eine Einkaufspassage gibt, sind in diesem Zentrum untergebracht.

Südlich von Tijuana, am Pazifik, liegt **Rosarito Beach**, das mit dem Auto einfach zu erreichen ist. Am Wochenende kommen Tausende von Amerikanern hierher. Viele wohnen im bekannten Rosarito Beach Hotel, wo sich in den 30er Jahren ein Kasino befand. Viele Amerikaner leben ständig hier in den Häusern und Eigentumswohnungen am Meer. Sie fliehen so vor den überlaufenen Städten und hohen Grundstückspreisen nördlich der Grenze.

Reisende mit mehr Zeit werden den Südteil der Halbinsel besonders faszinierend finden. Taucher und Angler sind begeistert vom Leben unter Wasser. Außerdem kommen die Grauwale Kaliforniens zur Paarung und zum Kalben in die Lagunen von Baja California, während andere Arten ständig hier leben.

In Mexico sollte man immer einen Paß oder Personalausweis bei sich tragen. Besucher, die nicht Bürger der USA sind, sollten sich vorher über die Einreisebestimmungen informieren.

INFO: BAJA CALIFORNIA

ENSENADA
Unterkunft
Wenn Sie außerhalb von Mexiko nach Mexiko telefonieren, müssen Sie 00 + 52 + Vorwahl + Nr. wählen. Von der USA aus müssen Sie die Nummer mit 011 + 52 + Vorwahl + Tel.Nr. (Vorwahl 667)
MITTELKLASSE: **Las Rosas by the Sea,** North Coast Road, Km 105 (P.O. Box 316; Tel. 4-4310, 800-225-2786)); **San Nicolas,** Av. A. Lopez Mateos an der Av. Guadalupe (Tel. 6-1901, 800-522-1516). *EINFACH:* **Fiesta Inn,** 237 Av. Sangines (Tel. 6-1361); **Quintas Papagayo,** 3 km nördl. am Hwy 1 (Tel. 4-4575).
Restaurants
AMERIKANISCH: **Cha-Cha Burgers,** Blvd. L. Cardenas in der Nähe der Av. Sangines. *KONTINENTAL:* **Enrique's,** 1 km nördlich von Ensenada am Hwy 1 (Tel. 8-2461). *MEXIKANISCH:* **Corralito,** 627 Av. Lopez Mateos in der Nähe der Av. Miramar (8-2370). *MEERESFRÜCHTE:* **La Cueva de los Tigres,** Av. Acapulco und Av. Las Palmas (Tel. 6-6450.
Sehenswürdigkeiten
Bodegas de Santo Tomas, Weinkellerei, 666 Av. Miramar (Tel. 8-2509); **Fish Market,** Av. Gastelum und Blvd. L. Cardenas; **Hussong's Cantina,** 113 Av. Ruiz in der Nähe der Av. Lopez Mateos (Tel. 8-3210); **Riviera del Pacifico,** Blvd. L. Cardenas bei der Av. Riviera.
Touristen-Information
Ensenada Convention Bureau (Tel. 8-2411); **State Tourism Office** (Tel. 6-2222).

MEXICALI
(Vorwahl 65)   Unterkunft
LUXUSKLASSE: **Rancho la Puerta,** Tecate (P.O. Box 2548, Escondido, CA 92025; Tel. 4-1005, 800-443-7565). *MITTELKLASSE:* **Holiday Inn,** 2220 Blvd. N. Benito Juarez (Tel. 66-1300, 800-465-4329). *EINFACH:* **Calafia,** 1495 Blvd. Justo Sierra (Tel. 68-3311, 800-927-2402);
Sehenswürdigkeiten
Bosque de la Ciudad, Stadtpark , Av. Cardenas bei Blvd. Villahermosa (Tel. 55-2833); **Galeria de la Ciudad,** Kunstmuseum, 1209 Av. Obregon (Tel. 53-5044); **Museum de la Universite,** Geschichtsmuseum, Av. Reforma and Calle (Tel. 52-5715).
Touristen-Information
Mexicali Convention Bureau (Tel. 52-9795); **State Tourism Office** (Tel. 52-5877).

ROSARITO BEACH
(Vorwahl: 661)   Unterkunft
MITTELKLASSE: **Plaza del Mar,** Toll Rd. Km 151, Puerto Nuevo (Tel. 5-9152); **Rosarito Beach Hotel,** Blvd. Benito Juarez south (Tel. 2-1106). *EINFACH:* **Quinta del Mar,** 25500 Blvd. Benito Juarez (Tel. 2-1301).
Restaurants
MEXIKANISCH: **La Flor de Michoacan,** 146 Av. Benito Juarez (2-1858); **La Mission,** 182 Blvd., Juarez (Tel. 2-0202).
MEERESFRÜCHTE: **El Pescador,** Hwy. 1 Km 44, nördl. von Puerto Nuevo (Tel. 4-1048).
Touristen-Information
Rosarito Beach Tourist Inf. Office (Tel. 2-0396); **State Tourism Office** (Tel. 2-1065).

SAN FELIPE
(Vorwahl 657)   Unterkunft
MITTELKLASSE: **Castel San Felipe,** 148 Av. Mision de Loreto (Tel. 7-1280).
EINFACH: **Riviera,** Frac. Sol y Mar (Tel. 7-1185); **La Trucha Vagabunda,** Av. de los Cedros S. (Tel. 7-1333).
Restaurants
ITALIENISCH: **Alfredo's,** Calle Mar Baltico, (Tel. 7-1333). *MEXIKANISCH:* **Cafe Rosita,** am Meer, nördl. Stadtrand (Tel. 7-1119).
MEERESFRÜCHTE: **Puerto Padre,** 316 Ave., Mar de Cortez (Tel. 7-1335).
Touristen-Information
State Tourism Office (Tel. 7-1155).

TIJUANA
(Vorwahl 66)   Unterkunft
LUXUSKLASSE: **Fiesta Americana,** 4500 Blvd. Agua Caliente (Tel. 81-7014, 800-223-2332). *EINFACH:* **Lucerna,** Paseo de los Heroes an der Av. Rodriguez (Tel. 84-2000); *MITTELKLASSE:* **Radisson-Paraiso,** 1 Blvd. Agua Caliente (Tel. 86-3637).
Restaurants
BAJA: **Ibirrieria Guanajuato,** 102 Av. Abraham Gonzalez (Tel. 37-7070). *KONTINENTAL:* **Alcazar del Rio,** 564 Paseo de los Heroes (Tel. 684-2672). *ITALIENISCH:* **Boccaccio's,** 2500 Blvd. Agua Caliente (Tel. 86-2266). *MEXIKANISCH:* **La Fonda Roberto,** 3566 Ave. 16 de Septiembre (Tel. 86-4687). *MEERESFRÜCHTE:* **La Marea,** 1935 Calle 5 in der Nähe der Av. Revolucion (Tel. 85-6590).
Sehenswürdigkeiten
Caliente Racetrack, Blvd. Agua Caliente an der Calle Tapachula (Tel. 81-7811), tägl.; **Centro Cultural Tijuana,** Paseo de los Heroes an der Mina Zona Rio (Tel. 84-1111, 84-1132); **Jai Alai Fronton Palacio,** 701 Av. Revolucion (Tel. 88-0125), Fr – Mi. bis 19.00; **El Toreo de Tijuana,** 100 Agua Caliente Blvd. (Tel. 85-2210). Stierkämpfe Mai – Sept.
Touristen-Information
Tijuana Convention and Visitors Bureau (Tel. 85-8472); **State Tourism Office** (Tel. 81-9492).

DIE FILMINDUSTRIE

Die Erde bebt und tut sich auf. Telegraphenmasten zersplittern, Stromleitungen sprühen Funken. Ein mit gefährlicher Fracht beladener Sattelschlepper verunglückt. Giftgasgeruch scheint in der Luft zu liegen. Ein Dröhnen ... und man sieht die Trümmer eines entgleisten Zuges. Ein noch bedrohlicheres Donnern ... und ein 5 m hoher Wasserschwall tost auf den Betrachter zu. Man ist starr vor Faszination und Grauen. Das ist doch wohl ein Traum, denkt man, oder vielmehr ein Alptraum. Aber es ist kein Alptraum, es ist ein Erdbeben inszeniert von den **Universal Studios Hollywood**. Und die stehen nun mal in Kalifornien, wo Erdbeben eine ständige Bedrohung sind.

In Schienenfahrzeugen werden in den Universal Studios 200 mal täglich in kaum mehr als zwei Minuten Besucher durch ein beängstigendes Erdbebenszenario geschleust das – wäre es real – 8,3 auf der Richter-Skala erreichte. In Wirklichkeit handelt es sich um ein gewaltiges 2322 qm großes künstliches Panorama mit Geräuschkulisse. Die Universal Studios Hollywood sind ein Ableger der Universal Studios, des größten und produktivsten Film- und Fernsehstudios der Welt. Auf 170 Hektar Gelände eröffnen die Hollywood Studios dem Interessierten einen Blick hinter die Kulissen der wunderbaren Zauberwelt des Films.

Neben dem Erdbeben bieten die Studios dem Besucher als Attraktion einen 5900 kg schweren und 9 m hohen King Kong, eine einstürzende Brücke, eine Sturzflut, den weißen Hai aus dem gleichnamigen Film und die Teilung des Roten Meeres. Außerdem gibt es hier Szenenaufbauten aus Hunderten von Film- und Fernsehklassikern zu sehen.

Von der Bahn aus kann man oft auch bei Dreharbeiten zuschauen. Am Ende der Rundfahrten warten Live-Vorführun-

Vorherige Seiten: Nur für erfahrene Surfer. Die große Hollywood–Familie. Oben: Dreharbeiten am Place Pigalle, L.A. Rechts: Beim Schminken für „Star Wars".

FILMINDUSTRIE

gen von Stuntmen und special effects aus *Raumschiff Enterprise, Conan, der Barbar* und *Miami Vice* sowie eine Bühne mit Tierdarstellern aus allen möglichen Filmen. Die Universal Studios Hollywood tun alles, um Besuchern zu demonstrieren, wie Filme gemacht werden.

Ein Hauch Filmgeschichte

Doch nicht nur über die Filmstudios kann sich der Besucher einen Einblick in die Filmgeschichte verschaffen oder sehen, wie Filme gemacht werden. Ein Rundgang in einem Filmmuseum und im Vorhof von Manns Chinesischem Theater, ein Bummel über den Hollywood Boulevard, und danach eine Bustour vorbei an den Häusern der Filmstars in Beverly Hills und Bel Air bieten sich an. Kaufen Sie sich eine Liste von Film- und Fernseh-Drehplätzen, oder besuchen Sie die Gräber berühmter Filmstars.

Seit dem Beginn des 20. Jh., als hier an Pensionen Schilder mit der Aufschrift „Keine Hunde und keine Schauspieler" angebracht waren, hat die Filmindustrie in der Gegend von Los Angeles eine rasante Entwicklung durchlaufen. Heutzutage wird hier mit der Filmproduktion das große Geschäft gemacht. Ebenso einträglich ist das Geschäft mit den Touristen, die hier vor Ort die Filmproduktion, Filmstars und die Glanzlichter der Filmgeschichte sehen wollen.

Filmhistorikern zufolge liegt der Beginn der Industrie im Jahre 1913, als Cecil B. De Mille in einer Scheune, dem heutigen **Hollywood Studio Museum**, zu filmen begann. Er wählte Hollywood in erster Linie wegen seines Wetters. De Mille hatte ursprünglich geplant, in Flagstaff, Arizona, zu drehen, aber als er dort aus dem Zug stieg, wurde er von einem Sturzregen begrüßt. Deshalb stieg er wieder ein und fuhr nach Westen, bis die Sonne schien.

Das Hollywood Studio-Museum in 2300 Northern Highland Ave. (Tel. 213-

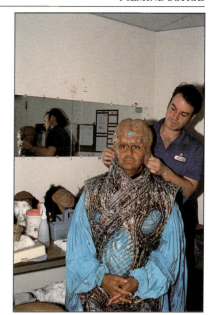

874-2276) befindet sich auf der anderen Seite des Hollywood Bowl. Es stellt Erinnerungsstücke aus Stummfilmen aus, eine Rekonstruktion von De Milles Büro, und es beherbergt einen kleinen Kinosaal, in dem ein kurzer Film über Hollywood zu sehen ist. Auch die Scheune selbst ist ein Ausstellungsstück, da sie De Mille verschiedentlich als Filmkulisse diente, beispielsweise in der Fernsehserie *Bonanza*.

Die Dreharbeiten sind nicht auf Hollywood beschränkt. Gebäude überall in der Gegend von Los Angeles sind in Kino- oder Fernsehfilmen als Kulisse aufgetaucht. Die City Hall im Zentrum von Los Angeles war eine Polizeiwache in der Fernsehserie *Dragnet* und diente in *Superman* als das Redaktionsgebäude von Clark Kents Zeitung. Ein Lagerhaus in Glendale war Drehort für Mack Sennett's *Keystone Kops*-Komödien.

Die Universal Studios am 3900 Lankershim Blvd., Universal City (Tel. 818-508-9600), wurden 1915 eröffnet und waren die Idee eines anderen Filmpio-

FILMINDUSTRIE

niers, nämlich von Karl Laemmle. Obwohl man 1989 das 25jährige Jubiläum der Touren durch die Universal Studios feierte, geht ihre Tradition bis in Laemmles Tage zurück: Er gewährte der Öffentlichkeit Zutritt zum Filmgelände, bis sich in den 20er Jahren dieses Jahrhunderts der Tonfilm durchzusetzen begann.

Einen besonders intimen Einblick in die Studiodreharbeiten gewähren die geschäftigen **Burbank Studios**, 400 Warner Blvd., Burbank (Tel. 818-954-1744), die sowohl die Warner Brothers (seit 1928) und Columbia Pictures beherbergen. Gruppen von zehn bis zwölf Personen werden hier täglich durch Filmszenerien, ein Kostümlager und ein Filmgelände wie die Midwest Street geführt, wo Ronald Reagan einst in *King's Row* auftrat. Zu sehen gibt es auch Requisitenräume einschließlich des Zimmers, in dem ein Kandelaber aus Errol Flynn's *Captain Blood* und die Lampen aus Humphrey Bogart's *Casablanca* aufbewahrt werden.

Die **Paramount Studios** in 5555 Melrose Ave., Hollywood (Tel. 213-468-5575), bieten zweistündige Touren an, die ebenfalls einen lebendigen Einblick in Film- und Fernsehproduktionen eröffnen. Besonders interessant ist der Vorführraum, in dem die Techniker Geräusche erzeugen, die nicht gleichzeitig mit dem Dialog der Schauspieler aufgenommen werden. Dazu gehört alles, von Schritten bis zu Gewehrschüssen.

Zu den großen Filmstudios zählen außerdem noch **Metro Goldwyn Mayer (MGM)/United Artists** in Culver City, **20th Century Fox** in Century City und **Walt Disney Productions** in Burbank. Eine eigene Tour wird auch von den **NBC Studios**, 3000 W. Alameda Ave., Burbank (Tel. 818-840-3537) angeboten. Der 75minütige Rundgang bietet nicht nur einen Blick hinter die Kulissen von Fernsehproduktionen; die Gäste stehen hier selbst vor der Kamera. Die zwei an-

Oben: Stuntmen während einer Wild-West-Schlägerei. Rechts: Noch immer reklamewirksam – Marilyn Monroe.

FILMINDUSTRIE

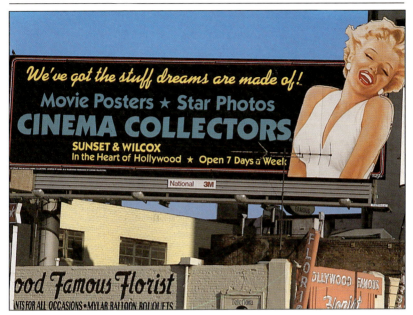

deren Fernsehgiganten – **ABC** und **CBS** – befinden sich in Los Angeles.

Eine Tour durch Tinseltown

Wenn Sie Film- und Fernsehdrehorte suchen, erkundigen Sie sich am besten in **Hollywood On Location**, 8644 Wilshire Blvd., Beverly Hills (Tel. 213-649-9165). Jeden Morgen gibt diese Agentur eine Liste und eine Karte heraus, denen im einzelnen die Straßen und Plätze zu entnehmen sind, wo die Filmcrews gerade arbeiten. Es ist allerdings eine Frage des Glücks und des richtigen Zeitpunktes, ob und was man zu sehen bekommt.

Wer darauf erpicht ist, Stars zu sehen, wird diese ganz bestimmt auf den Bürgersteigen entlang des **Hollywood Boulevard** treffen. Diese Stars sind aus Bronze: Ungefähr 2500 berühmte Namen sind hier in Beton eingelassen.

Wenn Sie sich für die Unterschriften von Stars wie auch für ihre Fußabdrücke, Fingerabdrücke u. ä. interessieren, sollten Sie zu **Mann's Chinese Theater**, 6925 Hollywood Blvd. (Tel. 213-464-8111) gehen. 1927 begann Sid Grauman, der damals dieses schmucke Theater besaß, die Signaturen der Filmgrößen zu sammeln, die die Galapremieren in seinem pagodenähnlichen Filmpalast besuchten.

In derselben Straße finden sich die Büros von *Starline Tours*, die mit dem Bus durch Beverly Hills und die Gegend von Bel Air führen, wo viele der Stars leben.

Beachten Sie auch **Pickfair**, 1143 Summit Drive, ein Herrenhaus im Kolonialstil, das von den Filmstars der ersten Stunde, Mary Pickford und Douglas Fairbanks, 1919 in Auftrag gegeben wurde. Es heißt, daß mit diesem Haus der Run der Hollywood-Stars auf Beverly Hills begonnen habe.

Besonders unerschrockene Filmfans ziehen vielleicht die von *Grave Line Tours* (Tel. 213-876-4286) angebotenen Ausflüge vor. Die Gesellschaft chauffiert die Teilnehmer in einer zweieinhalbstündigen Leichenwagentour zu den Todes- und Grabstätten der lieben Verstorbenen der Filmkolonie.

DIE SCHÖNEN KÜNSTE

Viele Kalifornienbesucher suchen einen Platz an der Sonne, einen amüsanten Nachmittag mit Mickey Mouse – oder sie wollen einen Blick auf die Golden Gate Bridge werfen. Für andere gehört zur Abrundung ihres Urlaubs auch ein Besuch bei alten Meistern oder einigen hochkarätigen Avantgarde-Künstlern. Auch das hat Kalifornien zu bieten.

Los Angeles

Bis vor gar nicht langer Zeit schienen Kunst und Los Angeles zwei unvereinbare Begriffe zu sein. Dann jedoch eröffnete die Stadt das **Museum of Contemporary Art**, und dies fand sogar in New York, das selten einem Ort westlich des Hudson River Kultur zugesteht, Beachtung. Mit diesem großen Ausstellungsgelände für moderne Kunst ist Los Angeles dabei, „Weltklassestatus zu erreichen", so 1986 das *New York Times Magazine*.

L.A.s Museum of Contemporary Art, 250 S. Grand Ave., (Tel. 213- 626-6222) wird von den Einheimischen liebevoll MOCA genannt. Die Dauerausstellung von internationalem Rang umfaßt auch Werke von Mark Rothko, Robert Rauschenberg und Louise Nevelson.

In einem hypermodern-geometrischen, roten Sandsteingebäude zeigt MOCA Kunst von 1940 bis zur Gegenwart. Das vom japanischen Architekten Arata Isozaki entworfene Gebäude mit seinen Schrägen, Winkeln und Pyramiden läßt viel Himmel und Licht herein und hat sieben Ebenen mit ausladenden Galerien.

Das **Los Angeles County Museum of Art**, 5905 Wilshire Blvd., Los Angeles (Tel. 213-857-6111), ist der größte Museumskomplex in Kalifornien. Er beherbergt Gemälde, Skulpturen und dekorative Kunst aus den verschiedensten Perioden und Kulturen in der Ahmanson-Galerie u. a. Werke von Picasso, Rembrandt, Dürer, Hals und De la Tour.

Oben: Im Norton Simon Museum. Rechts: Erinnert er nicht an George Bush?

Im Museum ist auch die Sinen-Kan-Kollektion von mehr als 300 japanischen Gemälden auf Schriftrollen und Wandschirmen, außerdem eine Ausstellung religiöser Kunst aus Indien, Tibet und Nepal zu sehen. Neben Wanderausstellungen bietet das County Museum eine Dauerausstellung von Kunst des 20. Jh.

Das **Norton Simon Museum**, 411 W. Colorado Blvd., Pasadena (Tel. 818-449-6840), besitzt eine erlesene Kollektion europäischer Gemälde, Zeichnungen und Skulpturen von der Frührenaissance bis ins 20. Jh. Es gibt hier Werke von Rembrandt, Botticelli, Goya und Rubens sowie von Van Gogh, Renoir, Matisse, Picasso, Braque und Gris. Nicht vorbeigehen sollte man auch an den Bronzearbeiten von Degas und den Skulpturen von Rodin und Henry Moore.

In derselben Gegend liegen die **Huntington Library, Art Gallery and Botanical Gardens,** 1151 Oxford Road, San Marino (Tel. 818-405-2273). Hier ist Thomas Gainsboroughs *Blue Boy* zu Hause, inmitten einer Fülle von englischer und französischer Kunst aus dem 18. und 19. Jh., darunter Stücke von Van Dyck und Turner, und einer Ausstellung, die eine Übersicht über amerikanische Malerei von 1730 bis 1930 gibt.

Neben Kunst bietet dieser herausragende Kulturkomplex noch anderes. Die Bibliothek umfaßt etwa sechs Millionen erlesene Bände, darunter eine Gutenberg-Bibel und die früheste bekannte Ausgabe von Chaucers *Canterbury Tales*. In den Gärten stößt man auf Unmengen von Tropenpflanzen und solchen aus gemäßigteren Klimazonen.

Das **J. Paul Getty Museum**, 17895 W. Pacific Coast Hwy., Malibu (Tel. 213-454-6541), liegt hoch auf einem Hügel mit Blick über das Meer. Hier gibt es in einer modernen Nachbildung einer römischen Villa aus dem 1. Jh. eine von Amerikas erlesensten Sammlungen griechischer und römischer Antiquitäten zu sehen, außerdem seltene Gobelins, kolorierte Manuskripte, Kunst der Renaissance und des Barock und Werke aus anderen Perioden. Von den berühmten Mei-

KUNST

stern sind Rembrandt, Rubens, De la Tour, Van Dyck, Gainsborough und Boucher vertreten.

Sehenswert sind auch die Museumsgebäude und die Anlagen. Die korinthischen Säulen, das Wasserbecken, die Quellen und auch das Gebäude selbst sind im Stile der Villa dei Papyri gehalten, die in Herculaneum im 18. Jh. aus vulkanischen Überresten vom Ausbruch des Vesuvs 79 v. Chr. freigelegt wurde.

Wie bei den anderen Attraktionen in der weiteren Umgebung von Los Angeles nimmt die Anfahrt zu jedem dieser Museen einige Zeit in Anspruch. Aber jedes von ihnen beherbergt wirklich sehenswerte Sammlungen.

San Francisco

Eine Reihe verschiedener Museen findet sich in San Franciscos Golden Gate Park. Im **M.H. de Young Memorial Museum** (Tel. 415-750- 3600) am Music Concourse Park gruppieren sich etwa 64 Galerien um einen zentralen Hof, in dem ein Portal aus einem spanischen Kloster des 12. Jh. steht. Dies ist das älteste Museum im Westen, aber in seinem Besitz befinden sich prähistorische Werkzeuge und Kunstwerke, die weit älter als die USA selbst sind. Einige stammen aus dem alten Ägypten, andere aus dem frühen Griechenland und Rom, aus Afrika und Ozeanien, aus Asien, Europa und Nord- und Südamerika.

Von besonderem Interesse ist die Nelson Rockefeller-Sammlung mit ihren 150 nordamerikanischen Gemälden, angefertigt von Künstlern wie Copley, Bingham, West, Eakins und Sargent. Unter den präsentierten Künstlern sind Rembrandt, Rubens, Tizian, Goya, Hals, Fra Angelico, Tintoretto, Pieter de Hooch und Cranach. Außerdem bietet das Museum öfter exquisite Wanderausstellungen.

Rechts: Fast überall in Kalifornien findet man solche Wandgemälde.

Im selben Gebäude wie das de Young Museum ist das **Asian Art Museum** (Tel. 415-668-8921) untergebracht, das einzige Museum in den USA, das ausschließlich der asiatischen Kunst gewidmet ist. Seine Avery Brundage Collection umfaßt mehr als 10 000 asiatische Jade-, Bronze- und Keramikarbeiten sowie Gemälde. Zu sehen sind hier Werke aus Japan, Korea, China, Tibet, Nepal, Indien, Pakistan, Afghanistan, Iran, Syrien, der Türkei und Südostasien, von denen einige mehr als 6000 Jahre alt sind. Die Sammlung ist ein Vermächtnis des früheren Präsidenten des Internationalen Olympischen Komitees.

Das **Museum of Modern Art**, Van Ness Avenue an der McAllister Street (Tel. 415-863-8800), befindet sich nicht im Park selbst, ist aber bequem erreichbar im Veterans Building am Civic Center. Hier kann man Werke des abstrakten Expressionismus wie auch Beispiele aller anderen Hauptströmungen der Kunst des 20. Jh. bewundern. Die Dauerausstellung umfaßt Werke von Georgia O'Keeffe, Jackson Pollock, Paul Klee, Mark Rothko, Clyfford Still, Alexander Calder, Willem de Kooning und Robert Motherwell.

Der **California Palace of the Legion of Honor** (Tel. 415-750-3600) ziert einen Hügel im Lincoln Park, und seine Fassade ist genauso eindrucksvoll wie seine Lage. Einst als Denkmal für die im Ersten Weltkrieg gefallenen Soldaten erbaut, ist dieses glänzend weiße, neoklassizistische Bauwerk eine Nachbildung der „Ehrenlegion" in Paris, mit ähnlichen Bögen und Säulen.

Der Palast hat eine bemerkenswerte Sammlung von mehr als 100000 Drukken, französischen Gemälden, darunter Werke von Monet, Manet, Degas, Corot und Fragonard, und Skulpturen, u. a. Rodins *Der Denker*. Zusätzlich sind auch Möbel, Porzellan, Gobelins und kunstgewerbliche Gegenstände ausgestellt.

Außerhalb von San Francisco gibt es ebenfalls viele Museen mit erlesenen

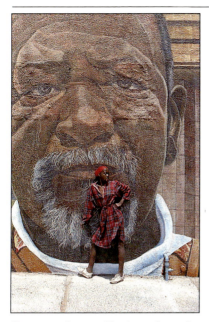 

Kunstsammlungen. Von besonderem Interesse ist das **University of Berkeley Museum of Art**, 2626 Bancroft Way, (Tel. 415-642-1207), das Kunstwerke der Moderne zeigt und in dem sich heute auch das **Pacific Film Archive** befindet, wo Raritäten aus der internationalen Filmgeschichte zu sehen sind.

Das **San José Museum of Art** 110 S. Market Street (Tel. 408-294-2787), stellt Textilien, Zeichnungen und Drucke aus der Hand regionaler Künstler aus. Mitten im Herzen von Sacramentos Altstadt steht das **Crocker Art Museum**, 216 O Street, (Tel. 916-446-4677), mit seiner Sammlung von Gemälden aus der Frührenaissance bis in die Gegenwart, Skulpturen, Töpferarbeiten und Textilien.

San Diego

Auch die südlichste Großstadt Kaliforniens hat eine Reihe von Museen eingerichtet. So finden sich im Balboa Park das **San Diego Museum of Art** und die **Timken Art Gallery.** Das Museum of Art (Tel. 619-232-7931) bietet u. a. eine Sammlung alter Meister, aber auch andere Gemälde: Werke der italienischen Renaissance, des spanischen Barock, französische und holländische Impressionisten und zeitgenössische Amerikaner. Zu sehen gibt es außerdem einen Skulpturengarten, eine Ausstellung asiatischer Kunst und Wanderausstellungen.

Die Timken Gallery (Tel. 619-239-5548) ist in dem einzigen in Privatbesitz befindlichen Gebäude innerhalb des ganzen Parks untergebracht. Es ist für seine europäischen und frühamerikanischen Kunstwerke bekannt, aber auch für seine russisch-orthodoxen Ikonen.

Avantgarde-Kunst kann man in dieser Gegend im **La Jolla Museum of Contemporary Art**, 700 Prospect St., La Jolla (Tel. 619-454-3541), sehen. In einer Villa mit Blick auf den Pazifik finden sich Werke aus der Zeit nach 1950, darunter Skulpturen, Gemälde, Photographien und eine Designausstellung mit dem Schwerpunkt auf Objekten des täglichen Gebrauchs.

Oben: Das Arbeitszimmer von Jack London in seinem Haus Happy Walls, Glen Ellen.

LITERARISCHE PILGERREISE

Im 19. Jh. war Kalifornien ein Magnet für so abenteuerlustige Schriftsteller wie Mark Twain, Bret Harte und Robert Louis Stevenson, denen die ungezähmte Wildnis und die Lebendigkeit eines jungen Staates wie Kalifornien, eines Kontinents weitab von der Zivilisation der Ostküste, reiches Material bot. Aber erst im 20. Jh. brachte Kalifornien seinen ersten eigenen bedeutenden Schriftsteller hervor, John Steinbeck, der in seinen Werken das Weideland von Salinas Valley verewigte. Später waren die Kaffeehäuser von San Francisco Heimat und Nährboden einer Generation von „Beat"-Poeten und Romanciers. Wie vor ihnen schon Twain und Harte fühlten sie sich im lebendigen und kreativen Milieu Kaliforniens besonders wohl. Eine ganze Reihe herausragender literarischer Denkmäler sind seither Erdbeben, Feuern oder „dem Fortschritt" zum Opfer gefallen, viele jedoch sind erhalten geblieben.

Jede literarische Reise durch Kalifornien sollte in San Francisco beginnen. Abgesehen vom Reichtum seiner literarischen Vergangenheit ist San Francisco der geeignete Ausgangspunkt für die Erkundung vieler anderer literarisch interessanter Orte, wie z. B. Jack Londons Besitzungen in Glen Ellen und John Steinbecks Haus in Salinas.

Viel von San Franciscos früherer literarischer Aktivität ging vom heutigen Financial District aus. Die **Transamerica Pyramid** steht auf dem ehemaligen Gelände des Montgomery-Blocks, eines eindrucksvollen Ziegelsteinbaus, wo sich Jack London, Ambrose Bierce, George Sterling und andere Autoren der Jahrhundertwende im **Bank Exchange Saloon** versammelten. In der Eingangshalle der Pyramide finden sich Erinnerungsstücke aus der einst so beliebten Bar, darunter Fotos berühmter Stammgäste.

Der **Bohemian Club** an der Post und Taylor Street – heute ein sehr exklusiver

LITERARISCHE PILGERREISE

Club, der ehemalige Präsidenten zu seinen Mitgliedern zählt, – war im 19. Jh. Treffpunkt von Literaten wie Twain, Harte, Bierce und Joaquin Miller. Die heute in die Fassade des Gebäudes eingelassene Bronzetafel stellt Figuren aus einigen Geschichten von Harte dar.

Durch das Große Erdbeben und Feuer von 1906 kam es, daß im Zentrum von San Francisco wenig aus der Ära Mark Twains erhalten ist. Samuel Clemens arbeitete hier in den 1860er Jahren als Reporter und hielt in *Roughing It* seine Eindrücke von der Stadt fest.

In den 20er Jahren dieses Jh. schuf der Schriftsteller Dashiell Hammett die Figur des Detektivs Sam Spade in seinem *Maltese Falcon*, nachdem sich Hammett das Handwerkszeug des Detektivs in der Pinkerton Detective Agency in Suite 314 des **Flood Building** an der Powell und Market Street angeeignet hatte. Seine Romane und Geschichten entstanden in verschiedenen Wohnungen, u. a. auch 620 Eddy St. und 891 Post St..

Die Schauplätze des *Maltese Falcon* liegen rund um den Union Square. In der Bush Street weist ein Bronzeschild an einem Appartementhaus darauf hin, daß „ungefähr an dieser Stelle Miles Archer, der Partner von Sam Spade, von Brigid O'Shaughnessy ‹erledigt› worden" ist. Die *grande dame* des Union Square, das **Westin St. Francis Hotel**, erscheint im Roman als „St. Mark".

John's Grill, 63 Ellis St., war das Lieblingsrestaurant des Autors. Oben im Maltese Falcon Room sind Photos und andere Erinnerungsstücke an den Autor und an Humphrey Bogart zu sehen, der in den Filmversion den Sam Spade spielte.

Nördlich vom Stadtkern, an der Kearny Street, liegt der **Portsmouth Square**, ein Muß für Robert Louis Stevenson-Fans. Der Autor klassischer Abenteuergeschichten lebte zwischen 1879 und 1880 in Frisco.

Das Stevenson-Denkmal im Schutze eines Pappelhains zeigt die Galleone *Hispaniola* aus seinem beliebten Roman *Die Schatzinsel*. Die Kearny Street führt weiter zum North Beach, einem Bezirk mit stark italienischem Flair, einst in den Eisenhower-Jahren ein kreativer Schutzhafen für die damalige „Beat-Generation", darunter Jack Kerouac, William Burroughs, Allen Ginsberg, Gary Snyder und Lawrence Ferlinghetti. Ferlinghettis berühmter **City Lights Bookstore** an der 261 Columbus Ave. ist heute noch ein beliebter Ort, um in Büchern zu stöbern. Wie damals sitzen hier in **Vesuvio's, Café Trieste** und **Savoy Tivoli** Schriftsteller beim Espresso.

Jack London und Bret Harte

Nicht nur von literarischem Interesse ist der **Jack London Square** in Oakland. Obwohl London in San Francisco geboren wurde, verbrachte er seine wilden Jahre in Oakland, wo er Austernbänke plünderte und häufig einen Saloon namens **Heinhold's First and Last Chance** frequentierte. Die Holzbaracke am Anfang der Webster Street wird heute immer noch genutzt.

Gleich daneben steht die **Jack London Cabin**, eine kleine Blockhütte, die von Yukon in Kanada hierher verpflanzt wurde. London bewohnte sie 1897 während des Klondike-Goldrausches und verarbeitete seine Eindrücke später im *Ruf der Wildnis* und in *White Fang*.

Auch Bret Harte, der Geschichtenschreiber aus der Ära des Goldrausches, lebte als junger Mann in Oakland. In den 1860er Jahren wohnte er im Block 500 in der Fifth Street. Diese Straße ist heute der **Bret Harte Boardwalk**, eine Häuserreihe restaurierter viktorianischer Gebäude mit Restaurants und Geschäften. Die **Colonel Starbottle Bar** trägt den Namen einer von Hartes Figuren und birgt ein Porträt des Stiefvaters von Harte, der für die Figur Pate gestanden hat.

Nördlich der Bay Area warten auf den Bücherfreund noch weitere Sehenswür-

LITERARISCHE PILGERREISE

digkeiten. In dem kleinen Dörfchen **Glen Ellen**, ungefähr eine Stunde Fahrt von San Francisco – in der Weinanbauregion von Sonoma County – ließ sich London endgültig nieder, nachdem er noch vor seinem 30. Lebensjahr durch seine Bücher zu Reichtum und Erfolg gelangt war. Im **Jack London State Historic Park** finden sich die prächtigen Überreste des Wolf House, eines Hauses aus Stein und Rotholz, das im August 1913, kurz vor seiner Fertigstellung niederbrannte.

London starb drei Jahre später im Alter von 40 Jahren. Seine Frau Charmaine baute danach das **House of Happy Walls** auf einem nahegelegenen Grundstück. Heute ist das Haus ein Jack London Museum, in dem sich sein Rollpult, Manuskripte, Photographien und andere Erinnerungsstücke von den vielen ausgedehnten Reisen des Autors nach Alaska und in den Pazifik finden.

Oben: Dieser Großstadtpoet von heute braucht wohl kein Arbeitszimmer. Rechts: Ferlinghettis City Lights Bookstore.

Stevenson und Steinbeck

Nordöstlich von Glen Ellen, in der Stadt St. Helena im Napa Valley, verfügt das **Silverado Museum** über eine recht umfangreiche Robert Louis Stevenson-Sammlung. Stevenson lebte 1876 – sein erstes Ehejahr – in dieser Gegend. Ausgestellt werden Manuskripte, seltene Erstausgaben, Spielzeug aus seiner Kindheit und Gegenstände von seiner Plantage in Samoa, wo er 1894 starb.

Weitere Erinnerungen an Stevenson sind 240 km südlich in Monterey zu sehen, wo der verarmte Autor ein Zimmer in einem Adobe-Haus, dem heutigen **Robert Louis Stevenson House**, 530 Houston St., mietete. Der kleine, spärlich möblierte Raum im 2. Stock ist noch gut erhalten, ebenso der Samtmantel, den Stevenson gerne trug. Im Samoa-Zimmer im Untergeschoß findet sich unter anderem ein Photo, das Stevenson mit König Kalakaua von Hawaii zeigt.

Noch enger mit Monterey verbunden ist John Steinbeck, der die Stadt als Ku-

LITERARISCHE PILGERREISE

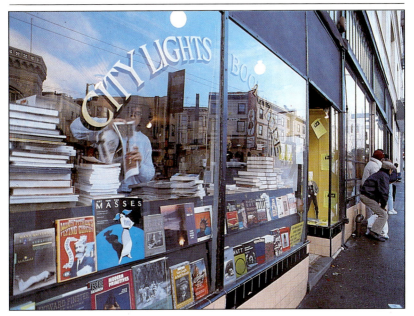

lisse für Romane wie *Tortilla Flat, Sweet Thursday* und *Cannery Row* benutzte. Obwohl Steinbeck seine **Cannery Row** kaum wiedererkennen würde – damals war es eine Straße, gesäumt von Konservenfabriken – sind einige Schauplätze heute noch zwischen Restaurants und kitschigen Souvenirläden zu entdecken. Machen Sie die Gebäude ausfindig, die Doc Ricketts **Pacific Biological Laboratories** (800 Cannery Row) und den **Wing Chong Market** (heute Old General Store) beherbergten.

Das eigentliche Herz des Steinbecklandes liegt 32 km weiter landeinwärts in Salinas, der verschlafenen Landarbeiterstadt, in der der Autor geboren und aufgewachsen ist. Seine Kindheit verbrachte er im **Steinbeck House**, einem viktorianischen Pfefferkuchenhaus, 132 Central Ave. Heute ist es ein Restaurant, wo einige Erinnerungsstücke an Steinbeck ausgestellt sind.

In der Stadt findet sich auch die **John Steinbeck Library**, wo der Autor Recherchen für *Jenseits von Eden* durchgeführt hat, einen Roman, der in Salinas spielt. Im John Steinbeck Room der Bücherei finden sich Photographien, Erstausgaben, Manuskripte und Tonbandaufzeichnungen von Interviews mit Leuten, die Steinbeck kannten.

In Salinas ist Steinbeck (1902-1968) nicht nur geboren, sondern auch beerdigt. Sein Grab liegt unter einem großen Eichenbaum im **Garden of Memories**, 768 Abbott St.

Im frühen 20. Jh. zog Carmel viele Schriftsteller und Künstler an. Das kunstvollste seiner Häuser ist das **Tor House**, das 1918 von dem Dichter Robinson Jeffers auf einem Felsenhügel mit Blick auf den Pazifik an der Scenic Road und Ocean View Avenue errichtet wurde. Die Räume mit den niedrigen Decken sind vollgestopft mit Portraits, Büchern und Kunstgegenständen, darunter ein weißer Stein von der Großen Pyramide in Ägypten. Die Glanzlichter des kleinen Gutes sind der Hawk Tower und eine römische Villa, in die sich die Frau des Dichters, Una, zurückzuziehen pflegte.

KALIFORNIEN FÜR DEN GOURMET

Mit Kalifornien assoziiert man Frische und Originalität. Dies gilt auch für den Ruf des Goldenen Staates in Bezug auf Essen und Trinken. Von Nord nach Süd breiten sich weite grüne Felder aus, auf denen von Kiwis bis zu Avocados, von Broccoli bis zu Trauben nahezu alles wächst. Und mit zahlreichen Festen feiert man alljährlich die reiche Ernte.

In Südkalifornien führt das **Ventura Strawberry Festival** an der Küste Menschen aus allen Teilen des Staates zum Sammeln der riesigen Erdbeeren zusammen, die danach zu Kuchen, Pasteten, Saucen und anderen Köstlichkeiten verarbeitet werden.

Äußerst populär ist auch das **Gilroy Garlic Festival**, das jeden Juni in einem Städtchen unmittelbar südlich von San José stattfindet und bei dem in allen erdenklichen Varianten mit frischem Knoblauch zubereitete kulinarische Köstlichkeiten winken.

In Monterey County feiert man seit etwa 30 Jahren im September das **Castroville Artichoke Festival** im September. Ein kulinarisches Ereignis aus neuerer Zeit ist das **Great Monterey Squid Festival**, bei dem der Besucher Tintenfisch in 20 verschiedenen Zubereitungsarten essen kann. Bei der dreitägigen Party treten namhafte Entertainer auf.

Zu den einzigartigen kulinarischen Attraktionen Kaliforniens gehört auch der **Farmers Market** im Zentrum von San Luis Obispo, auf dem sich jeden Donnerstagabend Einheimische und Fremde drängen. Neben der Fülle von frischen Lebensmitteln aus der Gegend bieten auf dem Farmers Market die Restaurants der Umgebung in Buden köstliche gegrillte Spareribs und Hähnchen an.

Weltberühmt für sein Speiseangebot ist das **Fisherman's Wharf** in San Francisco. Ein Bummel über diesen Markt,

Oben: Zum Anbeißen – Enten in Chinatown. Rechts: Täglich frische Krabben gibt es in Fisherman's Wharf, San Francisco.

KALIFORNISCHE KÜCHE

wo man u. a. frische Krabben und Hummer mit röschem Sauerteigbrot zu sich nehmen kann, bleibt unvergeßlich. Etwas förmlicher geht es in den unzähligen Restaurants unmittelbar am Kai und ganz in der Nähe am Pier 39 zu.

Ein weiteres gastronomisches Glanzlicht ist die chinesische Küche San Franciscos. Neues bietet auch dem Kenner das kleine, zwanglose **China Moon Café** an der Post Street, in dem die Chefin Barbara Tropp einfallsreiche Varianten traditioneller Spezialitäten zubereitet. Original chinesisches Essen, insbesondere kantonesisches *dim sum,* das allerdings nur bis Mittag serviert wird, findet man bei **Yank Sing's** in der Battery Street und in besonders angenehmer Atmosphäre bei **Tung Fong's** sowie im **Asia Garden** in der Pacific Street.

Kalifornische Küche

Fachleute sind sich weitgehend einig, daß die kalifornische Küche ihren eigentlichen Anfang mit der Küchenchefin Alice Waters genommen hat. Sie besitzt und bewirtschaftet **Chez Panisse**, den beliebtesten *haute cuisine*-Treffpunkt in Berkeley, und verdankt ihren Erfolg ihrer Leidenschaft für die frischesten Zutaten, die reinsten Saucen und die schlichte Eleganz der Präsentation. Chez Panisse ist auch berühmt für seine herzliche, kommunikative Atmosphäre. Einige Küchenchefs sind Mrs. Waters' Beispiel gefolgt und haben eigene Restaurants eröffnet. Das interessanteste ist vermutlich das vegetarische Restaurant **Green's** in Fort Mason, San Francisco, wo das Küchenteam die überraschendsten neuen Gerichte aus Tofu und Gemüse kreiert.

Besonders erlesene kalifornische Küche bietet das **Michael's** in Santa Monica. Von überallher bezieht Michael's die besten Originalzutaten auch für exotische Gerichte, wie z.B. frische, auf Eis gelegte Pazifikaustern mit Zucchiniblüten und Salsa. Der ganz persönliche Stil des Besitzers Michael McCarty prägt dieses elegante und doch recht ungezwungene Abendrestaurant.

Ist von kalifornischer Küche die Rede, so darf keinesfalls ein Hinweis auf **Spagos's** in Los Angeles fehlen. Mag es noch so elitär und überlaufen sein – über die genialen Kochkünste seines Besitzers Wolfgang Puck besteht kein Zweifel. Er ist ein Improvisationsgenie. Die Resultate seiner spontanen Einfälle sind fantastische Pizzas mit Ente oder Lammwurst, delikate Pastas und gutbürgerliche Speisen, in denen Senfsamen und Bries ein Comeback feiern.

Aber auch San Diego bietet Erlesenes, der Schwerpunkt liegt auf Meeresfrüchten und mexikanischer Küche. Der Name **Anthony's Star of the Sea Room** bürgt seit langem für Qualität, während der **Pacific Grill** im Stadtzentrum erst seit neuerer Zeit unter den Top-Restaurants erscheint. Die Old Town ist berühmt für ihre mexikanischen Gerichte, die in Restaurants im Hazienda-Stil oder in heimeligen, kleinen Cafés serviert werden.

Gute Küche bietet auch La Jolla. **Top of the Cove** wird hochgelobt für seine kontinentale Küche und hat einen der größten Weinkeller der Gegend. Das elegante **Marine Room** bietet eine Spezialität besonderer Art: Die Pazifikwellen brechen sich an seinen Fenstern.

In den letzten Jahren hat Kalifornien die Küche des Südwestens, Thailands, der Cajuns und der Kreolen willkommen geheißen und die Wiedergeburt einer gesamtamerikanischen Tradition erlebt: die des *Fifties Dinner*.

Die Weinkellereien

Ein herrliches Essen sollte natürlich ein Wein erster Güte abrunden. Kaliforniens Weingärten von Mendocino bis San Diego produzieren weltberühmte Sorten. Die meisten Weinkellereien bieten Führungen und Weinproben an.

Rechts: In einer Oldtimer-Bar in der Nähe von Sacramento.

Die Weinbautradition begann im Sonoma Valley, als die Franziskanermönche hier eine Mission einrichteten. Heute finden sich im Tal unzählige historische Marksteine, wie z. B. die um die Jahrhundertwende gegründete, berühmte **Sebastiani Winery** und die **Buena Vista Winery**, einst die größte der Welt.

Andere sehenswerte Weinkellereien im Sonomatal sind die **Glen Ellen Winery** der Familie Benzinger, südlich von Kenwood, und das **Chateau St. Jean**, nördlich von Kenwood. Nach einer Probe von Weißweinen bester Qualität im französisch-mediterranen Herrenhaus kann der Besucher auf dem Kellereigelände bei Mozartkonzerten ein Picknick genießen.

Am Südende des Sonoma-Tales bieten die **Gloria Ferrer Champagne Caves** Führungen an. Ferrer ist der größte Champagnerproduzent der Welt, der bekannteste davon ist der *Freixenet*.

Im Napa Valley sind einige der größten kalifornischen Weinkellereien zu Hause, darunter **Christian Brothers**, **Charles Krug** und **Robert Mondavi**. Die kleineren Kellereien des Tales sind jedoch ebenso eindrucksvoll und erlauben meist einen genaueren Einblick in den Weinherstellungsprozeß.

Zu diesen kleineren Kellereien gehört etwa der **Stony Hill Vineyard**, einer der angesehensten im Napa Valley, aber etwas schwer zu erreichen: Die Kellerei liegt oben auf dem Kamm der Mayacamas Mountains, hoch über St. Helena. Sie stellt Riesling, Gewürztraminer und Chardonnay her, allerdings in Mengen, die keine Proben ermöglichen. Touren müssen vorher angemeldet werden.

In Yountville bietet die **Domaine Chandon** „Sterne vom Himmel". Dieser „Ableger" der französischen Gesellschaft Moët-Hennessy darf seine Produkte zwar nicht Champagner nennen, dem Besucher, der hier die verschiedenen Phasen der Schaumweinherstellung nach der *méthode champenoise* verfolgt, wird ihr Sprudeln aber genauso in Erinnerung

KALIFORNISCHE WEINE

bleiben. Außergewöhnlich gut ist auch das Kellereirestaurant, in dem Lunch- und Dinnerreservierungen möglich sind.

In puncto Essen hat im Napa Valley der **Mustards Grill**, nur einen Katzensprung nördlich von Yountville, einen traditionell guten Ruf. Sein ländliches Exterieur weist auf die Bodenständigkeit der Küche hin. Der Schwerpunkt liegt hier auf der Frische und auf selbstgeräuchertem Fleisch und Geflügel.

Nicht nur im Napa und Sonoma Valley wird Wein angebaut, auch in den Hügeln am Fuße der Sierra, in den Bergen des Monterey County und in den Tälern von San Fernando und Temecula.

Im Monterey County werden alljährlich mehr Trauben geerntet als in jedem anderen Gebiet der USA, einschließlich Napa. Die sanften Hügel des Salinas Valley beherbergen sieben Weinkellereien, die allen Besuchern zugänglich sind. Wegen seiner prämierten Weine ist der ranchähnliche **Jekel Vineyard** in Greenfield sicher einen Umweg wert. In den vergangenen Jahren wuchs Südkaliforniens Ansehen als Produzent von Qualitätsweinen ständig und setzt sich jetzt auch weltweit durch. Der Weinbau begann hier 1840 im malerischen **Temecula Valley**, unweit von San Diego.

Entlang der Rancho California Road findet der Besucher eine Fülle unterschiedlicher Temecula-Weinkellereien. **Filsinger Vineyard and Winery** stellt verschiedene gute Qualitätsweißweine her, aber ist besonders stolz auf seinen im Trend liegenden Champagne Brut. Die geführten Touren in der **Callaway Vineyard and Winery** schließen Vorträge über „die Küche der Südküste" mit Menüvorschlägen für das Kochen mit Kräutern, Gewürzen, Frischgemüse und Temecula-Weinen ein.

In der **Bernardo Winery** in Rancho Bernardo kann man hausgemachtes Olivenöl und frische Pasta kosten und erstehen. Wer gemütlich sitzen will, findet hierzu Gelegenheit in der **John Culbertson Winerey** in Temecula, die in ihrem zauberhaften Champagne Café exzellente kalifornische Küche serviert.

WASSERSPORT

Seit die Beach Boys in den frühen 60er Jahren der ganzen Welt von *Surfin' USA* erzählten, ist Kalifornien als Inbegriff von Sonne und Vergnügen bekannt. Wassersportbegeisterte sind fasziniert von der Pazifikküste des Goldenen Staates.

Die beliebteste Sportart ist Schwimmen, und in geschützten Buchten gibt es entlang der ganzen Küste herrliche Strände. Hierher kommen die Sonnenanbeter und zeigen ihren nahtlos braunen, schönen Körper, der zum kalifornischen Lebensstil einfach dazugehört. An vielen Stränden locken Volleyballplätze Scharen von Spielern und Zuschauern an. Schwimmen sollten Sie aber nur an einem Strand mit Bademeister, denn selbst ausgezeichnete Schwimmer können von unsichtbaren Strömungen oder vom Sog erfaßt werden. Die Rettungsschwimmer patroullieren das ganze Jahr, auf jeden Fall aber im Sommer, an vielen der öffentlichen Strände. Über den Bademeisterstationen weht die amerikanische Flagge, und entsprechenden Schildern kann man hier Informationen über Wasser, Flut und Wetterlage entnehmen.

An den meisten Stränden ist Schwimmen und Surfen erlaubt, allerdings in voneinander getrennten Zonen.

Wellenreiten

Im Gebiet von San Diego steuern Wellenreiter bevorzugt den **Tourmaline Surf Park, Windansea Beach** und **La Jolla Shores** – alle in La Jolla – an. Im **Moonlight State Beach** und **Swamis** in Encinitas teilen sie sich das Wasser mit Delphinen, die neugierig bis nahe an die Küste heranschwimmen.

An der weltberühmten **Wedge** am Newport Beach trotzen erfahrene Body-Surfer den Wellen. Wegen der gefährlichen Brandung sind Surfbretter hier allerdings verboten.

Oben: Voll im Wind vor der Küste in Hookipa Beach. Rechts: Seelöwen lassen ihre Muskeln spielen.

WASSERSPORT

Fantastische und aufregende Wellen gibt es weiter nördlich am **Huntington State Beach**, dem Austragungsort der International Surf Competition jeweils am ersten Wochenende im September.

Im Los Angeles County gilt **Redondo Beach** (nach Hawaii) als der zweite Geburtsort des amerikanischen Wellenreitens: Das erste, sehr einfache zweieinhalb Meter lange Surfbrett wurde hier in den 20iger Jahren dieses Jahrhunderts von zwei jungen Männern, die Surfbretter in Hawaii gesehen hatten, aus kalifornischem Rotholz gebaut.

Im Süden findet man bei Lompoc gute Bedingungen am **Tarantula Point**, etwas südlich vom abgelegenen Jalama Beach County Park. Man erreicht den Park vom Highway 1 aus über 24 km Landstraße in Richtung Küste.

Auch in Nordkalifornien steht das Wellenreiten hoch im Kurs. In Santa Cruz ist die **Steamers Lane**, unweit vom Lighthouse Point, ein Eldorado für erfahrene Surfer, nicht jedoch für ungeübte, die leicht von Brechern an die Felsen geschmettert werden können.

An einigen Stränden ist das Surfen den ganzen Tag über erlaubt, an anderen nur am Morgen und am späten Nachmittag. Zwei rote Flaggen am Strand markieren die den Schwimmern vorbehaltenen Strandabschnitte. Eine gelbe Flagge mit einer schwarzen Kugel in der Mitte bedeutet „Surfen verboten".

Windsurfen

Diese beliebte Sportart, eine Mischung aus Surfen und Segeln, kann man in speziell dafür reservierten Gebieten an vielen öffentlichen Stränden und Buchten ausüben. Die meisten Windsurfer tummeln sich hinter der Brandung; an einigen Stränden dürfen sie jedoch gemeinsam mit den Wellenreitern segeln.

Äußerst beliebte Orte zum Windsurfen bei San Diego sind **Mission Bay, Tourmaline Surf Park** und **Glorietta Bay**, in der Nähe des Coronado Beach. Viele Windsurfer drängen auch hin zum **Seal Beach Municipal Pier** und **Long Beach Harbor** im Gebiet von Los Angeles. Das Long Beach Windsurf Center bietet einen 6stündigen Kurs an, bei dem die gesamte Ausrüstung gestellt wird.

Gern besuchte Windsurf-Orte weiter nördlich an der Küste sind **Leo Carillo, Malibu, Santa Barbara** und **Jalama Beach.**

In San Francisco finden Windsurfer ideale Bedingungen am **China Beach** und nicht weit vom **Fort Mason Center**, mit Blick auf die Golden Gate Bridge und die Skyline. Windsurf-Ausrüstungen mit Anleitung können von *Sausalito Sailboards* und *Batten and Boards*, beide in Sausalito, geliehen werden.

Bootssport

In vielen kleinen Häfen kann man Boote mieten oder sich einer Crew anschließen; in den belebteren Häfen werden Vergnügungsfahrten angeboten.

WASSERSPORT

In San Diego kann man in den Zwillingshäfen **San Diego Bay** und der benachbarten **Mission Bay** segeln, Motorboot, Wasserski und Jet-Ski fahren. Mietboote, Ausrüstung und Anleitungen sind beim *Mission Bay Sports Center*, *Seaforth Boat Rental* und beim *Coronado Boat Rental* erhältlich.

Der Haupthafen Südkaliforniens für Vergnügungsfahrten auf dem Meer ist **Newport Beach** in Orange County, wo elegante Häuser mit privaten Bootsanlegestellen den Hafen säumen. Boote bekommt man vom *Balboa Boat Rental* im Balboa Pavilion. Im oberen Teil der Bucht vermietet der **Newport Dunes Aquatic Park** unter anderem auch Kajaks und Tretboote.

Im **Long Beach Harbor** kann man mit Blick auf die majestätische *Queen Mary* segeln. Motorboote zum Fischen, Wasserski oder für Vergnügungsfahrten vermittelt der *Club Nautico*. *Long Beach Water Sports* führen Kajakkurse durch. Unmittelbar südlich von Long Beach bietet *Gondola Getaways* eine einstündige Kreuzfahrt um Naples Island in der Alamitos Bay an – eine Flasche kalifornischer Chardonnay, Baguette, Käse und Salami inbegriffen. Im Fisherman's Village von **Marina del Rey** bei Los Angeles kann man Boote chartern und mieten oder an einer Rundfahrt teilnehmen. Segelboote gibt es bei *Rent-a-Sail*.

An der Nordküste trotzen in den manchmal tückischen Gewässern der San Francisco Bay die Segler den Winden, und Regattas locken viele Zuschauer an. Günstige Charterangebote machen *A Day on the Bay*, *Rendezvous Charters* und *Sail Tours of San Francisco*.

Tauchen

Auf die Schnorchler und Sporttaucher wartet an Kaliforniens abwechslungsreicher Küste eine farbenprächtige Unterwasserwelt. Besonders klar ist das Meer bei der La Jolla Cove am Südende des **San Diego-La Jolla Underwater Park**. Das Fangen von Tieren und Mitnehmen von Pflanzen ist hier strikt verboten. Aber Hummer und Abalone darf man zu bestimmten Zeiten aus den nahegelegenen Buchten, von den künstlichen Riffen beim **Imperial Beach** und **Silver Strand State Beach** und den Becken und Riffen bei den **Sunset Cliffs** fischen.

Viele der besten Tauchplätze sind nur mit dem Boot erreichbar. Boote und Führer vermitteln *San Diego Divers Supply* und *Diving Locker*.

Vor **Catalina Island** erkunden Taucher die Geheimnisse von Unterwasserhöhlen, Kliffen und Schiffswracks. Im **Catalina Underwater Park** beim Casino Point gibt es für Sporttaucher und Schnorchler Herrliches zu sehen. Es gibt hier Dutzende von Tauchplätzen, die meisten davon nur neun Meter vom Strand entfernt.

Die Felsenbuchten in **Palos Verdes** und die Kelpfelder vor der Küste bieten im Gebiet von Los Angeles ausgezeichnete Gelegenheit, verschiedenste Fischarten zu beobachten oder zu fangen.

Riesige Kelpwälder um **Channel Islands** vor der Ventura County Coast gewähren mit ihrer üppigen Vegetation vielen Tieren Lebensraum, von denen sich einst die Chumash–Indianer ernährten, die die Inseln bewohnten. Tauchexpeditionen zu den Inseln, die heute ein Nationalpark sind, bietet *Island Packers* an.

Taucher im Tauchanzug lassen sich auch von den kälteren Gewässern an der nördlichen Küste nicht abschrecken, die üppigen Kelpfelder der **Monterey Bay** zu erforschen. Hier kann man ohne weiteres auf verspielte Seeottern, Robben und Seelöwen stoßen, wie auch auf die im Süden so zahlreichen Fische, Hummer und Abalone. Charterboote bringen Taucher zu entfernteren Riffen, aber die Wellenbrecher der Monterey Bay und der **San Simeon Bay** sind leicht zugänglich,

Rechts: An Kaliforniens goldenen Stränden macht Surfen erst richtig Spaß.

und ihre Unterwasserwelt ist üppig. Sporttaucher sind durch Gesetz dazu verpflichtet, den Booten durch Markierungsbojen mit Fahnen anzuzeigen, wo sie gerade tauchen. Sie müssen sich im Umkreis von 30 Metern von der Markierung bewegen. Für das Fangen von Fischen und Schalentieren benötigt man eine gültige kalifornische Angelerlaubnis.

Fischen

An der kalifornischen Küste sind mehr als 250 Fischarten beheimatet. An vielen öffentlichen Piers darf man lizenzfrei Tag und Nacht angeln. Es gibt aber auch Möglichkeiten zum Sportfischen von gecharterten oder gemieteten Booten aus. Von Chartergesellschaften und Angelzubehörgeschäften kann der Besucher erfahren, welche Fische wo gern anbeißen. Quakfische, Heilbutt und Barsche gehören zu den verbreitetsten Fischen an der Südküste, im Norden vor allem Grünlinge, Lengdorsche und Steinfische. Die verbreitetsten Tiefseefische Südkaliforniens sind Pfleichhechte, Seebarsche, Blauflossen und verschiedene Thunfischarten, außerdem der Heilbutt und Marline. In Nordkalifornien kann man Steindorsche, Barsche, Albacor-Thunfische und Königssalme antreffen. Lachse können in freien Gewässern von der **Morro Bay** bis zu **San Francisco Bay** im Frühling und Herbst gefangen werden, aber das unbestritten beste Lachsfanggebiet liegt an der nördlichen Küsten oberhalb von **Fort Bragg**.

Wer 16 Jahre oder älter ist, benötigt eine Angelerlaubnis des Staates Kalifornien. Die meisten Fische und Schalentiere können ganzjährig gefangen werden, aber es gibt Einschränkungen in Bezug auf Größe, Zahl und Fangmethoden. Informationen hierzu finden sich in einer Veröffentlichung des Department of Fish and Game, die man an allen Verkaufsstellen von Angellizenzen kostenlos bekommt. Die besten Zeiten sind im Süden April bis Oktober, am mittleren Küstenabschnitt Januar bis Oktober und an der nördlichen Küste Februar bis September.

BERGSPORT

BERGSPORT

Denkt man an Kalifornien, so stellen sich zunächst Bilder von goldenen Stränden ein. Aber zur landschaftlichen Vielfalt dieses Staates gehören auch eindrucksvolle Bergketten.

Die Gipfel über Los Angeles und Palm Springs erreichen bis zu 3500 m. Die kalifornische Küsten-Kette erstreckt sich über die gesamte Länge des Staates und erhebt sich teilweise bis zu 2750 m. Diese Gebirge bieten vielfältige Möglichkeiten für Wanderer, Mountain-Bike-Fahrer, Bergsteiger und Skifahrer.

Die **Sierra Nevada**, eine der großen Gebirgsketten Nordamerikas, ist Kaliforniens Rückgrat. Vom Mount Whitney im Süden (4418 m) bis zu den Vulkanen im Norden ist die Sierra eine Schatzkammer an Schönheit, was die Landschaft und die Möglichkeiten für Bergsport und Erholung angeht.

Oben: Ein Steilwandkletterer vor dem Ziel. Rechts: In einer Loipe am Badger Pass.

Hier findet sich nicht nur Nordamerikas berühmtester Klettersteig, die Sierra ist auch das beste Gebiet der USA zum Skifahren und für Wildwasserfahrten.

Die Juwele der Sierra sind jedoch ihre Nationalparks, von denen jeder ausgedehnte Wanderwege, Informationszentren und Campingplätze besitzt. Das Charakteristische am **Sequoia National Park** und am **Kings Canyon National Park** sind natürlich die riesigen Bäume, aber auch tiefe Canyons, deren Flüsse sich unterhalb schneebedeckter Gipfel in den Fels schneiden. Zu den schönsten Flecken der Sierra gelangt man nur über Wanderwege. Dagegen ist Kaliforniens berühmtester Nationalpark, der **Yosemite National Park**, leicht mit dem Auto erreichbar, wenn weite Teile davon auch noch immer echte Wildnis sind, die nur zu Fuß zugänglich ist. Die meisten Vulkananformationen des **Lassen National Park** in Nordkalifornien liegen direkt an der Straße.

Das Yosemite Valley, ein bildschöner Canyon mit Granitfelsen und 700 m ho-

BERGSPORT

hen Wasserfällen, ist Amerikas Mekka für Kletterer. Im Sommer unternehmen hier Kletterer aus aller Welt Touren in den steilen **El Capitan** (1650 m), **Half Dome** und **Sentinel Rock**.

Denn Yosemite ist der ideale Ort, um Klettern zu lernen. Die Yosemite Mountaineering School bietet in ihrem Stützpunkt in den 2400 m hoch gelegenen Tuolumne Meadows etliche Sommerkurse an. Fortgeschrittene Kletterer können von der Schule Ausrüstungen (auch Schuhe) leihen. Beliebt bei Kletterfreunden sind auch das **Joshua Tree National Monument** in Südkalifornien, **Lover's Leap** am südlichen Lake Tahoe und der **Cradle Crags State Park** bei Redding.

Für Bergsteiger hat Kalifornien eine Reihe hoher Gipfel zu bieten: den 4316 m hohen **Mount Shasta**, von dem aus man 160 km in alle Richtungen blicken kann, **Mount Ritter** und **Mount Lyell** am Ostrand des Yosemite, und **Mount Whitney**, den man vom Whitney Portal am Highway 395 aus erreicht.

Viele dieser Gipfel kann man über sehr gut angelegte Pfade ersteigen, z. B. über den sich über die ganze Länge des Staates ziehenden **Sierra Crest Trail**, der zum Pacific Crest Trail System gehört. Es ist vielleicht die größte Herausforderung für Rucksackwanderer in Nordamerika, und es gibt eine kleine Gemeinde von Trekking-Fans, die die ganze 4200 km lange Strecke von Mexiko bis Kanada zurückgelegt haben.

Der Mount Whitney ist nur einer der zehn Viertausender in der südlichen Sierra, einer landschaftlichen atemberaubenden Gegend, der der Naturkundler John Muir den Namen „Kette des Lichts" gab. Seine weiße Granitwand erhebt sich etwa 3000 m über dem Highway 395 und dem Owens Valley. Nördlich liegt gleich der ebenso malerische **Mono Lake**, ein einzigartiges Vulkangebiet am östlichen Sommer-Eingang des Yosemite Park.

Die hohen Berge der Sierra umringen Flüsse und Ströme, in denen man herrlich angeln kann, die besten davon an der Ostflanke. Sie sind berühmt für ihre schmackhaften Fische, wie zB. die Goldforelle. Im Herbst kann man auch sehr gut jagen, vor allem Hirsche und Rehe.

Die reißenden Flüsse, die in der Westflanke der Sierra entspringen, bieten auch ein Abenteuer anderer Art: Wildwasser. Der **Kern River** im Süden hat lange Abschnitte mit Stromschnellen der Klasse V, auf denen sich immer wieder Kajak- und Floßfahrer versuchen. (Ein Fluß der Klasse V hat ein Gefälle von 11,3 m pro km.) Gen Norden sind der **Merced River, Tuolumne River, Stanislaus River, Carson River, American River** und der **Yuba River** beliebte Wildgewässer für abenteuerliche Floßfahrten, die von Privatunternehmern angeboten werden.

Auf ihrem Weg ins Tal werden die Flüsse in einer Reihe von Seen gestaut, die zum Segeln, Windsurfen und Wasserskifahren einladen. Beliebte Erholungszentren dieser Art sind der **Lake Isabella** im Süden, der **Folsom Lake**, der **Shasta Lake** und der **Almanor Lake** im Norden.

Lake Tahoe

Kaliforniens wohl berühmtester See, der **Lake Tahoe**, liegt an der Grenze zu Nevada. Die gigantische Wasserfläche in 1914 m Höhe kann sich überraschend schnell verändern – manchmal glasklar und ideal zum Wasserskifahren, dann wieder bewegt sie sich wie das Meer in großen Wellen, die wiederum Windsurfern und Seglern gelegen kommen.

Auch im Winter ist Tahoe Kaliforniens Haupterholungsort. Zwanzig der über 40 Skigebiete Kaliforniens liegen rund um den See. **Squaw Valley** wurde als Austragungsort der Olympischen Winterspiele von 1960 berühmt und ist für den Könner eine der reizvollsten Skiregionen in Nordamerika. Mit einem Netz von 32 Liften, darunter eine Bergbahn, können hier mehr als 47 000 Skifahrer pro Stunde auf die Hänge befördert werden, und die Wartezeiten betragen nicht mehr als zehn Minuten. Squaw Valley erstreckt sich mit seinen 3360 Hektar über sechs Berge, von denen alle zwischen 2440 und 2700 m hoch sind.

Gleich im Süden von Squaw Valley liegen die **Alpine Meadows**, ein Gelände mit modernen Kunstschneepisten, das die längste Skisaison der Sierra hat – vom späten November bis Ende März. Dieses 800 Hektar große Familienskigebiet hat 13 Lifte. Ebenfalls nördlich vom Lake Tahoe liegt **Northstar-at-Tahoe**, ein neueres Alpinskizentrum mit elf Liften und 688 Hektar Skigelände.

Heavenly Valley am Südufer des Sees eröffnet atemberaubende Blicke über den See. Dies ist ein Ort der Superlative: Mit einer Ausdehnung von 54 km entlang der Grenze zwischen Kalifornien und Nevada ist das Tal Nordamerikas größtes Skigebiet. Außerdem ist der 3099 m hohe **Monument Peak** die höchste Erhebung am Tahoe. Der größte Steilhang des Gebietes ist 1100 m lang, die längste Skistrecke 8,8 km. 24 Lifte, darunter eine Kabinenbahn, bringen die Skifahrer zu gepflegten, weniger steilen Pisten oder zu schwierigen Pulverschneeabfahrten.

Ein weiteres wichtiges Skigebiet am Tahoe ist **Kirkwood**, 48 km südwestlich des Sees am Highway 88. Kirkwood ist mit seinen elf Liften auf 800 Hektar neben Squaw Valley das interessanteste Skigebiet der Region. Um den Fuß des höchsten Gipfels, des **Thimble Peak** (3010 m), ziehen sich ausgedehnte Langlaufloipen. Weiter südlich, am Osthang der Sierra, ist der **Mammoth Mountain** eine der größten Skiregionen des Kontinents. 30 Lifte und mehr als 150 Loipen warten hier auf Skibegeisterte.

Kaliforniens Skigebiete profitieren auch vom besten Winterklima der Welt. Die Schneefälle liegen im Durchschnitt bei zehn Meter, die Temperaturen bewegen sich zwischen –5° C und +5° C, und an vier von fünf Tagen scheint die Sonne. Die vom Pazifik aus über die Sierra fegenden Stürme können heftig sein und lassen oft bis zu zwei Meter Neuschnee zurück. Die Skigebiete in Südkalifornien bekommen nicht so viel Schnee ab, aber sie haben alle den unvergleichlichen Vorteil, nur zwei Stunden vom Strand entfernt zu liegen.

Auch Langlauf ist in der Sierra sowohl im Hinterland als auch in den populären Skiorten sehr beliebt. Manche Regionen haben mehr als 300 km gepflegte Loipen und ein ausgebautes Netz von Skihütten.

In den meisten Erholungsorten kann man auch Schneemobile mieten. Für diese motorisierten Fahrzeuge stehen meist von den Skipisten getrennte Gelände zur Verfügung. Wegen der vielen ausgezeichneten Straßen, die von den niedriggelegenen Regionen ins Hochland führen, sind Kaliforniens Wintersportgebiete leicht zugänglich. Tief im Herzen mögen die Kalifornier Strandmenschen sein, sie hegen aber auch eine große Liebe zu den eindrucksvollen Gipfeln, die so nah am Meer liegen.

Rechts: „Alpenglühen" am Fletcher Peak.

BERGSPORT

LATINOS

Von Musik über Kunst bis zu den eindrucksvollen spanischen Missionen ist Kalifornien von Latino-Kultur durchsetzt. Seit im 17. Jh. die spanischen Eroberer und Missionare aus Mexiko kamen, haben die Latinos, wie sie sich selbst nennen, den Charakter des Staates mit ihrer Lebendigkeit entscheidend mitgeprägt. Durch Verträge, Schlachten, Handel und Geschäfte hat ihre Kultur in Kalifornien feste Wurzeln geschlagen.

Heute ist *La Raza*, wie die Gemeinschaft der Latinos sich bezeichnet, die jüngste und am schnellsten wachsende Minderheit im Staat. Die bunte Mischung aus mexikanischen Amerikanern, Mexikanern, Kubanern, Puertorikanern und Einwanderern aus Zentralamerika umfaßt insgesamt 6,9 Mio. Menschen oder 24 % der Bevölkerung Kaliforniens. Bis 2030 werden nach Schätzung von Bevölkerungsexperten die Latinos die größte ethnische Gruppe im Staat sein und 38% der Bevölkerung ausmachen.

Lebendige Latino-Kultur findet sich vor allem in den Städten, in *barrios* (bestimmten Wohngegenden) konzentriert. In San Francisco ist der Mission District seit Jahrhunderten ein vibrierendes und lebendiges Zentrum hispanischer Kultur. Ost-Los Angeles mit einer Latino-Bevölkerung von 90 % ist die größte hispanische Gemeinde in den USA. In Fresno und anderen Städten des Central Valley bilden die Latinos mehr als ein Drittel der Gesamtbevölkerung.

In kühlen Sommernächten kann man die Klänge der Mariachi-Musik auf Plätzen und in den Parks von Visalia bis Los Angeles hören. Folkloretanzgruppen führen traditionelle Tänze vor. Überall sind die Spuren der Kulturen und Gesellschaften Zentralamerikas präsent um nur die auffälligsten zu nennen: die *Rebozo-*Schals der Mexikaner, die Schals von Flüchtlingen aus Guatemala mit ihren leuchtenden Farben, und die köstlichen *papoosas*, gefüllte Tortillas von Küchenchefs aus El Salvador.

Am augenfälligsten ist die Mischung von alt und neu in der Latino-Kultur bei den zahlreichen Wandmalereien, die die Wände der Gebäude in den *barrios* zieren. In ihren leuchtenden Farben sind sie ein exotischer Ausdruck der Auseinandersetzung mit den lateinamerikanischen Wurzeln und dem kalifornischen Alltag.

Das „Establishment" der Latinos besteht weitgehend aus Familien, die schon seit Generationen in Kalifornien ansässig sind. Sie besitzen Fabriken und Geschäfte, sitzen im Kongreß, oder haben leitende Positionen in den Städten überall im Staat inne.

Aber in vieler Hinsicht steht dieses Establishment in krassem Gegensatz zu der Welle hispanischer Einwanderer und Flüchtlinge, die täglich legal oder illegal über die mexikanische Grenze kommen. Diese Einwanderer treiben Kaliforniens Wirtschaftsmotor kräftig an, indem sie Billiglohnarbeit auf den Feldern, in Fabriken oder im Dientleistungsgewerbe verrichten – Arbeit, die die meisten Kalifornier ablehnen würden.

Trotz all der Klischees von Busschaffnern, Portiers, Gärtnern und Dienstmädchen findet man hispanische Einwanderer auch überall in den Industriebetrieben des Staates. Sie fertigen Teile für den F16 Jet der US-Luftwaffe, nähen „Ocean Pacific"-Hemden und helfen bei der Herstellung künstlicher Herzklappen.

Die Einwanderer erneuern den kalifornischen Traum mit ihrer Vision eines besseren Lebens. Es ist ein Traum, den sie mit den ersten Siedlern teilen, mit mexikanischen Einwanderern nach der Revolution, mit den Flüchtlingen aus Amerikas Trockengebieten in der Zeit der Großen Depression, kurz mit fast allen Menschen, die in Kalifornien eine neue Heimat gefunden haben.

Rechts: Hispanische Einflüsse haben die Kultur Kaliforniens maßgeblich geprägt.

ASIATEN

Chinesische und koreanische Schriftzeichen, fernöstliche Düfte und ein unverständliches Sprachengewirr – all das gehört seit langem zum gewohnten Straßenbild kalifornischer Städte. In den letzten Jahren ist die asiatische Bevölkerungsgruppe nicht nur stark gewachsen, sondern auch vielfältiger geworden. Zu den Chinesen sind Japaner, Koreaner, Philippinos, Vietnamesen, Thais, Kambodschaner, Burmesen, Einwanderer und Flüchtlinge, hinzugekommen. Denn der Staat Kalifornien war in den 70er Jahren eines der Hauptziele zahlloser südostasiatischer Flüchtlinge.

Kaliforniens asiatisch-stämmige Bevölkerung hat sich zwischen 1980 und 1990 fast verdoppelt, auf etwa 2,3 Mio. Bis zum Jahre 2000 wird ein Zuwachs von weiteren 50 % erwartet. Etwa 11 % der Bevölkerung werden dann Asiaten sein. Die asiatische Gemeinde im Gebiet der San Francisco Bay ist schon heute so groß wie die einiger größerer Städte im Fernen Osten. Dieser Bevölkerungsboom bereichert das kulturelle und religiöse Leben des Staates. Barfüßige buddhistische Mönche in orangeroten Gewändern sind heute in den Straßen Kaliforniens keine Seltenheit. Asiatische Künstler setzen sich zunehmend durch. Dem Dramatiker David Henry Hwang, einem Absolventen der Stanford University, wurde der Tony Award für *M. Butterfly,* das beste Broadway-Drama von 1988, verliehen, und der in San Francisco geborene Autor Amy Tan wurde 1989 für *The Joy Luck Club* mit dem National Book Award geehrt.

Trotz des Klischees von der „Modell-Minderheit" können die asiatisch-stämmigen Amerikaner zu Recht sagen, daß sie in den USA durchaus Problemen gegenüberstehen. Gewaltige Sprachbarrieren und anti-asiatische, rassistische Strömungen gehören dazu. Doch in der San Francisco Bay Area, wo Asiaten ein Viertel der Bevölkerung ausmachen, scheint diese Minderheit langsam politisches Bewußtsein zu entwickeln und für ihre eigenen Interessen einzutreten.

LANDWIRTSCHAFT

Vom fruchtbaren Schwemmland des Central Valley über die nicht einfach zu bebauenden Felder an der Küste mit ihrem einzigartigen Klima bis hin zur blühenden Wüste des Imperial- und des Coachella-Tales spielt die Landwirtschaft im Leben der Kalifornier seit langem eine herausragende Rolle. Die Landwirtschaft hat auch einen wesentlichen Anteil am weltweiten Netz der Nahrungsmittelversorgung, da 10 % aller von den USA exportierten Nahrungsmittel und fast alle exportierten Früchte und Gemüse von hier stammen. Ob Sie nun in London, München, New York oder Los Angeles leben – vermutlich werden die Erzeugnisse von kalifornischen Feldern auch in Ihrer eigenen Küche Verwendung finden.

Die kalifornische Agrarindustrie ist mit einem Umsatz von $ 13 Milliarden eine gigantische Wirtschaftsmacht. Kalifornische Farmer ernten mehr als die Hälfte aller Früchte und Gemüse in den USA und mehr als 250 verschiedene Produkte von Mandeln über Baumwolle bis zu Kiwis. Für 48 davon sind sie in den USA der alleinige Lieferant. Aprikosen, Artischocken, Spargel, Avocados, Zitronen, Kopfsalat, Navelorangen, Pfirsiche, Reis und Erdbeeren sind nur einige der Produkte, bei denen Kalifornien innerhalb der USA führend ist.

Mindestens 500000 Menschen sind auf 80 000 Farmen im ganzen Staat tätig. Damit ist die Agrarindustrie hier der Hauptarbeitgeber, und der Studie einer führenden kalifornischen Bank zufolge ist der Einfluß dieses Industriezweigs auf die restliche Wirtschaft des Staates auf fast $55 Milliarden (von $450 Milliarden des kalifornischen Bruttosozialprodukts) zu veranschlagen.

Ein Großteil der hohen Erträge ist schon immer durch den Einsatz billiger Saisonarbeitskräfte erwirtschaftet worden. In den Anfängen domestizierten die Missionsstationen Indianer, die für sie arbeiteten; später griff man auf chinesische Einwanderer zurück, und heute warten jenseits der Grenze Zigtausende von armen Mexikanern, die für ein Butterbrot zu allen Arbeiten bereit sind.

Wie groß ist Kaliforniens Landwirtschaft? Amtlichen Schätzungen zufolge beträgt die Fläche 12,5 Mio. Hektar, insgesamt gesehen ist sie also größer als die Tschechoslowakei. Obwohl die Landwirtschaft eine Großindustrie ist, ist eine kalifornische Farm im Durchschnitt relativ klein, etwa 158 Hektar. Fast alle Farmen sind Familienbetriebe. Außerdem ist ihre Situation nicht immer rosig, denn die Agrarindustrie sieht sich mit vier großen Problemen konfrontiert.

Das bedrohlichste ist die rapide Umwandlung von Farmland in nicht-agrarisch genutztes Land (nach Schätzung des für die Wasserversorgung zuständigen Ministeriums jährlich etwa 17800 Hektar).

Die Verstädterung und die rasante Expansion der Freizeitindustrie saugen zudem die schwindenden Wasserressourcen der Landwirtschaft auf. In einigen Gegenden sind die Farmer ganz ohne Wasser oder müssen unverhältnismäßig viel dafür bezahlen.

Obwohl die Bodenerosion in Kalifornien nicht so extrem ist wie in anderen Staaten, sind doch 730 000 Hektar fruchtbaren Farmlandes davon betroffen.

In den Boden sickernde Mineralien haben zudem Probleme mit dem Salzgehalt verursacht und die Produktivität des Bodens erheblich verringert, vor allem im fruchtbaren Central Valley.

Aber Gruppierungen wie der *American Farmland Trust*, eine nicht-kommerzielle Institution, deren Anliegen die Erhaltung produktiven Farmlandes ist, haben für das Land schon viel Heilsames getan, so daß diese wertvolle Nahrungsmittelquelle auch weiterhin die Welt ernähren kann.

Rechts: Künstliche Bewässerung erhöht die Produktivität im Central Valley.

ERDBEBEN

Der Sonnenaufgang über der Temblor Range wirft lange Schatten auf eine bizarre Landschaft mit steilen Böschungen und Senken. Im diffusen Licht hat man klare Sicht auf die San Andreas-Verwerfung, die sich wie ein schwarzer Highway durch die einsamen Hügel der Carrizo Plains schlängelt. Fast niemand, weder die Einheimischen noch die Besucher, erkennt, was daran schlimm ist. Und doch hat jeder von den verheerenden Wirkungen gehört oder sie verspürt. 1906 verwüsteten ein Erdbeben und ein Feuer die Stadt San Francisco. 1971 richtete das Beben von Sylmar bei Los Angeles immensen Schaden an Krankenhäusern, Privathäusern und Straßen an. Und 1989, als ganz Amerika im Fernsehen das World Series-Baseballspiel zwischen den *San Francisco Giants* und den *Oakland Athletics* verfolgte, wurde Nordkalifornien von einem weiteren verheerenden Erdbeben erschüttert. Die Kalifornier bewegen sich allesamt auf recht wackligem Boden. 80 % leben an der Küste auf einer Landmasse, die als Pazifische Platte bezeichnet wird und die – wie andere kontinentale Platten – auf der Oberfläche der Erde entlang driftet. Geologen betrachten sie nicht einmal als Teil des nordamerikanischen Kontinents.

Die sich nach Norden bewegende Pazifische Platte trifft am San Andreas-Graben auf die nordamerikanische Kontinentalplatte. Die zwei Platten bewegen sich pro Jahr etwa 5 cm aneinander vorbei, so daß bei diesem Wert in 12 Mio. Jahren Disneyland neben San Francsicos Fisherman's Wharf liegen würde. Aber diese Bewegung verläuft nicht stetig.

Reibung verankert die Pazifische Platte an Punkten nahe San Francisco und Los Angeles mit der Nordamerikanischen. Aber dies bringt die Bewegung nicht zum Stillstand. Neue tektonische Spannungen entstehen, ungeheure Energie wird freigesetzt, und es kommt ständig zu neuen Erdbeben.

Nach einem Beben studieren manche Kalifornier ihre Versicherungspolicen, le-

ERDBEBEN

gen Notvorräte an, und Witze über die bevorstehende große Katastrophe machen die Runde. Im Radio und Fernsehen klagen Beamte und Politiker, daß die Bürger die Bedrohung durch ein großes Beben ignorieren. Die Bürger wiederum betonen, daß die Behörden bei der Durchsetzung von Bau- und Sicherheitsbestimmungen zu lasch sind.

Dann läßt nach einigen Wochen der Angst bei den Kaliforniern die Anspannung nach, und sie trösten sich damit, daß die Hurrikane, Tornados, Flutkatastrophen und Schneestürme, die andere Teile Nordamerikas regelmäßig heimsuchen, weitaus schlimmer sind als ihre gelegentlichen Erdbeben. Außerdem werden jährlich im Los Angeles County mehr Menschen ermordet als in allen kalifornischen Erdbeben zusammen je gestorben sind.

Die San Andreas-Verwerfung kann an verschiedenen Stellen besichtigt werden. Bei Los Angeles ist der Devil's Punch-

Oben: Er macht sich gerade vertraut mit der Erdbebengefahr.

bowl County Park am Rande der Mojave Desert voll von bizarren Sandsteinformationen und von braunen Felsen, die durch die bebende Erdkruste auf mannigfaltige Weise gekippt worden sind. Besonders gut kann man die Verwerfung auch an der Point Reyes National Seashore, gleich nördlich von San Francisco, betrachten.

Erdkrustenplatten bewegen sich nicht immer lautlos aneinander vorbei. Bei Point Reyes kann der Besucher dem Earthquake Nature Trail folgen und Wasserläufe und Zäune sehen, die durch das Beben von 1906 verschoben wurden. Von einer Stelle erzählt man, daß eine Kuh von der sich auftuenden Erde verschlungen wurde – nur noch ihr wedelnder Schwanz soll zu sehen gewesen sein.

Wie und warum die Kalifornier es vorziehen, hier zu leben, wo ein großes Beben ihnen einst alles nehmen kann, was ihnen lieb ist, ist ein Rätsel, das weder Einheimische noch Besucher lösen können. Vielleicht sind die Kalifornier tief drinnen so ruhelos wie der Boden unter ihren Füßen.

UMWELTPROBLEME

Den Großteil des 20. Jh. über sind die Kalifornier bei der Suche nach Lösungen für Umweltprobleme bedeutend innovativer gewesen als die meisten anderen Amerikaner. Die Achtung vor ihrem Land und seinen natürlichen Ressourcen, gepaart mit technologischer Kreativität, hat den Bürgern geholfen, Probleme der Wasser- und Luftverschmutzung, der Zerstörung der Küsten und der Entsorgung von Giftmüll anzugehen.

Die Ursache für viele Umweltprobleme liegt darin, daß es einfach zu viele Menschen gibt, die alle am „guten Leben" in Kalifornien teilhaben möchten. Trotz wachsender Verkehrsüberlastung, Umweltverschmutzung und hohe Verbrechensraten zieht Kalifornien immer noch viele Einwanderer an. Seit Beginn des 2. Weltkrieges hat Kaliforniens Wirtschaft eine wirtschaftliche Blüte erlebt. Heutzutage fühlen sich die Menschen jedoch als Opfer ihres eigenen wirtschaftlichen Erfolges. Einige fragen sich, ob sie nicht in einen Bundesstaat ziehen sollen, wo das Leben noch einfacher und billiger ist, wo die Luft sauberer ist und der Weg zur Arbeit kürzer.

Kalifornien ist dabei, zum Medien- und Finanzzentrum des „Pacific Rim" zu werden – einer riesigen, multinationalen Wirtschaftseinheit, die den Pazifischen Ozean von Alaska bis Tierra del Fuego, von Australien über China bis nach Sibirien umspannt. Bis zum Jahr 2000 werden schätzungsweise 60 % der Weltbevölkerung in der Pacific Rim-Region leben, die im Hinblick auf neue Technologien und natürliche Ressourcen schon jetzt in der Welt führend ist.

Mit folgenden Umweltfragen sieht sich Kalifornien vor allem konfrontiert:

Luftverschmutzung: Südkalifornien hat teilweise den schlimmsten Smog der USA. Ein weiterer, fast unbegrenzter Zustrom von Menschen bringt noch mehr Autos und Trucks mit ihren Abgasen und noch mehr rauchende Fabrikschlote mit sich. Deshalb müssen die Kalifornier generell – und insbesondere die Südkalifornier – versuchen, die Umweltschäden zu beheben, ohne dabei die Fabriken zu schließen, die die Wirtschaft des Staates in Gang halten.

Dafür hat Kalifornien schon heute die strengsten Gesetze in den USA. In Kalifornien verkaufte Autos müssen strengeren Bestimmungen genügen als in anderen Staaten und die Auflagen für Fabrikschlote sind in Kalifornien restriktiver als anderswo in der Welt. Und doch bleibt das Gefühl, daß dringend noch mehr getan werden müßte. Einige Wirtschaftsexperten verbünden sich mit Umweltschützern in der Argumentation, daß die Verwandlung Südkaliforniens in eine Region mit reiner Luft und unzerstörter Natur die Wirtschaft sogar ankurbeln könnte, weil man damit Firmen anzieht, die wegen des Smogs wegbleiben.

Wasser: Kalifornien hat ein riesiges Wasserversorgungssystem. Das Wasser legt oft viele hundert Meilen durch Aquädukte, Reservoirs und Leitungen zurück, bevor es in einem Haushalt aus dem Wasserhahn kommt. Nordkalifornien hat das Wasser, das Südkalifornien braucht.

Auseinandersetzungen gibt es oft zwischen den großen Landwirtschaftsgenossenschaften im Central Valley und den wachsenden städtischen Gebieten an der Küste. Die Agrarbetriebe verbrauchen ungeheure Wassermengen für den Anbau von Produkten wie Baumwolle, die – so das Argument der Städter – leicht auch anderswo angebaut werden könnten. Mit großen Mengen bewässern Farmer ausgiebig ihre Felder, die sonst nicht zum Ackerbau geeignet wären, und die Verwendung von Pestiziden verseucht das Wasser, dessen Reinigung teuer ist.

Wachstum: Überall in Kalifornien werden Stimmen laut, die ein langsameres Wachstum fordern. Umweltschützer und auch Hausbesitzer wollen Gesetze, die die weitere Bebauung beschränken.

Diese Bewegungen spiegeln die Sorge der Menschen um die Umweltbedingungen, unter denen sie täglich leiden müssen, und sie zeigen, daß selbst unpolitische Bürger für ein Umweltproblem unmittelbar vor ihrer Haustüre auf die Barrikaden steigen können. Und die Forderungen nach langsamerem Wachstum oder Nullwachstum deuten darauf hin, daß beim Übergang des Staates ins 21. Jh. die Umweltprobleme zum wichtigsten politischen Thema werden könnten.

Natur: Dennoch scheint es, als ob sich viele Kalifornier der aktiven Rolle, die sie und ihr Lebensstil bei der Umweltzerstörung spielen, noch nicht genug bewußt sind. Die Freizeitgesellschaft fügt der Natur hier genau so viel Schaden zu wie die Industrie.

Nicht nur in Palm Springs, sondern überall im Staat werden Hunderte von Golfplätzen durch Bewässerung saftiggrün gehalten. Herausgerissen aus ihrer natürlichen Umgebung dokumentieren auch sie den zerstörerischen Eingriff des Menschen in die Natur. Andere Freizeitaktivitäten und Sportarten bringen jedoch ähnlichen Schaden. Die Entwicklung immer neuer Skiorte steht an erster Stelle: Hänge erodieren, und der schmelzende Schnee schwemmt fruchtbaren Mutterboden mit zu Tal.

Immer robustere Geländefahrzeuge ermöglichen heute Millionen von Menschen, in bisher unerschlossene Gebiete vorzudringen. Sie zerstören den Lebensraum von Pflanzen und Tieren und lassen jede Menge Müll zurück; Öl und Abgase verschmutzen die Luft und den Boden. In Naturschutzgebieten und Nationalparks bewegen sich Autokolonnen durch sterbende Wälder. Der wachsende Touristenstrom leistet seinen Beitrag zu Kaliforniens Umweltproblemen. Wenn der Staat als Ferienland überleben will, wird es in den 90er Jahren nicht ausreichen, über „sanfteren Tourismus" nachzudenken – man muß ihn auch in die Tat umsetzen.

Oben: Windenergiegewinnung in der Nähe von Livermore. Rechts: Schon fast eine eigene Kultur – Motorradfahren.

TRENDSETTER

Um Großstädte mit der Ausdehnung von Los Angeles und San Francisco kennenzulernen, braucht man Zeit. Da das öffentliche Verkehrsnetz, besonders in L.A., nicht sehr gut ausgebaut ist, ist ein Auto ratsam. Angelenos, die es sich leisten können, haben ein Auto pro Familienmitglied. Sie finden nichts dabei, eine Stunde zu fahren, wenn sie Essen gehen wollen. Auch für kurze Entfernungen nehmen sie das Auto, obwohl das Klima in der Stadt das ganze Jahr über mild ist.

Das Wetter Südkaliforniens verleiht sowohl der Haut, als auch den Aktivitäten, denen man hier das ganze Jahr hindurch nachgehen kann, Farbe. Dem oberflächlichen Betrachter erscheint L. A. als das Land der Surfer, der schönen Körper und Gesichter. Weshalb sollte man sich mit einem Buch in eine Ecke verkriechen, wenn die Sonne scheint oder Discomusik warm macht? Selbst die *Los Angeles Times* hat neuerdings eine Spalte für den „schnellen" Leser der 90er Jahre.

Kaliforniens Gesellschaft ist immer noch vom Pioniergeist geprägt. Spanische *padres* bauten hier Missionen und fanden eine neue Heimat. Viehrancher siedelten im San Fernando Valley und entlang der Küste. Chinesen kamen zum Eisenbahnbau und ließen sich in zwei der heute größten drei Chinatowns in den USA nieder. Japaner halfen, die Felder zu bebauen, und haben heute ein blühendes Kulturzentrum in Little Tokyo. Italiener, die die warme kalifornische Sonne liebten, bauten Wein an. Skandinavier und Deutsche siedelten sich in Nähe der Berge in La Crescenta und Pasadena an. Jugoslawische und portugiesische Seeleute kamen in den Hafen von San Pedro und blieben. Hispanos kamen aus Mexiko, Zentral- und Südamerika. Flüchtlinge aus Wien und dem Mittleren Osten rundeten die Mischung ab. Alle von ihnen brachten ihre eigene Kultur und kulinarischen Traditionen mit.

Küchenchefs, die den Trend bestimmen – kulinarische Pioniere – verbinden die verschiedenen Zutaten zu individuel-

len Mischungen: französisch-vietnamesisch oder franko-japanisch, thai-italienisch oder mexikanisch-amerikanisch. Essen hat in Kalifornien überall und jederzeit Unterhaltungswert.

Ob sie sich zu Hause mit Krawatte oder in Bluejeans bewegen – die Kalifornier lieben ihr Land der Extreme. Der Glamour und Überfluß von Beverly Hills und Bel Air stehen in krassem Gegensatz zu der Armut von Watts und dem Stadtzentrum von Oakland sowie zur bizarren Schönheit der Big Sur-Küste. L. A.s Melrose Avenue mit den vielen jungen Leuten, die hier ihren eigenwilligen Lebensstil zur Schau stellen, ist wieder eine andere Welt. Orangen und Avocados hängen wie im Schlaraffenland an den Bäumen Südkaliforniens. Wie die San Andreas-Verwerfung sind Los Angeles und San Francisco stets in Bewegung geblieben und haben immer Neues hervorgebracht.

Der Wandel ist das einzig Dauerhafte. Hier ist das Leben aufregend und leicht.

Seit den frühen Jahren des Films hat Kalifornien Mode gemacht – wenn auch oft kurzlebige. In „Tinseltown" (Hollywood) suchte man nach Idolen. Einmal war es Betty Grable mit ihren wohlgeformten Beinen, zehn Jahre später war es John Wayne mit seiner rauhen Stimme. Dann kamen die Beach Boys, die ein Loblied auf die Californian girls sangen und bald darauf der Hulahoop. Es überrascht nicht, daß Los Angeles in der Produktion kreativer Sportspielzeuge, wie z. B. Skateboards, in der Welt führend ist.

Aber irgendwann ist Kalifornien doch erwachsen geworden. Während der 80er Jahre begann es, in Wissenschaft und Forschung neue Akzente zu setzen. Heute ist Kalifornien auf vielen Gebieten führend, weil man hier den Mut zu interdisziplinärem Vorgehen hat. In anderen Teilen der Welt lassen sich Forscher eher in bestimmte Fachrichtungen zwängen. Kalifornier schöpfen auch die Quellen von Disziplinen aus, die nicht die ihren sind.

Oben: Oldtimer verkaufen sich gut – falls man sie sich leisten kann.

Kreativität ist nicht auf Künstler beschränkt, sondern auch bei Wissenschaftlern und Geschäftsleuten anzutreffen.

Dr. Paul McCready ist ein Beispiel dafür. Mit einem Team aus Wissenschaftlern, Künstlern, Ingenieuren und Sportlern erweiterte er sein Gebiet der Aerodynamik und Physik, konstruierte ein von Menschen bewegtes Flugzeug, das Achter fliegen und den Ärmelkanal überqueren konnte. McCreadys Arbeit mit Studenten aus aller Welt brachten ihn zu der Überzeugung, daß kalifornische Studenten anderen voraus sind, wenn es darum geht, sich kreativ an die Lösung eines Problems heranzutasten.

In Kalifornien werden die Kinder nicht zum Stillhalten erzogen, sondern man soll sie sehen und hören. Diese Generation von Freidenkern und Skeptikern lockt nun viele kreative Menschen an.

Auch in Zukunft wird L. A. in der Kunst führend sein. Dorothy „Buffy" Chandler wies den Weg, als sie in den frühen 60er Jahren allein die Schaffung eines Musikzentrums in Angriff nahm. Peter Hemmings, der Leiter der erst vor kurzem eröffneten Los Angeles Music Center Opera, prophezeit für Mitte der 90er Jahre eine 24wöchige Opernsaison.

Wer in der Filmindustrie oben bleiben will, blickt nach Hollywood. Da die Filmproduktion von der Großindustrie gesteuert wird, wird hier auch in Zukunft eher der Markt als die künstlerische Qualität den Ausschlag geben. Aber der Trend wird wohl eher zu Filmen gehen, die nicht nur die Jugend begeistern.

Mehr und mehr Zuschauer und mit ihnen die Filmstars werden sich von den öffentlichen Sendern dem Kabelfernsehen zuwenden. Die Fremdsprachenprogramme und Minderheitensendungen werden zunehmen. Im Trend liegt auch Peter Sellers, Leiter des L. A. Festival, wenn er meint, daß fremdländische und ethnische Kunst in Kalifornien bald eine größere Rolle spielen wird. Der Fitneßtrend wird anhalten, wobei allerdings neben gemäßigterem Aerobic traditionellere Aktivitäten wie Wandern und Radfahren ein Comeback erleben werden. Man besinnt sich wieder auf die Natur. Familien werden gemeinsame Unternehmungen anstreben, Kinder werden wieder mit ihren Eltern Essen gehen und zusammen in Urlaub fahren. Lange Wochenendausflüge mit dem Auto werden noch beliebter.

Häusliche Einladungen und zwanglose Essen mit Freunden im Restaurant um die Ecke werden zunehmen. Versnobte Nobelrestaurants sehen mageren Zeit entgegen, da die Gäste zunehmend gemütliche Restaurants mit guter Küche in der näheren Umgebung suchen. Eistee wird das Getränk der neunziger Jahre sein: kein Fett, keine Kalorien. Schnellgerichte und Mikrowelle sind „in", ebenso deftig Rustikales. Fettersatzstoffe werden Desserts zum Genuß ohne Reue machen. Auch beim Kochen kehrt man zurück zum Einfachen – Mäßigung, nicht Entbehrung ist gefragt.

Der Verkauf ab Werk wird zunehmen und damit die Kaufhäuser in Bedrängnis bringen. Mehr Menschen werden ihr Büro zu Hause haben, Fax und Videophone werden den Postverkehr ablösen.

Die Metropolen werden sich als Finanz- und Bankenzentren weiter vergrößern wegen ihrer Orientierung auf den Pacific Rim hin. Mehr ausländische Firmen und Anleger werden hier investieren. Wegen der hohen Lebenshaltungskosten wird es die Region schwer haben, Fachkräfte in mittleren Positionen anzuziehen. Mit der Verdrängung der Mittelschicht wird sich in vielen Gebieten die Bevölkerungsstruktur drastisch verändern, eine Gesellschaft der Armen und Reichen wird entstehen.

Am Beginn der neunziger Jahre sprüht Kalifornien vor Ideen und Energie. Ein Großteil der Bevölkerung hat eine gute Schulbildung, den Mut zu interdisziplinärem Denken und Handeln, Freizeit und genügend Geld zum Ausgeben – Voraussetzungen für wirkliche Kreativität.

IMPRESSUM

Nelles Maps ...zeigen wo's lang geht.

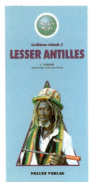

- Afghanistan
- Australia
- Bangkok
- Burma
- Caribbean Islands 1/
  Bermuda, Bahamas,
  Greater Antilles
- Caribbean Islands 2/
  Lesser Antilles
- China 1/
  North-Eastern China
- China 2/
  Northern China
- China 3/
  Central China
- China 4/
  Southern China
- Crete
- Egypt
- Hawaiian Islands
- Hawaiian Islands 1/ Kauai
- Hawaiian Islands 2/
  Honolulu, Oahu

Nelles Maps

- Hawaiian Islands 3/
  Maui, Molokai, Lanai
- Hawaiian Islands 4/ Hawaii
- Himalaya
- Hong Kong
- Indian Subcontinent
- India 1/ Northern India
- India 2/ Western India
- India 3/ Eastern India
- India 4/ Southern India
- India 5/ North-Eastern India
- Indonesia
- Indonesia 1/ Sumatra
- Indonesia 2/
  Java + Nusa Tenggara
- Indonesia 3/ Bali
- Indonesia 4/ Kalimantan
- Indonesia 5/ Java + Bali
- Indonesia 6/ Sulawesi

- Indonesia 7/
  Irian Jaya + Maluku
- Jakarta
- Japan
- Kenya
- Korea
- Malaysia
- West Malaysia
- Manila
- Mexico
- Nepal
- New Zealand
- Pakistan
- Philippines
- Singapore
- South East Asia
- Sri Lanka
- Taiwan
- Thailand
- Vietnam, Laos
  Cambodia

KALIFORNIEN
©Nelles Verlag GmbH, München
All rights reserved

Dritte aktualisierte Auflage 1993
ISBN 3-88618-309-2
Printed in Slovenia

Herausgeber:	Günter Nelles	**Übersetzung:**	S. Braun, B. Müller,
Chefredakteur:	Dr. Heinz Vestner		A. Meimeth,
Kartographie:	Nelles Verlag GmbH,		P. Trautwein
Project Editor:	John Gottberg	**Lithos:**	Priegnitz, München
Redaktion:	U. Segal, A. Ascher	**Druck:**	Gorenjski Tisk, Kranj

Reproduktionen, auch auszugsweise, nur mit schriftlicher Genehmigung des Nelles Verlages

INHALTSVERZEICHNIS

Reise-Vorbereitungen 242
   Kalifornien in Zahlen 242
   Klima 242
   Kleidung 242
   Einreise-Formalitäten 242
   Geldumtausch 243

Anreise 243
   Flugzeug / Schiff / Bus / Bahn / Auto 243

In Kalifornien unterwegs 243
   Flugzeug 243
   Nahverkehrsmittel 243
   Alkohol 244
   Feiertage 244
   Offizielle Feiertage 244
   Feste 244
   Fotografieren 246
   Geschäftszeiten 246
   Gesundheit 246
   Maße und Gewichte 246
   Post 246
   Restaurants 247
   Rundfahrten 247
   Strom 247
   Touristen-Informationen 247
   Trinkgeld 247
   Unterkunft 247
   Zeit 248
   Zeitungen und Magazine 248
   Ausländische Konsulate und diplomat. Vertretungen . 248
   Auskunftsstellen in Deutschland 249

Autoren / Fotografen 250

Register 252

REISE-INFORMATIONEN

Kalifornien in Zahlen

Fläche: 411.047 qkm; drittgrößter Staat der USA. Derzeitige Einwohnerzahl: 29.760.021 (Stand 1990), die größte in den USA. Hauptstadt: Sacramento, 369.365 Einwohner.

Weitere große Städte: Los Angeles (3.485.398), San Diego (1.110.549), San Francisco (723.959), San José (782.248), Long Beach (429.433), Oakland (372.242), Fresno (354.202), Anaheim (266.406), Santa Ana (293.742). Höchste Erhebung: Mount Whitney, 4418 m. Niedrigster Punkt: Badwater, Death Valley, 86 m unter dem Meeresspiegel.

Klima

Kaliforniens Klima wechselt von trokkenenem, subtropischem Klima im Süden über feuchtes, gemäßigtes an der Nordküste bis zu den subarktischen Bedingungen in der Sierra Nevada.

In Los Angeles liegen die Sommertemperaturen gewöhnlich zwischen 26° und 29° C. Der kälteste Monat ist der Januar mit einer durchschnittlichen Höchsttemperatur von 18° C und nächtlichen Tiefstwerten zwischen 5-10° C. Von Januar bis März gibt es meist leichte Niederschläge, aber selten im Sommer, wenn hier der schlimmste Smog herrscht.

Ähnlich sind die Verhältnisse in San Diego und entlang der Central Coast, obwohl die Meeresbrise die Sommertemperaturen hier etwas niedriger hält.

Östlich von Los Angeles wird es jedoch wirklich heiß. Im Death Valley herrschen im Juli durchschnittliche Temperaturen von 47° C, in Palm Springs 42° C. In der Wüste sinken die Niederschläge bis zu 50 mm pro Jahr. Das Central Valley ist nur einige Grade kälter und hat kaum mehr Niederschläge.

Das Wetter in der Bay Area kann sehr unbeständig sein, vor allem wegen der Nebelschwaden, die häufig durch das Golden Gate ziehen. Die Temperaturen liegen den Großteil des Jahres – selbst im Sommer – zwischen 15° und 20° C, im Winter meist um die 10° C. Regnen kann es immer, die trockensten Monate sind Juni bis Oktober. San José am Südende der Bucht bleibt der Nebel weitgehend erspart, und es wird hier im Sommer erheblich wärmer, im Winter kälter.

Nördlich der Bay Area, im Redwood Country hoch oben an der Nordküste, bleiben die Temperaturen im Bereich von 10° bis 20°C, aber es kann hier im Jahr bis zu 2500 mm Niederschläge geben. Die Sierra ist warme Sommer und kalte Winter gewohnt. Am Lake Tahoe etwa hat es an einem warmen Julitag für gewöhnlich um die 27° C, in einer kalten Januarnacht nur -9° C. Der Großteil der Niederschläge fällt hier meistens in Form von Schnee.

Kleidung

Die Kleidung hängt natürlich davon ab, in welcher Jahreszeit Sie wohin reisen wollen. Wenn Sie sich im Sommer vor allem in Südkalifornien bewegen, sind neben Shorts und T-Shirts Baumwollhosen und ein Pullover für etwas kühlere Abende sicher ausreichend. Wenn Sie auch einen Besuch in San Francisco planen, sollten Sie unbedingt für Wetterumschwünge gerüstet sein und deshalb eine Jacke und Regenschutz im Gepäck haben. Für Abenteuer in der Sierra ist selbst im Sommer warme Kleidung unverzichtbar. Egal wohin Sie gehen – das Wichtigste sind auf jeden Fall gute und bequeme Schuhe.

Einreise-Formalitäten

Zoll- und Einreise-Formalitäten erledigt man am besten dort, wo man ankommt, auch wenn es sich dabei nur um einen Zwischenstop handelt. Wenn z. B. ein Flug von London nach Los Angeles in New York unterbrochen wird, werden die Zoll- und Einreiseformalitäten in New York abgewickelt. Das Gepäck wird

REISE-INFORMATIONEN

danach wieder in die Maschine geladen und in Los Angeles an den Gepäckkarussells für Inlandflüge ausgegeben.

Visa: Für die Einreise nach Kalifornien ist für deutsche Staatsangehörige kein Visum erforderlich. Sie benötigen lediglich einen gültigen Reisepaß. Sie können sich bis zu 90 Tagen in den USA aufhalten.

Zoll: Besucher dürfen in die USA zollfrei 300 Zigaretten, 50 Zigarren und 0,95 Liter Wein oder andere alkoholische Getränke mitbringen.

Naturerzeugnisse, Pflanzen und Tiere werden an der Grenze einer Inspektion durch das State Department of Agriculture unterzogen, um festzustellen, ob sie den Quarantänevorschriften entsprechen. Die Einfuhr von Frischobst und Frischfleisch ist untersagt. Hunde müssen gegen Tollwut geimpft sein, und der Impfpaß darf nicht älter als ein Jahr sein.

Geldumtausch

Die meisten Banken haben montags bis donnerstags von 10 bis 15 Uhr geöffnet, am Freitag von 10 Uhr bis 17.30 Uhr. Die großen Banken und Wechselstuben tauschen fast alle ausländischen Währungen.In den internationalen Flughäfen von Los Angeles und San Francisco gibt es in den Ankunftshallen des internationalen Flugverkehrs Wechselstuben mit längeren Öffnungszeiten.

Einige wenige Hotels und Geschäfte akzeptieren fremde Währungen. Travellerschecks in US-Dollars sind für den Reisenden am bequemsten und sichersten. Bei vielen Artikeln muß man beim Kauf eine Verkaufssteuer von 6,5% zusätzlich zum Kaufpreis bezahlen, auch bei Lebensmitteln. Darüberhinaus erheben viele Städte und Counties eine Steuer von 6 bis 6,5% auf Hotelzimmer.

ANREISE

Flugzeug: Viele, wohl die meisten großen Fluggesellschaften der Welt, landen und starten auf Kaliforniens zwei internationalen Flughäfen in Los Angeles und San Francisco. Aber auch die Flughäfen San Diego und Oakland werden von internationalen Linien angeflogen.

Schiff: San Pedro (der Hafen von Los Angeles), San Diego und San Francisco werden von den großen Pazifiklinien angesteuert, wie auch von Kreuzfahrtschiffen, die um die ganze Welt oder von der Ostküste der USA und der Karibik Richtung Panama-Kanal fahren.

Bus, Bahn oder Auto: *Amtrak*, das Eisenbahnnetz der USA, verläuft von Ost nach West bis Oakland (bei San Francisco) und bis Los Angeles, bietet aber auch eine Nord-Süd-Route von Seattle nach San Diego. Über die ausgedehnten Busrouten von *Greyhound* und *Trailways* ist Kalifornien mit dem Rest des nordamerikanischen Kontinents verbunden. Wer einen eigenen Wagen zur Verfügung hat, kann den Staat über eine der vielen Schnellstraßen, die *interstate freeways*, erreichen.

IN KALIFORNIEN UNTERWEGS

Flugzeug

Eine Vielzahl großer Vorstadtflughäfen im Großraum Los Angeles und San Francisco entlastet die internationalen Flughäfen, indem sie Inlandflüge abwickeln. Dazu gehören die Flughäfen in Burbank, Long Beach, Ontario, Orange County und Palm Beach in Südkalifornien sowie in der Bay Area Concord und San José. Auch die internationalen Flughäfen in San Diego und Oakland fertigen Inlandflüge ab. Erkundigen Sie sich nach den günstigsten Inlandflügen – es gibt zahllose inneramerikanische Fluglinien.

Nahverkehrsmittel

Taxis: In Stadtgebieten kann man meistens direkt an der Straße ein Taxi heranwinken oder vor den größeren Hotels und an Standplätzen in einen wartenden Wagen steigen. Ansonsten sind Hotels und Restaurants ihren Gästen gerne behilflich und bestellen ein Taxi.

Die Preise sind nicht zu hoch, wenn es sich um Kurzstrecken von wenigen Meilen handelt, für größere Entfernungen, die teuer sind, sollten Sie besser den Bus nehmen oder ein Auto mieten.

Busse: Alle Städte haben gute öffentliche Verkehrsmittel. Nähere Informationen über das Verkehrsnetz in San Francisco, Los Angeles und San Diego entnehmen Sie bitte den Info-Seiten im Anschluß an die jeweilige Kapitel.

Mietwagen: Auf Flughäfen und im Stadtzentrum werden Sie überall auf Mietwagenfirmen stoßen. Die Preise liegen zwischen $40 und $80 pro Tag, für Wochenenden etwas niedriger. Die meisten Firmen vermieten Autos nur an Personen über 21 Jahre, einige bestehen aus Versicherungsgründen auf einem Mindestalter von 25 Jahren. Wer keine Kreditkarte hat, muß eine Kaution hinterlegen, die manchmal $600 oder mehr betragen kann. Wenn nichts anderes auf den Verkehrsschildern angezeigt ist, beträgt die zulässige Geschwindigkeit auf Highways 55 Meilen (88 km) pro Stunde.

Alkohol

Alkoholische Getränke dürfen nur an Personen über 21 Jahre verkauft werden.

Feiertage

Kalifornien begeht alle nationalen Feiertage der USA. Banken und Behörden sind an diesen Tagen geschlossen. Wenn ein Feiertag auf einen Samstag fällt, ist der unmittelbar vorausgehende Freitag ein Feiertag. Wenn ein Feiertag auf einen Sonntag fällt, ist der darauffolgende Montag frei. Ausnahmen sind der Independence Day, Christmas Day und Neujahr, die immer genau zum entsprechenden Datum gefeiert werden.

1. Januar; 15. Februar – Geburtstag von Martin Luther King; 3. Montag im Februar – President's Day; Karfreitag; Ostermontag; letzter Montag im Mai – Memorial Day; 4. Juli – Independance Day; erster Montag im September – Labour Day; zweiter Montag im Oktober – Columbus Day; 4. Donnerstag im November – Thanksgiving Day; 25. Dez.

Feste

Januar: South Lake Tahoe Winter Celebration, South Lake Tahoe. *1. Januar:* Tournament of Roses Parade and Rose Bowl Game, Pasadena. *Anfang:* Sierra Pro Rodeo Circuit Finals, Lake Elsinore. *Mitte:* Palm Springs Int. Film Festival, Palm Springs. New Year's Day Yacht Regatta, San Diego Bay; *Ende:* Colorado River Country Music Festival, Blythe. Fiddlers Contest, Cloverdale.

Februar: *Anfang:* Chinese New Year Festival and Parade, San Francisco. *Mitte:* Pro Surf Tour, Pismo Beach. Riverside County Nat. Date Festival, Indio. *Ende:* Bob Kai Chinese Festival, Marysville. Monterey County Hot Air Affair, Monterey. Sand Sculpture Contest (Festival of Whales), Dana Point.

März: *Anfang:* Snowfest, Tahoe City. Mendocino Whale Festival, Mendocino. Camellia Festival, Sacramento; *Mitte:* Mariposa County Storytelling Festival, Mariposa. Power Flying Games (kite-flying event), Huntington Beach. Azalea Festival (senior citizens festival), South Gate. *Ende:* Santa Barbara Int. Orchid Show.

April: *Mitte:* Northern California Cherry Blossom Festival, San Francisco. *Bis Mai:* Ramona Pageant, Hemet. *Ende:* Fisherman's Festival, Bodega Bay. Mexicayotl Azteca Dance Festival, San Diego. Santa Inez Valley Carriage Classic, Los Olivos. Kaleidoscope (children's art festival), Fresno. Clovis Rodeo, Clovis. Asparagus festival, Stockton. *Bis Mai:* San Francisco Int. Film Festival, San

REISE-INFORMATIONEN

Francisco. *Bis Juni:* Renaissance Pleasure Faire, San Bernadino.

Mai: *Anfang*: Cinco de Mayo Festivals: Delano, Highland Park, Los Angeles, Oceanside, San Diego, San Francisco, Santa Barbara. Sacramento County Fair, Sacramento. Calico Spring Festival, Yermo. Nikkei Matsuri Japanese-American Festival, San Jose. Oakdale Chocolate Festival, Oakdale. Wildflower Show, Julian. Selma Raisin Festival, Selma. *Mitte:* Calaveras County Fair and Jumping Frog Jubilee, Angels Camp. California Strawberry Festival, Oxnard. *Ende:* Mule Days, Bishop. Horned Toad Derby, Coalinga. Sacramento Jazz Jubilee, Sacramento. The Great Monterey Squid Festival, Monterey. I Madonnari Italian Street Painting Festival, Santa Barbara. Cross Country Kinetic Sculpture Race, Ferndale. West Coast Antique Fly-in & Air Show, Watsonville.

Juni: *Anfang:* Los Angeles Int. Film Festival, Los Angeles. Ox Roast, sonoma. *Mitte:* San Francisco Ethnic Dance Festival, San Francisco. Indian Fair, San Diego. Health and Harmony Music and Arts Festival, Santa Rosa. San Diego Scottish Highland Games, San Marcos. *Ende:* California Bluegrass Festival, Grass Valley. California Railroad Festival, Sacramento. Cherry Festival, Beaumont. Sonoma-Marin Fair, Petaluma. Summer Solstice Parade, Santa Barbara. Treshing Bee & Antique Engine Show, Vista. Monterey Bay Theatrefest, Monterey. Juneteenth (African-American celebration): Berkeley, Oakland. Monterey Blues Festival, Monterey. Art, Wine & Music Festival, Novato. Lesbian/Gay Freedom Day Parade and Celebration, San Francisco.

Juli: *Anfang:* Marine County Fair & Exposition, San Rafael. Loggers Jamboree, North Fork. „Silver" Worm Races, Clearlake. *Bis August:* Festival of Arts and Pageant of the Masters, Laguna Beach. Independence Day Celebrations (parades, carnivals, fireworks, music, etc.): major events in Huntington Beach, Pacific Palisades, Pasadena, Pismo Beach, Stockton. *Mitte:* Lotus Festival (Pacific Islander cultural festival), Los Angeles. Firemen's Muster, Ferndale. Sand Castle Days, Imperial Beach. Californio Rodeo, Salinas. *Bis August:* Carmel Bach Festival, Carmel. *Ende:* Merced County Fair, Merced. Gilroy Garlic Festival, Gilroy. Fortuna Autorama, Fortuna.

August: Int. Sea Festival, Long Beach, Monterey County Fair, Monterey. Nisei Week Japanese Festival, Los Angeles. *Anfang:* California Mid-State Fair, Paso Robles. Old Spanish Days Fiesta, Santa Barbara. *Mitte:* Nevada County Fair, Grass Valley. Humboldt County Fair and Horse Races, Ferndale. Long Beach Jazz Festival, Long Beach. Steinbeck Festival, Salinas. *Ende:* Great Gatsby Festival, South Lake Tahoe. Fresno Salsa Festival, Fresno. Pebble Beach Concours d'Elegance, Pebble Beach. Renaissance Arts Festival, Long Beach. Hispanic Cultural Festival, Gilroy. Chinatown Streetfest, Oakland Chinatown.

September: California State Fair, Sacramento. Oktoberfest, Big Bear Lake, Mexican Cultural Festival, San Diego. *Anfang:* Paul Bunyan Days, Fort Bragg. World Cup Sport Kite Championship, Berkeley. Frontier Days, Dardanelle. California Balloon Festival, Clovis. Tapestry in Talent's Festival of the Arts, San Jose. *Bis Oktober:* Carmel Shakespeare Festival, Carmel. Renaissance Pleasure Faire, Novato. *Mitte:* Russian River Jazz Festival, Guerneville. Santa Clara Art and Wine Festival, Santa Clara. Mexican Independence Day Fiesta, Los Angeles. Danish Days, Solvang. Fresno Int. Exposition, Fresno. Newport Seafest, Newport Beach. Monterey Jazz Festival, Monterey. *Ende:* Zuccini Festival, Angels Camp. Wild West Film Fest, Sonora. California Indian Days, Roseville. Valley of the Moon Vintage Festival, Sonoma.

Oktober: Monterey Grand Prix, Monterey. Fresno Fair, Fresno. *Anfang:*

Bowlful of Blues, Ojai. Lumberjack Days, West Point. California Avocado Festival, Carpinteria. Lone Pine Sierra Film Festival, Lone Pine. World Wristwrestling Championships, Petaluma. *Mitte:* Amargosa Days, Shoshone. Art and Pumpkin Festival, Half Moon Bay. *Ende:* San Francisco Jazz Festival, San Francisco. Int. Festival of Masks, Los Angeles.

November:*Anfang:*Death Valley 49ers Encampment, Death Valley Intertribal Marketplace, Los Angeles. Carlsbad Village Faire, Carlsbad. Golf Cart parade, Palm Desert. *Ende:* Palm Springs Road Races, Palm Springs. Holiday Parade, Yreka. Doo Dah Parade, Pasadena. Hollywood Christmas Parade, Hollywood.

Dezember:*Anfang:* Christmas Parade on the Prado (Swedish celebration), San Diego. Old Town Christmas Parade, San Diego. Delta Reflections Boat Parade, Stockton. *Mitte:* Newport Harbor Christmas Boat Parade, Newport Beach. Festival of Lights/Mammoth Mountain Winter Carnival, Mammoth Lakes. Parade of thousand Lights, Long Beach. *Ende:* Los Angeles County Holiday Program, Los Angeles.

Fotografieren

Man darf fast alles fotografieren mit Ausnahme von militärischen Einrichtungen und manchen religiösen Stätten. Fragen Sie im Zweifelsfall. Filme sind überall problemlos erhältlich und auch nicht zu teuer.

Geschäftszeiten

Die meisten Läden und Geschäfte im Stadtzentrum sind montags bis samstags von 10 bis 17.30 Uhr geöffnet, aber es gibt Ausnahmen. Viele Läden, vor allem Kaufhäuser und Bekleidungshäuser, haben auch am Sonntag und an einem oder zwei Werktagen (meist freitags) zusätzlich noch abends geöffnet. Überall gibt es Supermärkte, die 24 Stunden geöffnet haben. Die meisten Banken sind Montag bis Donnerstag von 10 bis 15 Uhr geöffnet, Freitag von 10 bis 17.30 Uhr.

Gesundheit

Es gibt in den USA keine Pflicht-Krankenversicherung und keine staatliche Gesundheitsfürsorge. Deshalb sollte man für den Notfall schon zu Hause eine Reisekrankenversicherung abschließen.

Die Notfallambulanzen der großen Krankenhäuser stehen rund um die Uhr offen, und in den meisten Städten gibt es Notfallkliniken, die sowohl Einheimische als auch Fremde aufnehmen. Apotheken haben oft bis 9 Uhr abends oder noch später geöffnet. Bei Notfällen können Sie die Telefonnummer 911 wählen.

Wasser aus der Leitung können Sie überall in Amerika bedenkenlos trinken.

Maße und Gewichte

Wie in allen anderen Bundesstaaten der USA steht auch in Kalifornien der Übergang zum metrischen System noch aus.

Für Umrechnungen gilt:
1 inch = 2,5 cm
1 foot = 12 inches = 0,3 Meter
1 yard = 3 feet = 0,9 Meter
1 mile = 1760 yards = 5280 feet
1 mile = 1609 Kilometer
1 acre = 4840 sq(uare) yards = 4047 qm
1 sq mile = 640 acres = 259 Hektar = 2,59 qkm
1 pint = 0,4732 Liter
2 pints = 1 quart = 0,9463 Liter
4 quarts = 1 gallon = 3,7853 Liter
1 ounce = 28,3495 Gramm
1 pound (lb) = 16 ounces = 0,453 kg.

Post

Das Postwesen ist sehr zuverlässig. Briefmarken können Sie oft an der Hotelrezeption kaufen, die auch Ihre Briefe und Postkarten abschickt. An Postämtern in der Innenstadt können Sie postlagernde Sendungen empfangen.

1993 lagen Sie bei 29c pro ounce (28,3 g) innerhalb der USA 35c pro ounce nach Mexiko, bei 40c pro ounce für Sendungen nach Kanada und bei 50c pro half ounce (14,17 g) für alle anderen Zielorte in Europa und Asien. Das Porto für Postkarten ist um einige Cents niedriger.

Restaurants

Möglichkeiten zum Essengehen gibt es in Hülle und Fülle – San Francisco hat das größte Restaurantangebot der Welt (an der Einwohnerzahl gemessen), und Los Angeles steht dem kaum nach.

Rundfahrten

Dutzende von Busunternehmen bieten von den großen kalifornischen Städten aus Rundfahrten durch den Staat an. Die größten Anbieter von Touren, die auch fremdsprachige Führungen veranstalten, sind:

American Express, 237 Post, San Francisco, CA 94108 (Tel. 415-981-5533); 901 W. Seventh St., Los Angeles, CA 90017 (Tel. 213-627-4800).

Americantours International, 55 Forth St., San Francisco, CA 94108 (Tel.415-896-1380); 9800 Sepulveda Blvd., Los Angeles, CA 90045 (Tel.310-641-9953).

Gray Line, 350 Eighth St., San Francisco, CA 94103 (Tel 415-558- 7300); 6541 Hollywood Blvd., Suite 210, Los Angeles, CA 90028 (Tel.213-856-5900); 1670 Kettner Blvd., San Diego, CA 92101 (Tel.619-231-9922).

Strom

Die Stromspannung in den USA beträgt 110-115 Volt, 60 Hertz Wechselstrom.

Besorgen Sie sich schon zu Hause einen Zwischenstecker, da die hierzulande üblichen Stecker nicht in die amerikanischen Steckdosen passen.

Touristen-Informationsbüros

Anfragen, die den gesamten Staat betreffen, bearbeitet des **California Office of Tourism**, 1121 L St., Suite 103, Sacramento, CA 95814 (Tel. 916-322-1397). Das Büro liefert viele Informationen kostenlos. Die Städte haben ihre eigenen, äußerst hilfsbereiten Informationszentren. Adressen und Telefonnummern finden Sie in den Info-Seiten im Anschluß an die jeweiligen Kapitel.

Trinkgeld

Es ist in Amerika allgemein üblich, ein Trinkgeld zu geben. Es gilt als sehr unhöflich, dies nicht zu tun. Das Bedienungspersonal im Restaurant erhält etwa 15% des Rechnungsbetrages, bis zu 20%, wenn der Service besonders gut ist. Barkeeper, Taxifahrer, Friseusen und andere erwarten ein ähnliches Trinkgeld. Gepäckträger am Flughafen und im Hotel bekommen mindestens 50 Cents pro Koffer; Hoteldienern, die ihr Auto von einem Parkplatz holen, sollten Sie auf jeden Fall $1 geben. Zimmermädchen sollten $1 pro Tag erhalten, wenn Sie in einem Hotel länger als einen Tag bleiben.

Unterkunft

Kalifornien bietet dem Gast Unterkunftmöglichkeiten verschiedener Qualität und Preislagen. Von Luxushotels der Weltklasse in Städten und Ferienzentren im ganzen Land bis zu billigeren Hotels, Motels, Frühstückspensionen, Jugendherbergen und Campingplätzen ist der Staat für alle Reisenden gut gerüstet.

Besonders im Sommer und in der Ferienzeit, in Skiorten aber auch im Winter, sollte man die Unterkunft rechtzeitig vorbestellen.

REISE-INFORMATIONEN

In Großstädten liegen die Hotelpreise höher. Zimmer in Luxusunterkünften in San Francisco, Los Angeles und San Diego kosten oft über $150 pro Nacht, und selbst preiswerte Zimmer können um die $100 kosten. In kleineren Städten sind die besten Hotels selten viel teurer als $100, und in Motels kann man oft Zimmer zwischen $40 und $50 finden.

Frühstückspensionen (Bed-and-Breakfast) findet man selbst in den entlegensten Winkeln Kaliforniens, aber vor allem im nördlichen Teil des Staates. Die meisten berechnen $50 bis $100 pro Nacht, wenn manche auch teurer und einige davon wirklich preiswert sind. Eine detaillierte Übersicht findet man in einer vom **California Office of Tourism**, P.O. Box 9278-T99, Van Nuys, CA 91409, herausgegebenen Broschüre. Auch an folgende Adressen kann man sich wegen kostenlosen Informationsmaterials und Reservierungen wenden: **Bed and Breakfast Innkeepers of Northern California**, P.O.Box 7150, Chico, CA 95927, **Bed and Breakfast Innkeepers of Southern California**, P.O.Box 15425, Los Angeles, CA 90015-0385.

Es gibt in Kalifornien mehr als ein Dutzend Jugendherbergen, je drei davon in Los Angeles und San Diego, die größte der USA in San Francisco. Im allgemeinen liegen die Gebühren bei $10 oder weniger pro Nacht; Mitglieder der International Youth Hostel Association erhalten eine Ermäßigung. Adressen oder Mitgliedsausweise bekommt man über **American Youth Hostels**, 1332 I St. N.W., Washington, D.C. 20005.

Camper können an folgende Institutionen schreiben, die Informationen geben und Reservierungen vornehmen: **California State Park System**, P.O.Box 942896, Sacramento, CA 94296 (Tel. 916-445-6647); gegen eine Gebühr von $2 plus Überseeporto gibt es einen offiziellen Führer. Western Region Information Office, **National Park Service**, Fort Mason, Bldg. 201, San Francisco, CA 94123 (Tel. 415-556-0560). **USDA Forest Service**, 630 Sansome St., San Francisco, CA 94111 (Tel. 415-556-0122). **California Travel Parks Association**, P.O.Box 5648, Auburn, CA 95604 (Tel.916-885-1624), gegen eine Gebühr von $2 plus Überseeporto wird sofort ein Verzeichnis privater Campingplätze zuschickt.

Zeit

Kalifornien liegt in der Pazifik-Zeitzone. Die Pacific Standard Time (PST) ist gegenüber der international als Bezugszeit benutzten Zeit des Greenwich-Meridians (GMT) um minus 8 Stunden versetzt, gegenüber der mitteleuropäischen um eine weitere, also um insgesamt minus 9 Stunden. Das heißt: wenn es in Berlin 19 Uhr ist, zeigen die Uhren im englischen Greenwich 18 Uhr, in New York 13 Uhr und in Kalifornien 10 Uhr.

Zeitungen und Magazine

Zu Kaliforniens führenden Tageszeitungen gehören die renommierten *Los Angeles Times, The Los Angeles Daily News, The San Francisco Chronicle, The San Diego Union-Tribune* und *The Sacramento Bee*, die alle am Morgen erscheinen. Ein bekanntes Nachmittagsblatt ist *The San Francisco Examiner*. Das *California Magazine* ist eine Monatszeitschrift mit Themen und Nachrichten aus dem gesamten Staat. Jede größere Stadt hat zudem ihr Monatsmagazin und Wochenzeitungen, in denen Lokalthemen sowie die jeweilige Kulturszene besprochen werden.

Ausländische Konsulate und diplomatische Vertretungen

(Die Telefonvorwahl für Los Angeles ist 213, für San Francisco 415).

Ägypten. *SF:* 3001 Pacific Ave. (Tel. 346-9700). **Australien.** *LA:* 611N.

Larchmont Blvd., (Tel. 469-4300) *SF:* 1 Bush, (Tel. 362-6160). **Barbados.** *LA:* 3440 Wilshire Blvd. (Tel. 380-2198). **Belgien.** *LA:* 6100 Wilshire Blvd. (Tel. 857-1244). SF: 1 Maritime Plaza, (Tel.399-1455). **Brasilien.** *LA:* 8484 Wilshire Blvd. (Tel. Beverly Hills, (Tel. 651-2664). *SF:* 300 Montgomery St. (Tel. 981-8170). **Chile.** *LA:* 510 W. Sixth St., (Tel. 624-6357). **Costa Rica.** *SF:* 870 Market St. (Tel. 392-8488). **Dänemark.** *SF:* 601 Montgomery St., (Tel. 391-0100). **Deutschland.** *LA:* 6222 Wilshire Blvd. (Tel. 930-2703). *SF:* 1960 Jackson St., (Tel. 775-1061). **Dominikanische Republik.** *SF:* 870 Market St. (Tel. 982-5144). **Estland.** *LA:* 21515 Vanowen St., Canoga Park, (Tel. 818-884-5850). **Finnland.** *LA:* 1900 Avenue of the Stars (Tel. 310-203-9903). *SF:* 120 Montgomery St. (Tel. 981-4656). **Frankreich.** *LA:* 10990 Wilshire Blvd., Westwood (Tel. 310-479-4426). **Griechenland.** *LA:* 3255 Wilshire Blvd., (Tel. 385-1447). **Großbritannien.** *LA:* 11766 Wilshire Blvd. (Tel. 310-477-3322). *SF:* 1 Sansome St., (Tel. 981-3030). **Guatemala.** *LA:* 2500 Wilshire Blvd. (Tel. 365-9251) *SF:* 870 Market St. (Tel. 788-5651). **GUS.** *SF:* 2790 Green St. (Tel. 202-9800). **Haiti.** *SF:* 430 Monterey Blvd. (Tel. 469-5629). **Guyana.** *LA:* 611 S. Wilton Place (Tel. 389-7565). **Honduras.** *LA:* 1543 W. Olympic Blvd. (Tel. 383-9244). **Indien.** *SF:* 540 Arguello Blvd. (Tel. 668-0662). **Indonesien.** *LA:* 645 S. Mariposa Ave. (Tel. 383-5126). **Irland.** *SF:* 655 Montgomery St. (Tel. 392-4214). **Island.** *LA:* 6290 Sunset Blvd. (Tel. 981-6464). **Israel.** *SF:* 220 Bush St. (Tel. 398-8885). **Italien.** *LA:* 12400 Wilshire Blvd. (Tel. 310-820-0622). **Japan.** *SF:* 50 Fremont St. (Tel. 777-3533). **Kanada.** *LA:* 300 S. Grand Ave., (Tel. 687-7432). *SF:* 40 Fremont St., (Tel. 495-7030). **Kenia.** *LA:* 915 Wilshire Blvd., Beverly Hills (Tel. 310-274-6635). **Kolumbien.** *LA:* 3580 Wilshire Blvd. (Tel. 382-1136) *SF:* 595 Market St. (Tel. 495-7195). **Korea (Süd).** *LA:* 3243 Wilshire Blvd. (Tel. 385-9300). **Luxemburg.** *LA:* 1 Sansome St. (Tel. 788-0816). **Malaysia.** *LA:* 350 S. Figueroa St. (Tel. 617-1000). *SF:* 2 Embarcadero Center (Tel. 421-6570). **Mexiko.** *LA:* 2401 W. Sixth St., (Tel. 351-6800). **Neuseeland.** *LA:* 10960 Wilshire Blvd., Westwood (Tel. 477- 8241). **Niederlande.** *LA:* 3460 Wilshire Blvd. (Tel. 380-3440). **Norwegen.** *LA:* 5750 Wilshire Blvd. (Tel. 933-7717). *SF:* 20 California St.. **Panama.** *SF:* 870 Market St. (Tel. 391-4268). **Portugal.** *LA:* 1801 Avenue of the Stars (Tel. 277-1491). **Schweden.** *LA:* 10990 Wilshire Blvd., (Tel. 310-575-3383) *SF:* 120 Montgomery St. (Tel. 788-2631). **Schweiz.** *LA:* 11766 Wilshire Blvd., West L.A. (Tel. 310-575-1145). *SF:* 456 Montgomery St. (Tel. 788-2272). **Singapur.** *LA:* 350 S. Figueroa St. (Tel. 617-7358). *SF:* 251 Post St. (Tel. 391-8476). **Südafrika.** *LA:* 50 N. La Cienega Blvd, Beverly Hills (Tel. 310-657-9200). **Spanien.** *LA:* 6300 Wilshire Blvd. (Tel. 658-6050). **Taiwan.** *LA:* 3660 Wilshire Blvd. (Tel. 389-1215). **Thailand.** *LA:* 801 N. La Brea Ave.(Tel. 937-1894). **Venezuela.** *LA:* 1052 W. Sixth St. (Tel. 977-0996). *SF:* 870 Market St. (Tel. 421-5172).

Auskunftsstellen in Deutschland

Fremdenverkehrsamt der USA, Bethmannstr. 6, 60311 Frankfurt, Tel. 069/9200360.

Wichtige deutsche Kalifornien-Anbieter

Nova Reisen, Herzog-Wilhelm-Str.1, 80331 München.
Deutsches Reisebüro, Eschersheimer Landstr.25-27, 60322 Frankfurt 1.
Meyer's Weltreisen, Monschauerstr.1 40549 Düsseldorf 11.
ADAC-Reisen, Am Westpark 8, 81373 München.

AUTOREN

John Gottberg, Project Editor des *Nelles Guide Kalifornien*, ist in Seattle ansässig und freiberuflicher Reiseschriftsteller. Er ist Autor von fünf Büchern und Co-Autor eines sechsten. Der eingefleischte Globetrotter verkaufte u. a. als Vertreter in Australien Produkte an der Haustüre, arbeitete in Schweden als Zimmermann, als Kneipenpianist in Neuseeland und als Barmixer in Amsterdam. Er war Reporter für Zeitungen wie den *Seattle Post-Intelligencer* und *The Honolulu Advertiser*. Seine Artikel sind in mehr als 60 Magazinen und Zeitungen erschienen, darunter in *Travel&Leisure* und *Islands*.

Robert Holmes, von dem die meisten Fotografien in diesem Buch stammen, ist ein international bekannter Kameramann und wurde 1990 von der Society of American Travel Writers zum Fotografen des Jahres gekürt. Holmes, der ursprünglich als Stadtplaner in seiner englischen Geburtsstadt Nottingham tätig war, kam erstmals in den 70er Jahren nach Kalifornien. Die Fotos des erfahrenen Bergsteigers Holmes sind weltweit veröffentlicht worden, in Magazinen wie *National Geographic, Geo, Islands* und *Departures*. Holmes lebt jetzt in Mill Valley, Marin County.

Fred Gebhart hat an der University of California-Santa Barbara Politikwissenschaft studiert. Er arbeitete als Steuerprüfer für das Finanzamt, bevor er als Freiwilliger im Peace Corps im westafrikanischen Senegal diente und sich für das Sporttauchen begeisterte. Als freiberuflicher Autor und Fotograf lebt er seit 1981 in San Francisco.

Elizabeth Hansen lebt in La Jolla, einem Vorort von San Diego. Außer über ihre Heimatstadt schreibt sie in erster Linie über Australien und Neuseeland. Erschienen sind von ihr bereits *The Woman's Travel Guide to New Zealand, Bed & Breakfast New Zealand* und *Frommer's Australia*, außerdem Reisereportagen in Zeitschriften wie *Travel&Leisure* und *Travel-Holiday*.

Gail Harrington ist eine Kalifornierin der dritten Generation, deren Großeltern ihre Hochzeitsreise von Santa Barbara in den Yosemite National Park im Planwagen machten. Als Herausgeberin des *Motor Home* reist sie erheblich bequemer als ihre Vorfahren, wenn sie Ziele in Amerika oder in Übersee ansteuert.

Barbara Horngren war früher Reiseredakteurin für den *Christian Science Monitor*. Ihre Texte erscheinen heute in den verschiedensten Zeitungen und Magazinen. Frau Horngren lebt in Buena Park, nicht weit von der berühmten Knott's Berry Farm im Orange County.

Mimi Knet war früher Herausgeberin des Magazins *Corporate Travel*. Sie lebt in North Hollywood und schreibt oft über Fitness und Gesundheitsthemen.

Maria Lenhart hat sich für *Fondor's Guides* und eine Vielzahl von Magazinen und Zeitungen überall in Kalifornien umgesehen. Sie arbeitet als Redakteurin für *Tour & Travel West* und lebt in Walnut Creek, östlich von San Francisco.

John McKinney ist ein in Santa Barbara ansässiger Autor und Redakteur, der sich für den Sierra Club u. a. Umweltorganisationen engagiert. Er arbeitet für die *Olympus Press*.

Shirley Miller ist leitende Direktorin des 6500 Mitglieder zählenden Mexico West Travel Club in Bonita, CA. Sie gibt *Mexico West*, ein populäres Bulletin, heraus und hält Vorträge bzw. schreibt über Baja California.

Chaco Mohler ist ein vielgereister Natur-Schriftsteller und -Fotograf und einer von Amerikas führenden Autoren auf den Gebieten Skisport und Windsurfen. Der Absolvent der englischen University of Kent ist Chefredakteur des Magazins *Ski the Californias*, Mitredakteur der Zeitschriften *Skiing* und *City Sports* und Leiter einer Foto-Agentur und einer Video-Agentur. Er wohnt in Tahoe City.

Marty Olmstead ist als Journalist beim *Martin Independent Journal* in Marin County angestellt, wo er lebt. Er liefert auch Artikel an den *San Francisco Focus* und an das Magazin *Country Inn,* ist Mitautor von zwei Büchern über Florida und hat Beiträge für den *Gaukit Millau Guide to San Francisco* geschrieben.

John Poimiroo ist Vizechef des Fernmeldewesens für das Gebiet Yosemite Park und Curry Co.. Als Journalist und Fotograf ist er durch viele Veröffentlichungen bekannt geworden. Poimiroo ist ein passionierter Naturliebhaber, der nicht zufällig im Yosemite National Park zu Hause ist.

Cheri Rae ist eine gebürtige Kalifornierin. Schon als Kind wurde sie mit der Wüste vertraut, und sie hält sich dort auf, wann immer es möglich ist. Ihr neuestes Buch *East Mojave Desert: A Visitors Guide* wurde verlegt in Santa Barbara, wo sie lebt und arbeitet.

Peggy Rahn ist als Journalistin beim *Pasadena Star* angestellt. Sie hat ausgedehnte Reisen in der ganzen Welt unternommen, um für Reportagen über Essen und Trinken vor Ort zu recherchieren.

Morrison Shafroth ist ein ruheloser, aber äußerst produktiver Freiberufler, der über die University of Vermont und Zeitungen in Livingston, Montana, und Bangkok nach San Francisco kam. Als Herausgeber des Jahresmagazins *The Best of Marin* schreibt er außerdem für *The San Francisco Examiner* und das Magazin *San Francisco Business.*

Yvonne Vollert schreibt für die verschiedensten Gourmet- und Naturabenteuer-Magazine. Ihr Schreibtisch steht in Agoura Hills.

Rick Browne, Fotograf, hat sein Studio in seinem Haus in Scotts Valley, CA. Nach vielen Veröffentlichungen in amerikanischen Nachrichtenmagazinen rückte Browne 1989 ins Blickfeld der Öffentlichkeit, denn sein Haus lag genau über dem Herd des Erdbebens in der Bay Area.

Michelle Burgess, Fotografin, konnte schon eine Vielzahl ihrer Bilder in amerikanischen Zeitungen und Magazinen unterbringen. Als Spezialistin für ausgefallene Reiseziele und die Schönheiten abseits der großen Touristenstraßen hat sie sich ausgiebig mit allen Kontinenten außer der Antarktis beschäftigt. Zu Hause ist sie in Huntington Beach.

FOTOGRAFEN

Browne, Rick	213r., 234
Burgess, Michele	210, 211
Cass, Maxine	80, 118
Fischbacher, Florian	226
Gebhart, Fred Archives	20, 25l., 25r., 27, 28, 30, 31l., 31r., 32, 34, 35, 37, 39, 42, 44l., 44r., 50
Holmes, Robert	2, 12/13, 14/15, 16, 18, 22, 23, 38, 41, 43, 67, 73, 76, 78, 82, 84, 86, 87, 94, 95l., 98, 102, 103, 106, 108, 109, 110, 113, 122, 127, 132, 135, 136, 137, 138, 144, 146, 150, 159, 162, 164, 165, 166, 168, 170, 178, 180, 182/183, 184, 186, 190, 192/193, 196, 207, 214, 217, 219, 227, 233, 236, backcover
Johnson, Mark	51
Kaempf, Bernhard	46, 49, 120, 121, 125, 199, 209, 225, 238
Kleckner, Elaine	223
Kunert, Rainer E.	26, 53, 54/55, 69, 111, 112, 116, 129, 148, 149, 198, 221, 216
Müller-Moewes, Ulf (Königswinter)	Cover, 56/57, 58/59, 60, 65, 66, 75, 85, 99, 124, 128, 160, 188, 189, 213l., 218, 231, 237l., 237r.
Nikolai, William	222
Universal Studios Hollywood	206, 208
Vestner, Rainer	74, 154/155, backcover
Viesti Associates, Inc.	1, 19, 29, 90/91, 101, 140/141, 152/153, 202/203, 204/205, 225
Walklet, Keith	229
Zielcke, Hildegard	95r., 172/173

REGISTER

A

Alabama Hills 159
Alameda 73
Almanor Lake 227
Alonzo Horton 122
Alpine Meadows 228
Alta California 23, 23, 24, 36, 36, 40, 85
Altamira, Pater 80
American River 38, 174, 227
Anaheim 47, 48, 107
  Anaheim Convention 108
  Anaheim Stadium 108
Angel Island 61
Anza Borrego Desert St. Park 24, 129, 144
Anza de, Juan Bautista 24
Avalon 102
Avenue of the Giants 189
Ayala, Juan Manuel de 61

B

Baja California 19, 23, 23, 24, 28, 29, **198-201**
Bakersfield 179
  Boron 180
  California Living Museum 180
  Country Music Museum 179
  Garlock 180
  Goler 180
  Gorman 180
  Kern County Museum 179
  Randsburg 180
  Tule Elk State Reserve 180
Balboa Island 111
Bale Grist Mill State Park 81
Beaumont 118
Berkeley 53
  Campanile 75
  Chez Panisse 76
  University Art Museum 75
Beverly Hills 96, 207
  Bel Air 99, 207
  Brentwood 99
  Capitol Records 98
  Egyptian Theater 98
  Farmer's Market 99
  Hollywood Boulevard 98
  Mann's Chinese Theater 98
  Polo Lounge 98
  Rodeo Drive 99
  Trousdale Estates 99
  Walk of Fame 98
  Westwood 99
Big Pine 160
Big Sur 61, 84
  Bixby Bridge 88
  Julia Pfeiffer Burns State Pk. 88
  Nepenthe 88
  Saddle Rock 88
  Waterfall Cove 88
Bonneville, Benjamin 31
Borrego Tal 24
Branciforte 26
Brannagan, Sam 38
Briggs, George 41
Bucareli de, Antonio 24
Buena Park 107, 108
Bürgerkrieg 45
Burbank, Luther 45
Burroughs, William 215

C

Cabo San Lucas 199
Cabrillo, Juan Rodriguez 19, 20, 120, 135
Calistoga 79
Capone, Al 62
Carmel
  Bucht von Carmel 88
  Carmel Mission 87
  Carmel River State Park 88
  Cypress Grove Trail 88
  Ocean Avenue 88
  Point Lobos State Reserve 88
  Sea Lion Point Trail 88
Carson City 196
  Nevada State Museum 196
  Nevada State Railroad Mus. 196
  State Capitol 196
Carson River 227
Carson, Kit 162, 195
Cascade 185
Cascade Corporation 166
Cassady, Neal 53
Castle Crags State Parks 186
Central Coast 92, **133-139**
  Arroyo Grande 135
  Cambria 133
  Cayucos 135
  Harmony 133
  Hearst Castle 133
  La Purisima Concepcion 135
  Lefingwell's Landing 133
  Madonna Inn 135
  Maison Deutz 135
  Morro Bay 135
  Morro Bay State Park 135
  Neptune Pool 133
  Paso Robles 135
  San Luis Creek 135
  San Luis Obispo 135
  San Luis Obispo Hist. Mus. 135
  San Simeon 133
  School House Gallery 133
  Soldier Factory 133
  York Mountain 135
Central Pacific Railroad 44, 45, 46, 47, 48, 66
Central Valley 18, 42, 47, 162, 174, 232

Chandler, Dorothy 239
Chapman, Joseph 32
Chihuahua Wüste 143
Claremont Resort Hotel 76
Clemens, Samuel 215
Coast Range 18
Cohen, Mickey 62
Colorado Desert 142
Colorado River 18, 21, 25, 194
Columbia River 30
Comstock Lode 44
Cook, James 24
Coronado 125, 128
  Hotel del Coronado 128
Cortez, Hernan 19
Costa Mesa 107
Cradle Crags State Park 227
Crespi, Pater 23
Crocker, Charles 45, 66
Crystal Cathedral 109
Culloma 38

D

Dana Point 112
  County Marine Institute 112
  Dana Point Resort 112
  Dana Wharf 112
  Mariners Village 112
  Street of the Blue Lantern 112
Dana, Richard Henry 64, 112
Dana, William 32
Death Valley 17, 142, **147-151**
  Badwater 147
  Ballarat 149
  Borax Museum 149
  Chloride City 149
  Coffin Peak 148
  Dante's View 148
  Daylight Pass 148
  Devil's Golf Course 148
  Funeral Mountains 148
  Furnace Creek 148
  Greenwater 149
  Harmony Borax Wells 149
  Mushroom Rock 148
  National Monument 147
  National Museum 149
  Panamints 148
  Racetrack Playa 147
  Scotty's Castle 149
  Skidoo 149
  Stovepipe Wells 149
  Telescope Peak 148
  Zabriskie Point 148
Devil's Postpile 160
Die Großen Vier 45, 46, 49, 66
Disneyland 107
  Adventureland 107
  Donald Duck 107
  Fantasyland 107
  Frontierland 107

252

REGISTER

Matterhorn 107
Snow White 107
Tomorrowland 107
Donner-Paß 34
Downey 48
Drake's Bay 20

E

East Mojave Desert 150
Hole-in-the-Wall 150
Kelso Depot 150
Kelso Dunes 150
Mitchell Caverns 150
National Scenic Area 150
Soda Springs 150
State Recreation Area 150
Edison, Thomas Alva 51
El Camino Real 23, 28
El Capitan 227
El Dorado 19
El Rancho del San Bernadino 47
Embarcadero 128
Ensenada 200
Erdbeben 47, 68, 233
Eureka 188, 189

F

Fair, James G. 66
Fairbanks, Douglas 99
Fashion Island 110
Ferlinghetti, Lawrence 215
Filoli 73
Folsom Lake 227
Fort Bragg 189, 225
California Western Railroad 189
Fort Point 24
Fort Ross 30, 33, 79
Fremont, John 43, 195
French Gulch 185
Fresno 178
Community Theater 179
Fort Miller Block House 179
Hanford 179
Hanford Taoist Temple 179
Hmong Arts 179
Kearney Mansion Museum 179
Mus. of Art, Science and Hist. 179
Shaver Lake 179
Tower District 179, 179
Underground Gardens 179
Visalia 179
Wander Valley Ranch Resort 179
Woodward Park 179
Funston, Frederick 50

G

Garbeville 189
Garden Grove 109

General Grant Grove 159
General Sherman Tree 159
George Savage 116
Geyserville 79
Gilroy Garlic Festival 218
Ginsberg, Allan 53, 215
Gold Country 64, 156, **168-171**
Angels Camp 169
Auburn 170
Bourn Mansion 170
Chili-Schlucht 169
Chinesisches Lager 168
Coloma 170
Columbia State Historic Park 169
Coulterville 168
Downieville 170
Empire State Historic Park 170
Fest des Springfrosches 169
French Hill 169
Fresno Flats Historical Park 168
Gold Discovery St. Parks 170
Grass Valley 170
Hard Rock Mine 170
Indian Grinding Rock St. Park 169
Jackson 169
Jamestown 168
Jeffery Hotel 168
Magnolia Saloon 168
Malakoff Diggings Park 170
Mariposa 168
Mineral and Mining Mus. 168
Mokelumne Hill 169
North Star Powerhouse Mining Museum 170
Nevada City 170
Oakhurst 168
Placerville 170
Postkutschenstation 168
Railtown 1897 St. Hist. Park 168
San Andreas 169
Sierra City 170
Sonara 169
Sutter Creek 169
Goldfelder 38
Goldrausch 28, 31, 37, 38, 40, 46, 64, 67, 215
Grable, Betty 238
Grander Canyon 159
Greenley, Horance 53
Griffith, D.W. 51, 102
Guthry, James 116

H

Half Dome Rock 227
Half Moon Bay 73
Harte, Bret 49, 214, 215
Hearst, Will. Randolph 49, 133
Heavenly Valley 228
Hemmings, Peter 239
Hennes-Paß 34

Hermosa Beach 101
High Sierra 156, 166
Hippie-Eldorado 53
Hollywood 96
20th Century Fox 208
Burbank Studios 208
Grave Line Tours 209
Hollywood Boulevard 209
Hollywood On Location 209
Hollywood Studio Museum 207
Mann's Chinese Theater 209
MGM / United Artists 208
NBC Studios 208
Paramount Studios 208
Pickfair 209
Starline Tours 209
Tinseltown 209
Universal Studios 206
Walt Disney Productions 208
Hopkins, Mark 45
Hot Creek 160
Hudson's Bay Comp. 23, 30, 31
Hughes, Howard 195
Humboldt County 188, 189
Humb. Redwoods St. Park 189
Humboldt River 31
Huntington, Collis 45

I

Idyllwild 118
Imperial Valley 18
Indianer 19, 22, 28, 29, 35
Inland Empire 116
Interagency Visitor Center 159
Irvine 107
Irvine Ranch 109
Isabella Lake 227

J

Jackson, Andrew 35
Jalama Beach 223
Johnson, Albert 149
Johnson-Paß 34
Joshua Tree Nat. Monumnt 227
Joss House St. Hist. Park 185
Judah, Theodore 44
Julian 129
June Lake 160

K

Kearny, Martin 179
Kern River 227
Kerouac, Jack 69, 215
Kings Canyon Nat. Park 226
Kings River 159
Kirkwood 228
Klamath 185, 189
Klamath River 185
Knott's Berry Farm 108

REGISTER

L

Laguna Beach 111
  Festival of the Arts 112
  Laguna Mercado 111
  Museum of Art 112
  Pageant of the Masters 112
  The Collection 111
  The Colonnade 111
  The Laguna Village 111
  The Pottery Shack 111
Lake Merrit 74
Lake Tahoe 156, **162-167**, 228
Larkin, Thomas 32, 33
Las Vegas 194-197
  County Heritage Museum 195
  Ethel M Chocolate Factory 195
  Henderson 195
  Hoover Damm 195
  Imp. Palace Auto Collection 195
  Lake Mead Nat. Recr. Area 195
  Liberace Museum 195
  Nevada State Museum 195
  Old Nevada 195
  Red Rock Recreation Area 195
  Ripley's Believe it or Not 195
  Valley of Fire 195
Lassen Volcanic Nat. Park 226
  Bumpass Hell 186
  Lassen Peak 186
Lewis, Sinclair 69
Lompoc 136
  Tarantula Point 223
  Vandenberg Air Force Base 136
Lone Pine 159
Long Beach 101
Los Angeles 31, 32, 33, 35, 37, 46, 48, 51, 52, 92, 194, 200, 207, 226, 233, 234, 237, 238, 239
  ARCO Plaza 94
  Ahmanson-Theater 94
  Annual Awards Ceremony 94
  Bamboo Plaza 93
  Broadway 93
  Cal.Mus.of Science and Ind. 95
  California Mart 93
  Children's Museum 93
  Chinatown Plaza 93
  Citicorp Plaza 94
  City Hall 93
  Civic Light Opera 94
  Coronet 95
  Dorothy Chandler Pavillion 94
  El Pueblo de Nuestra Reina 93
  Fletcher Bowron Square 93
  Gallery 95
  Garment District 93
  Gene Autry West. Herit. Mus. 95
  Grand Central Market 93
  Hollywood Bowl 95
  Home Savings Tower 94
  Huntington Hartford Theater 95
  Innenstadt 92
  J. Paul Getty Museum 211
  Japan. Americ. Cult. Center 93
  Jewelry District 93
  Joffrey Ballet 94
  L.A. Festival 239
  L.A. Stage Company 95
  Little Tokyo 93
  Long Beach Harbour 223
  Mandarin Plaza 93
  Mark Taper Forum 94
  Mayfair 95
  Music Center 94
  Natural History Museum 96
  Olvera Street 93
  Pantages Theater 95
  Paul Getty Museum 95
  Philharmonic Orchestra 94
  Phoenix-Bakery 93
  Redondo Beach 223
  Seal Beach Municipal Pier 223
  Security Pacific Plaza 94
  Shubert Theater 95
  Solari 95
  State Historic Park 93
  Sunset Boulevard 95
  Wells Fargo Center 94
  Westwood Playhouse 95
  Wilshire Theater 95
Los Olivos 136
Lost Coast 189
Lover's Leap, 227
Low Desert 142
Luiseno 21

M

Mammoth Lakes 160
Mammoth Mountain 228
Manhattan Beach 101
Manzanar 159
Marble 185
Marin 73
Marina del Rey 101
Marsh, John 33
Marshall, John 17
Martinez, Esteban Jose 26
Mayacamas Mountains 79
McArthur-Burney Falls 186
McCready, Paul 239
Mendocino 189
Merced River 227
Methuselah 160
Minarets Wilderness 160
Mission Dolores 62
Mission S. Francisco de Asis 25
Mission San Gabriel 30
Mojave Wüste 143
Mono Lake 160, 227
Monterey 23, 24, 25, 26, 32, 35, 43, 61, 85, 218
  Bird Rock 85
  Cannery Row 86
  Colton Hall 86
  Crocker Marble Palace 85
  Custom House 85
  Fisherman's Wharf 86
  Larkin House 86
  Lone Cypress 85
  Monterey Bay Aquarium 86
  Pacific Biolog. Laboratories 217
  Seal Rock 85
  State Historic Park 85
  Wing Chon Market 217
Mount Lee 96
Mount Lyell 227
Mount Palomar 129
Mount Ritter 227
Mount Shasta 186, 227
Mount Whitney 159

N

Napa 73, 82
  Clos Pegase 82
  Sterling Vineyards 82
Napa Valley 79
Newport 107
Newport Beach 110
  Balboa Peninsula 110
  Balboa Pier 111
  Corona State Beach 110
  Newport Harbor 111
  Newport Pier 110
  Upper Newport Bay 110
Nob Hill 66
Norris, Frank 69
Northstar-at-Tahoe 228

O

O'Cain, Joseph 29
O'Farrell, Jacob 64
Oakland 215, 238
  Bret Harte Boardwalk 215
  Camron-Stanford House 74
  Claremont Hotel 75
  Colonel Starbottle Bar 215
  Dunsmuir House 75
  Heinhold's First and Last Chance 215
  House of Happy Walls 216
  Jack London Cabin 215
  Jack London Square 75, 215
  Jack London State Historic Park 216
  Mills College 75
  Oakland Museum 75
  Paramount Theater 75
Ojai 138
  Beatrice Wood Studio 138
  Massarella Pottery 138
  Valley of Shangri-La 138
Ontario

REGISTER

Cucamonga Vineyard 118
Graber Olive House 118
Rancho California/Temecula 118
San Antonio Winery 118
Orange Country 45
Orange County 92, **106-115**
Performing Arts Center 109
Ortega, Jose de 61
Owens Valley 48, 159

P

Pacific Grove
Asilomar State Beach 87
Butterfly Town 87
Lovers Point Park 86
Museum of Natural History 87
Sunset Drive 87
Washington Park 87
Palisades Glacier 160
Palm Springs 142-145, 226, 236
Agua Caliente Indian Reserv. 143
Andreas Canyon 143
Botanischer Garten 143
Desert Eden 142
Indian Wells 143
Joshua Tree Nat. Museum 144
Moorton's Botanical Garden 143
Mt. S. Jacinto Wilderness Ar. 143
Murray Canyon 143
Palm Canyon 143
Palm Desert 143
Palm Springs Aerial Tram 143
Palm Springs Desert Mus. 143
Rancho Mirage 143
The Living Desert 143
Wonderland of Rocks 144
Pasadena 48, 103
Rose Bowl Fußballstadion 103
Pazifik 53, 88, 199
Pioniere 34, 35
Porciunculla, Rio de 25
Portola, Gaspar de 23, 61
Princeton-by-the-Sea 73

R

Ralston, William 64
Rancheros 28, 42
Redding 185
Redondo Beach 101
Redwood National Park 190
Fern Canyon Grove 190
Tall Trees Grove 190
Remington, Frederic 95
Reno 194-197, 196
Harold's Club Gun Collect. 196
Nat. Automobile Museum 196
Pony Express 196
Richardson, William A. 62
Riley, Bennet 40
Rio Hardy 200

Riverside 48, 117
Edwards Mansion 118
Kimberly Crest House 118
March Field Museum 117
Mission Inn Garden Hotel 117
Morey Mansion 118
Museum of Photography 117
Plane of Fame Museum 118
Rancho Jurupa 117
Redlands Bowl Music Fest. 118
Riverside Municipal Mus. 117
San Bernardino County Mus. 118
University of Redlands 118
Robinson, Alfred 32
Rosarito Beach 200
Russian Hill 67

S

Sacramento 174-177
American River Parkway 176
B.F. Hastings House 175
Big Four Building 175
Calif. State Railroad Mus. 175
California State Indian Mus. 176
Capitol Park 175
Cent. Pacific Railroad Stat. 175
Crocker Art Museum 176
Governor's Mansion 175
Lake Oroville Recreat. Area 176
Old Sacram. Schoolhouse 175
Oroville Chinese Temple 176
Sacramento History Center 175
Sacram. Nat. Wildlife Refuge 176
State Capitol 175
Sacramento River 18, 40
Salinas 214
Garden of Memories 217
John Steinbeck Library 217
Steinbeck-Haus 217
Salt Lake City 194
San Andreas-Verwerfung 233, 238
San Antonio 24
San Bernardino 116, 117
San Bernardino Mountains 117, 118
Arrowhead 118
Bear Mountain 118
Big Bear 118
Silverwood 118
San Clemente 113
San Diego 20, 21, 23, 24, 25, 30, 92, **120-131**, 199, 200, 220
Aerospace Museum 126
American Sun Belt 120
Anthony's Star of the Sea Room 220
Balboa Park 126
Bazaar del Mundo 122
Broadway Pier 125
Cabrillo Nat. Monument 121

Carlsbad 128
Casa de Bandini 122
Casa de Pico 124
Convention Center 125
Del Mar 128
Del Mar Fair Grounds 128
Friars Road 122
Gaslamp Quarter 124
Gloriettta Bay 223
Hall of Champions 126
Hard Rock Cafe 127
Horton Plaza 124
House of Pacific Relations 126
Junipero Serra Highway 122
La Costa Hotel and Spa 128
La Jolla 127, 220
La Jolla Museum of Contemp. Art 213
Marine Room 220
Mission Bay 122, 127, 223, 224
Mission Bay Park 127
Mission Beach 122, 127
Mission S. Diego de Alcala 121
Miss. S. Luis Rey de Francia 121
Model Railroad Museum 126
Mus. of Photographic Arts 126
Mus. of San Diego History 126
New Town 122
Ocean Beach 127
Office Towers 120
Old Globe Theater 126
Old Town 122
Pacific Beach 127
Pacific Grill 220
Panama Calif. Exposition 124
Point Loma 122
R. H. Fleet Space Theater 126
San Diego Aerospace Mus. 125
San Diego Automotive Mus. 126
San Diego Bay 224
San Diego Mus. of Art 126, 213
San Diego Museum of Man 126
San Diego Nat. History Mus. 126
San Diego Padres 122
Scripps Aquarium 127
Serra Museum 122
Simon Edison Center 126
Spanish Landing 122
The Cove 127
Timken Art Gallery 126, 213
Torrey Pines State Reserve 127
Tourmaline Surf Park 223
Wild Animal Park 127
Zoo 124
San Felipe 200
San Fernando 102
Griffith Park 103
Los Angeles County Zoo 103
San Fernando Mission 103
Six Flags Magic Mountain 103
Valencia 103
San Fernando Valley 102

255

REGISTER

San Francisco 17, 20, 24, 26, 30, 36, 38, 39, 43, 44, 44, 47, 47, 49, 50, 52, 61, 62, 62, 73, 194, 212, 214, 231, 234, 237
Asian Art Museum 68, 212
Bank Exchange Saloon 214
Barbarenküste 65
Bohemian Club 69, 214
Broadway 65
Cable Car Museum 68
Castro-Viertel 69
Chinatown 66
Clay Street-Linie 68
Coit Tower 69
Crocker Art Museum 213
Davies Symphony Hall 68
Emporium 66
Exploratorium 68
Finanzviertel 66
Fisherman's Wharf 65
Flood Building 215
Ghiradelli Square 65
Golden Gate Bridge 69
Golden Gate Park 68, 68
Haight-Ashbury-Viertel 69
Herbst Theater 68
I. Magnin 66
Jackson Squ. Histor. Distrikt 64
John's Grill 215
M.H. de Young Memorial Mus. 68, 212
Macy's 66
Market Street 64
Montgomery Street 67
Museum of Modern Art 68, 212
Neiman-Marcus 66
Nordstrom 66
Oakland Bay Bridge 69
Old St. Mary's Church 67
Pacific Film Archive 213
Pacific Heights 68
Palace of Fine Arts 68
Palace of the Legion of Honor 212
Portsmouth Square 64, 215
Ripleys „Believe It or not" Museum 65
Rockefeller-Sammlung 212
Saks 66
San Jose Museum of Art 213
Sheraton Palace 64
St. Francis Church 67
Straßenseilbahn 67
Tadich Grill 66
The Cannery 65
The Embarcadero 65
Transamerica Pyramid 214
Union Square 66
Univ. of Berkeley Museum of Art 213
War Memorial Opera House 68
Wax Museum 65
Wells Fargo Bank History Room 66
Westin St. Francis Hotel 66, 215
San Gabriel 24, 102
San Gabriel Mountains 48
San Gabriel Valley 103
San Joaquin Valley 156, 174, **178-181**
San José 25, 36, 40
Alameda County 74
Rosicrucian Egyptian Mus. 74
Winchester Mystery House 74
San Juan Capistrano 113
San Mateo County
Coyote Point Museum 73
Stanford University 73
San Miguel 21
San-Joaquin-Valley 46
Santa Ana River Valley 117
Santa Barbara 33, 137
County Courthouse 137
El Presidio Historic Park 137
Historical Museum 137
Mission Santa Barbara 137
Museum of Natural History 138
Sea Center 138
Stearns Wharf 137
Santa Catalina Island 101, 102
Santa Clara
De Saisset Museum 73
Great Amerika Themenpark 74
Santa Clara University 73
Santa Clara de Asis 73
Silicon-Valley 74
Technology Center 74
Santa Cruz 84
Elhorn Slough 85
Municipal Wharf 84
National Bridges State Park 84
New Brighton State Beach 85
Santa Cruz Boardwalk 84
Seacliff State Beach 85
University of California 84
Santa Lucia Mountains 88
Santa Ynez 136
Santa Ynez Valley 136
Saomon 185
Sentinel Rock 227
Sequoia National Park 226
Serra, Junipero, Pater 121
Shasta 185
Shasta Cascade 185-187
Shasta Caverns 186
Shasta Lake 186, 227
Shasta State Historical Park 185
Sherman, William Tecumseh 39
Sierra Crest Trail 227
Sierra Nevada 18, 34, 44, 45, 64, 148, 156, 162, 178, 226
Smith, Jedediah 30
Solvang 136
Sonora 23
South Tufa Reserve 160
Squaw Valley 228
Stanford, Leland 45
Stanislaus River 227
Stearns, Abel 32
Steinbeck, John 214, 216
Sutter, John 33
Sutters Fort 33, 33, 34, 36

T

Thompson, Hunter 53
Tijuana 199
Trees of Mystery 189
Trinity 185
Trinity Alps Wilderness Area 185
Tuolumne River 227
Twain, Mark 49

U

Union Pacific Railroad 196
Utah 34, 39, 194

V

Vancouver, Insel 26
Venice 101
Ventura Strawberry Fest. 218
Vigilante Committee 43
Virginia City 196
Chollar Mine 196
Gold Hill 196
V & T Railroad 196
Viscaino, Sebastian 20, 21, 121

W

Warner 185
Weaverville 185
Wells Fargo & Co. 42
White Mountains 160
Whitney Portal 159
Wine Country 61, 79
Wolfe, Tom 53
Wrights, Frank Lloyd 88

Y

Yankee 29
Yosemite National Park 226
Yountville 81
Yreka 185
Yuba River 227
Yucaipa 118
Yuma 21
Yuma River 24

Z

Zentrale Sierra 31